职业技术·职业资格培训教材

三级 第2版

ENTERPRISE HUMAN RESOURCE PROFESSIONAL

企业人力资源管理师

编审委员会

主　任　朱庆敏

委　员（按姓氏笔画为序）

　　　　王仁德　方德珍　任余礼　刘　峥　刘爱东
　　　　何培亚　张亚平　张　燕　顾国忠

编撰委员会

总主编　王　振

主　编　李旭旦　陈　坤　刘爱东

编　者（按姓氏笔画为序）

　　　　王良志　许为民　吴文艳　张燕娣　陈　坤　陈国政

主　审　任余礼

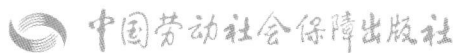
中国劳动社会保障出版社

图书在版编目(CIP)数据

企业人力资源管理师：三级/人力资源和社会保障部教材办公室等组织编写. —2版. —北京：中国劳动社会保障出版社，2014

1+X 职业技术·职业资格培训教材

ISBN 978-7-5167-1271-9

Ⅰ.①企… Ⅱ.①人… Ⅲ.①企业管理-人力资源管理-职业培训-教材 Ⅳ.①H272.92

中国版本图书馆 CIP 数据核字(2014)第 171325 号

中国劳动社会保障出版社出版发行

(北京市惠新东街1号 邮政编码：100029)

*

三河市华骏印务包装有限公司印刷装订 新华书店经销
787 毫米×1092 毫米 16 开本 22.75 印张 411 千字
2014 年 8 月第 2 版 2019 年 1 月第 14 次印刷

定价：52.00 元

读者服务部电话：(010) 64929211/64921644/84626437
营销部电话：(010) 64961894
出版社网址：http://www.class.com.cn

版权专有 侵权必究

如有印装差错，请与本社联系调换：(010) 50948191
我社将与版权执法机关配合，大力打击盗印、销售和使用盗版图书活动，敬请广大读者协助举报，经查实将给予举报者奖励。
举报电话：(010) 64954652

内容简介

本教材由人力资源和社会保障部教材办公室、中国就业培训技术指导中心上海分中心、上海市职业技能鉴定中心依据上海1+X企业人力资源管理师（三级）职业技能鉴定细目组织编写。教材从强化培养操作技能，掌握实用技术的角度出发，较好地体现了当前最新的实用知识与操作技术，对于提高从业人员基本素质、掌握企业人力资源管理师的核心知识与技能有直接的帮助和指导作用。

本教材在编写中摒弃了传统教材注重系统性、理论性和完整性的编写方法，而是根据本职业的工作特点，以掌握实用操作技能和能力培养为根本出发点，采用模块化的编写方式。本教材内容分为六篇十九章。第一篇人力资源规划内容包括：人力资源预测、人力资源管理制度建设、工作设计与工作分析；第二篇招聘与配置内容包括：招聘计划与实施、招聘选拔、人员录用、人员配置与离职管理；第三篇培训与开发内容包括：培训需求分析、培训计划制订、培训的组织实施；第四篇绩效管理内容包括：绩效计划、绩效评估实施、绩效反馈与结果运用；第五篇薪酬管理内容包括：岗位评价、薪酬水平、薪酬结构设计；第六篇劳动关系内容包括：员工关系管理、集体协商与集体合同管理、职工民主管理。

本教材可作为企业人力资源管理师（三级）职业技能培训与鉴定考核教材，也可供全国各类中、高等院校相关专业师生参考使用，以及本职业从业人员培训使用。

改版说明

《1＋X 职业技术·职业资格培训教材——助理人力资源管理师》自 2005 年出版以来深受从业人员的欢迎，经过多次重印，在企业人力资源管理师职业资格鉴定、职业技能培训和岗位培训中发挥了很大的作用。

随着社会的发展和经济形势的变化，企业人力资源管理在企业中地位的不断上升，以及《中华人民共和国劳动合同法》（2008 年 1 月 1 日起实施）和《中华人民共和国劳动合同法实施条例》（2008 年 9 月 18 日实施）的出台，第 1 版教材中的部分内容需要做新的调整。同时经过多年的发展，人力资源管理学科取得了不少新的进展，一些新的理论开始在企业中得到应用。基于上述两个原因，需要对第 1 版教材做重大修改，才能适应新形势下企业人力资源管理师职业培训的需求。希望本书的出版能为企业人力资源管理师职业的发展做出一定的贡献。

教材的改版遵循了"与时俱进、级别区分、继承原有、适应实际"的四大原则。与时俱进是要跟得上时代的步伐，把有关人力资源管理的新的理论和最近出台的相关法律写入教材；级别区分是指各个级别之间培训的内容有一定的梯度层次，避免级别之间的内容重复；继承原有是要以第 1 版教材为基础，保持培训教材的连贯性；适应实际是要把企业中新出现的、企业中大量应用的内容写入教材，企业中应用不到的内容尽量删减。

改版后的教材具有以下特点。各个级别的定位更加明确，根据培训对象在企业中所从事的工作对知识的要求来编写教材。四级适用专员（助理），在企业中以辅助工作为主，注重知识技术的认知与理解；三级适用主管（专员），在企业中以执行性工作为主，注重知识的理解与技术的简单应用；二级适用经理（主管）在企业中以管理性工作为主，注重知识掌握与技术的简单综合运用；一级适用分管副总裁、总监（经理）在企业中以战略性工作为主，注重知识技术的掌握和灵活综合运用。

前　言

职业培训制度的积极推进，尤其是职业资格证书制度的推行，为广大劳动者系统地学习相关职业的知识和技能，提高就业能力、工作能力和职业转换能力提供了可能，同时也为企业选择适应生产需要的合格劳动者提供了依据。

随着我国科学技术的飞速发展和产业结构的不断调整，各种新兴职业应运而生，传统职业中也愈来愈多、愈来愈快地融进了各种新知识、新技术和新工艺。因此，加快培养合格的、适应现代化建设要求的高技能人才就显得尤为迫切。近年来，上海市在加快高技能人才建设方面进行了有益的探索，积累了丰富而宝贵的经验。为优化人力资源结构，加快高技能人才队伍建设，上海市人力资源和社会保障局在提升职业标准、完善技能鉴定方面做了积极的探索和尝试，推出了1＋X培训与鉴定模式。1＋X中的1代表国家职业标准，X是为适应经济发展的需要，对职业的部分知识和技能要求进行的扩充和更新。随着经济发展和技术进步，X将不断被赋予新的内涵，不断得到深化和提升。

上海市1＋X培训与鉴定模式，得到了国家人力资源和社会保障部的支持和肯定。为配合1＋X培训与鉴定的需要，人力资源和社会保障部教材办公室、中国就业培训技术指导中心上海分中心、上海市职业技能鉴定中心联合组织有关方面的专家、技术人员共同编写了职业技术·职业资格培训系列教材。

职业技术·职业资格培训教材严格按照1＋X鉴定考核细目进行编写，教材内容充分反映了当前从事职业活动所需要的核心知识与技能，较好地体现了适用性、先进性与前瞻性。聘请编写1＋X鉴定考核细目的专家，以及相关行业的专家参与教材的编审工作，保证了教材内容的科学性及与鉴定考核细目以及题库的紧密衔接。

职业技术·职业资格培训教材突出了适应职业技能培训的特色，使读者通过学习与培训，不仅有助于通过鉴定考核，而且能够有针对性地进行系统学习，真正掌握本职业的核心技术与操作技能，从而实现从懂得了什么到会做什么的飞跃。

职业技术·职业资格培训教材立足于国家职业标准，也可为全国其他省市开展新职业、新技术职业培训和鉴定考核，以及高技能人才培养提供借鉴或参考。

新教材的编写是一项探索性工作，由于时间紧迫，不足之处在所难免，欢迎各使用单位及个人对教材提出宝贵意见和建议，以便教材修订时补充更正。

人力资源和社会保障部教材办公室
中国就业培训技术指导中心上海分中心
上 海 市 职 业 技 能 鉴 定 中 心

目　录

第一篇　人力资源规划

第一章　人力资源预测
第一节　人力资源信息分析 …………………………… 4
第二节　人力资源需求预测 …………………………… 8
第三节　人力资源供给预测 …………………………… 14
第四节　人力资源供求平衡 …………………………… 19

第二章　人力资源管理制度建设
第一节　人力资源管理制度概述 ……………………… 24
第二节　人力资源管理制度建设 ……………………… 27

第三章　工作设计与工作分析
第一节　工作设计 ……………………………………… 35
第二节　工作分析 ……………………………………… 39
第三节　工作说明书编制 ……………………………… 42

第二篇　招聘与配置

第四章　招聘计划与实施
第一节　招聘计划 ……………………………………… 58
第二节　招聘来源和渠道 ……………………………… 60

第三节 招聘广告 ·················· 65

第五章 招聘选拔
第一节 知识测验 ·················· 71
第二节 心理测验 ·················· 75
第三节 招聘面试 ·················· 81

第六章 人员录用
第一节 人员录用概述 ················ 95
第二节 人员录用决策 ················ 99
第三节 人员录用实施 ················ 104

第七章 人员配置与离职管理
第一节 人员配置 ·················· 112
第二节 离职管理 ·················· 118

第三篇 培训与开发

第八章 培训需求分析
第一节 培训需求分析概述 ·············· 128
第二节 培训需求分析实施 ·············· 138

目 录

第九章 培训计划制订
第一节 培训目标设计 ………………………………… 153
第二节 培训计划编制 ………………………………… 156

第十章 培训的组织实施
第一节 培训方法的选择与运用 ……………………… 167
第二节 培训师的选择与培训 ………………………… 170
第三节 培训机构的选择 ……………………………… 176
第四节 培训预算的编制 ……………………………… 177

第四篇 绩 效 管 理

第十一章 绩效计划
第一节 绩效计划的制订 ……………………………… 189
第二节 绩效目标的设定 ……………………………… 194
第三节 绩效指标的设计 ……………………………… 201

第十二章 绩效评估实施
第一节 绩效评估方法 ………………………………… 211
第二节 绩效评估过程组织 …………………………… 219

第十三章 绩效反馈与结果运用

第一节 绩效反馈 …………………………………………… 229

第二节 绩效申诉机制 ……………………………………… 237

第三节 绩效结果运用 ……………………………………… 242

第五篇 薪酬管理

第十四章 岗位评价

第一节 岗位评价概述 ……………………………………… 252

第二节 岗位评价方法 ……………………………………… 254

第十五章 薪酬水平

第一节 薪酬调查 …………………………………………… 264

第二节 薪酬水平 …………………………………………… 272

第十六章 薪酬结构设计

第一节 薪酬结构设计概述 ………………………………… 285

第二节 薪酬结构设计 ……………………………………… 289

第三节 宽带薪酬 …………………………………………… 294

第六篇 劳动关系

第十七章 员工关系管理
第一节 员工关系管理概述 …………………………… 308
第二节 劳动规章制度制定和实施 …………………… 311
第三节 劳动纪律制定和实施 ………………………… 314

第十八章 集体协商与集体合同管理
第一节 集体协商 ……………………………………… 320
第二节 集体合同管理 ………………………………… 325

第十九章 职工民主管理
第一节 职工民主管理概述 …………………………… 334
第二节 职工代表大会 ………………………………… 336
第三节 工会 …………………………………………… 339

参考文献 ………………………………………………… 345

第一篇 人力资源规划

第一章

人力资源预测

第一节　人力资源信息分析　/4

第二节　人力资源需求预测　/8

第三节　人力资源供给预测　/14

第四节　人力资源供求平衡　/19

引导案例

  风云公司是一家从事计算机软件开发的企业，成立于 2005 年，经过几年的努力，公司获得了快速的发展，到 2012 年，公司达到了一定的规模，经营也趋于稳定，并且拥有了一大批具有高学历的计算机软件开发人才。本着坚持为客户提供价值的服务理念，公司在业内逐渐形成了一定的品牌效应。从 2013 年开始，公司的业务逐渐繁忙起来，经常出现人手不够的情况。时常是新的项目来了，才开始拼命地招聘开发人员。但是新招聘来的人员在短时间内又难以派上用场，对公司的正常业务发展造成了一定的不利影响。针对这种局面，公司领导蒋先生开始思考，公司到底在哪些方面出了问题呢？首先，他在管理人员内部寻找问题所在，感觉不对。其次，又从公司员工的培训方面着手，也觉得不像，因为公司对员工的培训做得还是很不错的。最后，他只好向他的好朋友人力资源专家傅先生咨询该怎么改变公司的被动局面。当傅先生听了蒋先生的困惑后，一语道破其问题的症结所在，主要问题还是公司缺乏周密的人力资源需求预测，如果能够提前进行人员招聘，也不至于临时有项目，才开始找人来做。

案例思考

  1. 风云公司在发展过程中存在哪些人力资源管理的问题。
  2. 人力资源预测在公司发展中的作用是什么？

  人力资源规划是企业根据其战略目标、发展战略及内外部具体环境，以科学规范的方法，进行人力资源需求和供给的分析预测，编制相应的吸引、留住、使用、激励方案，为企业的发展提供其所需要的员工，以完成企业发展目标的过程。人力资源规划的实质是促进企业实现其目标，因此它必须具有战略性、前瞻性和目标性，要体现企业的发展要求。人力资源规划最显著的特点是把员工看成资源。人力资源预测是人力资源规划的重要工作，而其基础是人力资源信息的处理分析。

第一节　人力资源信息分析

  人力资源信息的分析，指的是根据人力资源规划的任务和目的，将通过人力资源调查所取得的原始数据进行分类和汇总，并对其进行再加工，使之成为人力资源评价指标的过程。

通过广泛的人力资源调查，可以得到大量的人力资源信息，但这些繁杂的人力资源信息并不能直接用于人力资源的规划工作，而是需要经过专门的加工。只有对原始的人力资源信息进行加工和处理后，才能使之转变成为各种符合规范的具有规划价值的人力资源指标。

一、人力资源信息

人力资源信息非常丰富，常用的人力资源信息如下：

1. 人力资源数量

人力资源规划中对人力资源数量的分析，重点在于探求现有的人力资源数量是否与企业的业务量相匹配，也就是检查现有的人力资源配置是否符合一个机构在一定业务量内的标准人力资源配置。人力资源数量是一个重要的分析指标。

2. 员工类别

通过对员工类别进行分析，可体现一个企业业务的重心所在。员工类别包括了诸如业务序列（如营销人员、生产人员、技术人员）和职能序列（如行政人员、财务人员）等。

3. 员工素质

对员工素质的分析就是分析现有工作人员的受教育程度及受培训状况，如学历等。一般而言，受教育与培训程度在一定程度上反映了工作知识和工作技能的情况。

4. 年龄结构

对员工的年龄结构进行分析，可以按年龄段统计出公司人员的年龄分配情况，得出公司人员的平均年龄。从而了解员工是日趋年轻化还是日趋老化，员工吸收新知识、新技术的能力，员工工作的体能负荷，工作职位或职务的性质与年龄大小的可能的匹配要求，这些均将影响组织内员工的工作效率和组织效能。企业员工的理想年龄分配应呈金字塔形，顶端代表 50 岁以上的高龄员工；中间部位次多，代表 35～50 岁的中龄员工；而底部位人数最多，代表 20～35 岁的低龄员工。

5. 职位结构

根据管理幅度原理，主管职位与非主管职位应有适当的比例。通过分析人力结构中主管职位与非主管职位，可以显示组织中管理幅度的大小，以及部门与层次的多少。如果一个组织中主管职位太多，可能导致组织结构不合理，管理控制幅度太狭窄，部门与层次太多，工作程序繁杂，沟通协调的次数增加，浪费很多的时间，并容易导致误会和曲解。由于本位主义，造成相互牵制，势必降低工作效率，出现官僚作风。

此外还有人力资源存量信息，如员工期初数、期末数等；人力资源效率信息，如人均工资、人均利润等；招聘效率信息、培训效率信息、绩效信息等。

以上这些信息既是人力资源管理的基础信息，也是人力资源管理的运营信息，同时也是人力资源管理的决策依据。

二、人力资源信息的分析过程

人力资源信息的分析过程可以分为以下五个阶段：

第一阶段是对原始人力资源信息的审核阶段。通过初次审核，对发现的问题进行及时补救或纠正。

第二阶段是分类汇总阶段。采用相关的技术，对初次审核通过的人力资源信息进行分组、汇总和计算。

第三阶段是二次审核阶段。对整理好的人力资源信息再一次进行审核，并根据审核中发现的问题，再次进行补救或纠正。

第四阶段是形成信息资料阶段。用精练的文字、直观的数据和图表等表达形式，简明扼要地描述人力资源信息。

第五阶段是综合分析阶段。采用各种分析技术和手段，对人力资源信息进行综合分析和计算，按评价指标体系的规范要求形成各种可用来进行规划的数据。

三、人力资源信息的审核

人力资源信息的准确性、及时性和完整性决定了它的应用价值。为了确保人力资源信息的可靠无误，除了要求调查人员认真细致的工作之外，还要对每份原始数据和资料进行检查和审核。对人力资源信息的审核又称复查，一般采用抽样的方式进行。经抽样审核的人力资源信息要和整体的人力资源信息相比，先确定差错和比率，然后加以推算，用以修正整体的人力资源信息。

1. 人力资源信息审核的内容

人力资源信息的审核包括及时性、完整性和准确性三个方面。及时性是指要检查所有信息是否按时完成数据的采集；完整性是指要检查信息是否完整，报表是否齐全，应填指标是否有缺漏等；准确性是指要检查信息的内容是否合理、统计口径是否一致、计算是否准确、计量单位是否合适、前后是否一致等。对于审核中发现的问题要及时采取补救措施，以保证信息的及时、完整和准确。

2. 补救的技术措施

由于各个企业的自身情况千差万别，因此在各种因素影响下获取的人力资源信息可能出现空白、偏差和失真。对于这些情况，要把缺漏的人力资源信息补足，纠正失真和偏差的人力资源信息。在各种补救措施中，取舍、补遗、复原、修正等技术应用得较为普遍。取舍主要是指由于采用各种统计方法导致了重复统计，使一项数据出现多个数值，这时，就要进行取舍。补遗是指数据出现了空白和遗漏，需要再次调查或通过对历史资料的推算进行弥补。复原是指由于计算错误导致数据的偏差，要通过对原始数据的再次计算进行更改。修正是指由于条件的改变，而需对原来的数据进行调整。但在实施补救措施时，要注意对将要采用的补救措施的科学性进行论证，同时还要用同期的历史资料对补救产生的数据进行验证。切忌想当然地拼凑数据，否则会影响后续工作的准确性，甚至还会导致整个规划工作的失败。

四、人力资源信息分析方法

人力资源信息分析的方法可以按照定性和定量进行分类。人力资源信息分析的定量方法是统计分组法。统计分组法是指将大量的原始人力资源信息（或资料）分组归类后，把同质的信息归纳在一起，并进行统计。根据数量的多少，被统计的人力资源信息的性质和特征就会显现出来。统计分组法既是人力资源信息处理的基本方法，也是人力资源信息分析的基本方法之一。由于统计分组法是社会经济统计中的一种重要方法，很多有关统计方面的书籍都有详细的介绍，所以这里不再赘述。

人力资源信息分析的定性方法通常包括分析法和综合法。分析法是把人力资源信息按内容不同分解为个别属性、某一局部或某一方面；综合法是把人力资源信息的各个属性、各个部分或每个方面归纳为一个整体加以阐述。在分析法和综合法中，分析是综合的基础，综合是分析的总结。通过分析和总结就可以更进一步地了解和把握企业整体和各个部分的人力资源状况，由对人力资源现象的观察发展成对人力资源状况的全面认识，由感性认识上升为理性认识，为人力资源规划工作打下坚实可靠的信息基础。

五、人力资源信息分析报告的撰写

人力资源信息分析资料是对企业相关人力资源信息分析的结果，由于这些分析资料往往以分析报告的形式呈现，因而一般也称为人力资源信息分析报告。人力资源信息分析报告对人力资源现象的内在联系和发展规律进行了高度概括，是人力资源规划的重要依据。

一份人力资源信息分析报告，在结构框架上一般包括四部分内容。首先要明确提出所要分析的问题，其次要有分析问题的过程，再次要有分析问题的结论，最后要提出相应的对策措施。

在编写人力资源信息分析报告的时候，需要注意以下五个方面的问题：

1. 主题要突出

人力资源信息分析报告要围绕主题来确定整个报告的结构和脉络。

2. 论点和论据要一致

人力资源信息分析报告既要有明确的论点，又要有可靠的论据作为支撑，或者说观点和材料要统一，材料是观点的基础，而观点则是对具体材料的归纳和概括。

3. 定性分析和定量分析相结合

性质和数量是各种人力资源信息的两个方面，在对人力资源信息进行分析的时候，缺一不可。在定性分析中要善于应用例证，在定量分析中要用好各种人力资源数据。

4. 分析推理要具有逻辑性

分析报告中使用的概念要明确，思路要清晰，方法要科学，推理要严密，判断要有理有据。

5. 文字要简练，语言要通俗

人力资源信息分析报告都是短文章，文字要简练，语言要通俗，不要使用晦涩难懂的词汇和追求华丽的修辞。

第二节　人力资源需求预测

人力资源需求预测是指根据企业的发展规划和内外条件，选择适当的预测技术，对人力资源需求的数量、质量和结构进行预测。人力资源需求预测是人力资源规划中最重要、最复杂的方面之一。人力资源需求预测要在内部条件和外部环境的基础上做出，必须符合现实情况。人力资源需求预测所涉及的影响因素与企业经营过程中所涉及的影响因素是相同的。

一、人力资源需求预测的影响因素

人力资源需求预测的影响因素有外部环境因素和内部因素。外部环境因素主要有劳动力市场的变化，政府相关政策的变化，行业发展状况的变化。内部因素主要有企业目标的变化，员工素质的变化，组织形式的变化，企业最高领导层的理念。

此外，在进行人力资源需求预测时，还要掌握预测中的定性、定量、时间和概率四个基本要素，以及四个要素之间的相互关系。人力资源需求预测的定性要素是指在预测之前，必须先对企业人力资源发展的性质进行叙述性的、非定量的描述，以便对企业人力资源发展的大致方向和趋势有初步的了解。定性要素是人力资源需求预测的出发点，是企业进行正确的人力资源需求预测的基础。人力资源需求预测的定量要素是指利用具体的数据来描述企业人力资源发展的规模、速度和结构等多方面的特征，对企业人力资源进行定量的较为具体的描述。

由于企业的人力资源发展和变化是一个以时间为基本变量的函数，随着时间的变化，企业人力资源数量、结构等都会随之发生变化。因此，时间要素是企业进行人力资源需求预测中不可或缺的重要因素之一。企业在进行人力资源需求预测时，需要对所预测的诸如人力资源数量、结构等预测对象实际发生变化的可能性，即概率进行估计和描述，以确定预测对象发生变化的可能，因此，概率也是企业人力资源需求预测中一个不可或缺的重要因素。

二、人力资源需求预测方法

人力资源需求预测的方法分为定性方法和定量方法两类。

1. 定性方法

（1）德尔菲法。德尔菲法是20世纪40年代末在兰德公司的"思想库"（位于加利福尼亚州的圣大莫尼卡）中发展起来的。该方法的目标是通过综合专家们的意见来预测某一领域的发展。德尔菲法是一种特别的专家意见咨询方法，是一种能避免专家之间的相互影响及"从众行为"，并能够逐步达成一致意见的结构化方法。专家们的选择依据是专家们对影响组织的内部因素的了解程度。专家可以是组织内部的专家，也可以是外聘专家。例如，在估计未来某公司对人力资源的需要时，可选出公司的计划、人事、市场、生产和销售等部门的经理作为专家。

使用该方法时，必须避免专家们面对面地集体讨论，因为成员间存在着身份和地位的差别，这会使一些专家因不愿批评其他专家而放弃自己的合理主张。为此，还必须有一个中间人或协调员把第一轮预测过程中专家们提出的意见集中起来加以归纳后反馈给专家们。然后重复这一循环，使专家们有机会修改自己的预测并说明修改的原因。一般重复3~5次后，专家们的意见可趋于一致。

使用德尔菲法，应遵循下列原则：

1) 给专家提供充分的信息使其能够做出判断，即给专家提供已收集到的历史资料及有关的统计分析结果。

2) 所问的问题应是被问者都能回答的问题。

3) 不要求精确，允许专家们预计数字，并让专家们说明预计数字的肯定程度。

4) 尽量简化，特别是不要问没有必要问的问题。

5）保证所有专家能从同一角度去理解自己的定义、概念及分类等。

6）向高层领导部门和决策人说明预测的益处，特别是说明其对生产率和经济收益的影响，以争取高层领导和决策人的支持。

(2) 经验预测法。经验预测法是企业根据以往的经验对人力资源进行预测的方法，简便易行。采用经验预测法是根据以往的经验进行预测，预测的效果受经验的影响较大。企业在有人员流动的情况下，如晋升、降职、退休或调出等，可以采用与人力资源现状规划相结合的方法来制定规划。

(3) 现状规划法。现状规划法是一种最简单的预测方法，较易操作。现状规划法是假定企业保持原有的生产技术不变，则企业的人力资源也应处于相对稳定的状态，即企业各种人员的配备比例和人员的总数将完全能适应预测规划期内人力资源的需要。在此预测方法中，人力资源规划人员所要做的工作是先测算出在规划期内有哪些岗位上的人员将得到晋升、降职、退休或调出本组织，然后再准备调动人员去弥补。

(4) 分合性预测法。分合性预测法是一种常用的预测方法，采取先分后合的方式。这种方法的第一步是企业组织要求下属各个部门、单位根据各自的生产任务、技术设备等的变化情况对本单位将来对各种人员的需求数进行综合预测，在此基础上，把下属各部门的预测数进行综合平衡，从而预测出整个组织将来某一时期内对各种人员的需求总数。分合性预测法要求在人事部门或专职人力资源规划人员的指导下进行，使下属各级管理人员能充分发挥在人力资源预测规划中的作用。

(5) 描述法。描述法是人力资源规划人员对本企业组织在未来某一时期的有关因素的变化进行描述或假设，并从描述、假设、分析和综合中对将来人力资源的需求进行预测规划。由于这是假定性的描述，因此人力资源需求有几种备选方案，目的是适应和应对环境因素的变化。

(6) 标杆法。标杆法是选取国内外本行业中最先进的企业作为标杆，与其主要的经济和人力资源管理指标进行对照比较，找出差距，明确追赶发展方向的方法。该方法在20世纪90年代开始流行。

2. 定量方法

(1) 回归分析法。回归分析法是一种定量的预测方法，是通过建立人力资源需求与其影响因素之间的函数关系，从影响因素的变化来推测人力资源需求量的变化的一种数学方法。回归分析既有一元回归、二元回归和多元回归之分，又有线性回归和非线性回归之别。此处主要讨论一元线性回归和多元线性回归预测法。

1）一元线性回归预测法。一般只有在某一因素与人力资源需求量具有高度线性相关关系时，才运用一元线性回归预测法。在应用一元线性回归预测法进行预测的时候，首先必须预测自变量和因变量之间的相关系数。

2) 多元线性回归预测法。在实际工作中，影响企业人力资源需求的因素往往不止一个，而是多个主要因素共同决定了企业人力资源需求量，且多个主要因素与人力资源需求量之间呈线性关系，因此需要建立多元线性回归方程。多元线性回归预测法与一元线性回归预测法不同，多元线性回归预测法是一种根据事物变化的因果关系来进行预测的方法，该方法不再把时间、产量或收入单个因素作为自变量，而是将多个影响因素作为自变量。多元回归分析能够确定多个变量之间的关联模式，运用事物之间的各种因果关系，根据多个自变量的变化来推测与之相关的因变量的变化。

（2）趋势外推法。趋势外推法是时间序列法中最简单的一种方法。时间序列法还包括移动平均法、指数曲线法，由于这两种方法不经常使用，因此这里只介绍比较简单易行的趋势外推法。

趋势外推法是当企业人力资源需求量在时间上表现出明显的均等趋势时才使用的方法。具体的做法是将企业人力资源需求量作为纵轴，时间作为横轴，在坐标轴上直接绘出人力资源需求曲线，如图1—1所示。

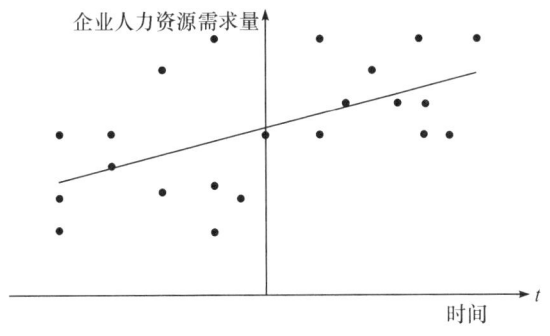

图1—1 人力资源需求曲线

根据人力资源需求曲线可以预测企业未来某一时间点的人力资源需求量。趋势外推法的缺点是过于简单，只能预测人力资源需求量的大概走势，不能提供有关人力资源质量的数据。趋势外推法的优点是实用性比较强，只要将横坐标换成对人力资源需求影响显著的因素如工作任务、销售额、销售量、生产率等，就可以用这种方法来预测完成一定的工作量所需的人力资源数量。具体操作方法是先对同类工作所需要的人力资源数量的散点图进行分析，再根据散点的走势来判断工作量或其他因素的变化对人力资源数量的影响。

（3）比率分析法。比率分析法是以组织中某些关键因素和所需要的人力资源数量两种因素的比率为依据的。某些关键因素包括销售额、关键技能员工的数量等。

例如，可以根据销售额预测企业需要的销售人员数量。假设销售收入＝销售员数量×

每位销售员的销售额。一名销售人员每年通常可以实现 50 万元的销售额。在过去的两年中，每年需要 10 名销售人员完成 500 万元的销售额。假如计划在当年将销售额提高到 800 万元，并在下一年将销售额提高到 1 000 万元。如果人均销售额保持不变，那么在当年需要增加 6 名销售人员，在下一年又需要增加 4 名销售人员来完成另外 200 万元的销售额。

另外，还可以通过企业的一些关键人员数量预测其他人力资源需求量。例如，可以通过计算销售人员与文秘人员的比率，来确定需要增加多少文秘人员以便与新增加的销售人员相匹配。以一所大学的商学院为例，MBA 学生的数量每增加 1%，教师的数量就需要相应地增加 1%，同时职员的数量也需要增加 1%，否则难以保证商学院 MBA 学生的培养质量。这实际上就是根据组织过去的人力资源数量同某个影响因素的比率对未来的人力资源需求进行预测。

需要指出的是，比率分析法假设两种因素的比率不变，这常常影响了预测的准确性。例如，上面对销售人员数量的预测，就是假设销售生产率不变，无论对销售人员进行怎样的激励，也不可能使每位销售人员每年的销售额超过 50 万元。如果销售生产率上升或下降，销售额和销售人员之间的比率就会改变，那么根据历史比率进行人力资源预测就缺乏准确性了。

（4）工作负荷预测法。工作负荷预测法是指按照历史数据、工作分析的结果，先计算出某一特定工作每单位时间（如一天）内每人的工作负荷（如产量），再根据未来的生产量目标（或者劳务目标）计算出所需要完成的总工作量，然后依据前一标准折算出所需要的人力资源数量。这种方法考虑的对象是企业工作总量和完成工作所需要的人力资源数量之间的关系，是每位员工的工作负荷和企业总体工作量之间的比率。可用公式表示为未来每年所需员工数＝未来每年的工作总量/每年每位员工的工作负荷＝未来每年的总工作时数/每年每位员工的工作时数。

因此，工作负荷预测法的关键部分是准确预测出企业总的工作量和员工的工作负荷。当企业所处的环境、劳动生产率增长速度比较稳定的时候，这种预测方法就比较方便，预测效果也比较好。

（5）劳动定额预测法。劳动定额是对劳动者在单位时间内应完成的工作量的规定。$N＝W/Rq$，其中，N 为企业人力资源需求量，W 为计划期任务总量，q 为企业制定的劳动定额，R 为部门计划期内生产率变动系数。$R＝R_1＋R_2＋R_3$，其中，R_1 为企业技术进步引起的劳动生产率提高系数，R_2 为由经验积累产生的劳动生产率提高系数，R_3 为由于员工年龄增长及某些社会因素产生的劳动生产率下降系数。

（6）计算机模拟预测法。计算机模拟预测法是人力资源需求预测中最复杂也是最精确的一种方法。计算机模拟预测法被比喻为在"虚拟的世界"里的实验，能综合考虑各种因素对企业人员需求的影响。该方法主要应用在计算机模拟的虚拟环境中，对组织可能面临的外部环境的变化及自身复杂的动态进行分析，从而得到未来人力资源需求的配置方案。随着信息技术的广泛应用和计算机的普及，这种方法将会逐渐得到普遍应用。

以上从定性和定量两方面介绍了人力资源需求预测的几种方法。定性预测方法的使用使管理部门直接参与到人才需求预测的过程中，还可以将一些技术变化、工作负荷变化、组织变化综合起来考虑，包括把一些无法量化的因素考虑在内，使预测结果更可信。而定量分析方法提供了有效的补充信息，有助于管理人员做出有关未来人员配置需求的判断。定量分析方法的重要价值在于为可能的人员配置目标提供可能的人员配置水平，而不在于其精确性。包括回归分析、数学模型等在内的定量分析可以改变对生产、销售及其他经营计划的人力资源管理。总之，人力资源需求预测的不同方法各有优劣，在实际操作中可以结合使用。

三、人力资源需求预测步骤

人力资源需求预测分为现实人力资源需求、未来人力资源需求和未来流失人力资源需求预测三部分。具体内容如下：

1. 根据职务分析的结果，确定职务编制和人员配置。
2. 进行人力资源盘点，统计出人员的缺编、超编及是否符合职务的资格要求。
3. 将上述统计结论与部门管理者进行讨论，并修正统计结论。
4. 该统计结论为现实人力资源需求预测。
5. 根据企业发展规划，确定各部门的工作量。
6. 根据工作量的增长情况，确定各部门还需增加的职务及人数，并进行汇总统计。
7. 该统计结论为未来人力资源需求预测。
8. 对预测期内退休的人员进行统计。
9. 根据历史数据，对未来可能发生的离职情况进行预测。
10. 将8、9统计和预测的结果进行汇总，得出未来流失人力资源需求预测。
11. 将现实人力资源需求、未来人力资源需求和未来流失人力资源需求预测进行汇总，即得企业整体人力资源需求预测。

第三节 人力资源供给预测

人力资源供给预测是预测在未来某一时期，企业内部所能供应的（或经由培训可能补充的）及外部劳动力市场所提供的一定数量、质量和结构的人员，以满足企业为达成目标而产生的人员需求。从供给来源看，人力资源供给分为外部供给和内部供给两个方面。

一、人力资源供给的影响因素

人力资源的供给主要受到外部的人力资源市场和企业内部的人力资源市场两个因素的影响。

1. 外部人力资源市场

（1）社会生产规模的大小。一般来说，社会生产规模越大，企业的数量越多，规模越大，对人力资源的需求也越多。

（2）国家的经济体制。经济体制是国民经济管理制度和方法的总称，合理、有效的经济体制有利于形成合理的区域和产业经济结构，有利于资源的高效配置，吸收容纳更多的社会人力资源，扩大社会人力资源的需求数量。

（3）经济结构状况。经济结构对人力资源需求的影响，主要是通过产业结构和所有制结构表现出来的。产业结构一般分成第一产业、第二产业和第三产业。三种产业的资本有机构成明显不同，第二产业中的重工业最高，轻工业和第三产业次之，第一产业最低。一般来讲，对企业进行同样的投资，资本有机构成高的企业对人力资源需求较少，而资本有机构成低的企业对人力资源需求较多。因此，合理的产业结构对人力资源需求具有十分重要的影响。

（4）所有制结构。所有制本质上取决于生产的技术水平和行业的要求。一般来说，技术水平越高，吸收一个劳动力需要的投资越大，或者说同样的投资，投入到高科技行业的所有制企业较少需要一般的劳动人员。而技术水平越低，同样的投入则会吸收更多的人力资源就业。在我国，一般是大型国有企业技术水平较高，集体企业技术水平次之，而小型私有企业最低。因此，根据生产力发展水平、国家整体技术水平调整所有制结构，尤其是大力发展与现有生产力发展水平相适应的民营经济，更有利于扩大对社会人力资源的需求。

（5）科学技术进步。科学技术进步对人力资源需求的影响体现在两个方面。一方面，科学技术进步引起了劳动生产率和资本有机构成的提高，使提供同样一个就业岗位所需的资金增加，而且通过提高原有的固定资产的资本有机构成，也绝对地减少了企业对劳动力的需求量。另一方面，科学技术进步又促进了人力资源需求的增加，主要表现在科技进步使劳动生产率提高，使企业利润增长速度高于工资上涨速度，有利于利润的增加和生产规模的扩大，因此扩大了对人力资源的需求；科技进步导致新兴工业部门的出现和领域的扩展，从而扩大了对人力资源的需求；科技进步大力促进了生产力的发展和人民生活水平的提高，充分满足了人民的各种需要，促成了大量新职业的出现和第三产业的发展，使人力资源需求进一步扩大。

2. 企业内部人力资源市场

企业内部人力资源市场遵守企业内部的惯例、章程或者制度等来进行活动。

企业内部人力资源供给主要是分析在职员工的年龄分布和离职及退休人数，从人员减少和流动的情况来分析探讨人力资源供给的情况。此外，在企业内部人力资源的充分利用方面，如提升、转岗等活动，也是值得研究的。

分析企业内部人力资源供给时应先从现有的员工着手。一般情况下，企业人力资源供给除了考虑社会人力资源市场的供需情况外，还需考虑其他企业的竞争。为了避免人力流失或损耗，管理人员必须对造成员工损耗的因素加以分析。导致员工损耗的因素可分为员工受到企业外部的吸引所引起的"拉力"和企业内部所引起的"推力"。

"拉力"的内涵包括员工渴望转到其他企业，以求较高的收入和较好的发展机会；社会就业机会多，员工到外边可找到较好的工作；员工的心理问题；员工已届退休年龄、已婚妇女怀孕或因结婚而不外出工作等。以上这些都可能导致人力资源耗损。

"推力"的内涵包括企业对人力资源的规划不完善，人事政策不稳定，裁减员工等；员工对工作认识不够深入，或不能适应新的工作环境，员工缺勤多、流失多造成的人手不足，诸多因素造成现职员工的压力大，迫使员工辞职；人际关系的冲突容易造成员工的不满；工作性质或工作标准的改变，会使某些员工对工作失去兴趣或无法适应而辞职。

二、人力资源供给预测方法

人力资源供给预测分为企业内部人力资源供给预测和企业外部人力资源供给预测。

1. 企业内部人力资源供给预测

（1）技能清单法。一般是将员工技能依次罗列出来，体现员工的特征和能力，包括所接受的培训课程、以前的经验、持有的证书、通过的考试、监督判断能力，甚至包括对其实力或耐心的测试情况。技能清单能体现各种关键能力，便于对公司人力资源的充分了解和对人力资源的协调，尤其是在公司裁员或者改变组织结构时尤为重要。

一般来说，技能清单应包括七大类信息：

1) 个人数据。年龄、性别、婚姻状况。
2) 技能。教育经历、工作经验、培训经历。
3) 特殊资格。专业团体成员、特殊成就。
4) 薪酬和工作历史。现在和过去的薪酬水平、加薪日期、承担的各种工作。
5) 公司数据。福利计划数据、退休信息、资历。
6) 个人能力。在心理或其他测试中的测试成绩、健康信息。
7) 个人特殊爱好。地理位置、工作类型。

技能清单的主要优点是提供了一种迅速和准确地估计组织内可用技能的工具，尤其是随着计算机和网络技术的广泛使用，技能清单的制作和使用都越来越便利。除了为晋升或调动决策提供帮助之外，技能清单还可以用于规划未来培训甚至员工招聘工作。

技能清单可以用于所有员工，也可以仅包括部分员工，当然不同员工类型的技能清单，其具体项目可以根据需求进行修改和调整，以反映员工类型的主要特征。例如，管理人员技能清单除了上述七类主要信息外，还应包括管理者过去的绩效、优缺点、提升潜力评估等信息。

(2) 马尔可夫分析法。马尔可夫分析方法是找出过去人事变动的规律，以此来推测未来人事变动趋势的一种常用方法（见表1—1和表1—2）。在此，以一个企业会计人事变动作为例子来加以说明。分析的第一步是制作一个人员变动矩阵表，表中的每一个元素表示从某一个时期到另一个时期（如从某一年到下一年）工作岗位之间调动的员工数量的历年平均百分比（即工作岗位从这一年到下一年转移的概率估计值，以小数表示）。若该企业的政策比较稳定，可以以5~10年为周期来评估年平均百分比。政策越稳定，根据过去人员变动所推测的未来人员变动就越准确。

表1—1　　　　某企业人力资源供给情况的马尔可夫分析（一）

职位层次	人员调动的概率				
	g	j	s	y	离职
高层领导人（g）	0.80	0	0	0	0.20
基层领导人（j）	0.10	0.70	0	0	0.20
高级会计师（s）	0	0.05	0.80	0.05	0.10
会计员（y）	0	0	0.15	0.65	0.20

表 1—2　　　某企业人力资源供给情况的马尔可夫分析（二）

职位层次	初期人员数量	g	j	s	y	离职
高层领导人（g）	40	32	0	0	0	8
基层领导人（j）	80	8	56	0	0	16
高级会计师（s）	120	0	6	96	6	12
会计员（y）	160	0	0	24	104	32
预计的人员供给量	—	40	62	120	110	68

例如，表1—1表明，经过若干年的观察，该企业在某年末到下一年，平均80%的高层领导人仍在该组织内，而有20%退出。平均65%的会计员留在原工作岗位，15%被提升为高级会计师，20%离职。用这些历年平均的转移概率估计值可以预测上述岗位变动的状况，推测出未来的人员变动（供给量）情况。将计划初期每一种工作的人员数量与每一种工作的人员变动概率相乘，然后纵向相加，即可得到企业内部未来人力资源的净供给量（见表1—2）。

表1—2表明，如果下一年与上一年相同，可以预计下一年将有同样数量的高层领导人（40人），以及同样数量的高级会计师（120人），但基层领导人将减少18人，会计员将减少50人。将这些人员变动的数据与正常的人员扩大、缩减或维持不变的计划相结合，可以用来估计人力资源供给与需求的匹配程度。当然，应注意的是对于政策不稳定或有较大变化的企业来说，这种预测方法是不可行的。

（3）管理人员接替计划法。对于管理人员供给的预测，最简单有效的方法是制订管理人员接替计划。如加拿大安大略省交通部共有员工10 300人（管理人员2 600人，工会会员7 700人），对1 300个中、高层管理职位制订接任计划，将工作分成5种主要职能和8种次要职能，在每年鉴评后由主管确定后备人员在下一年度是否提升，形成如图1—2所示的人员接替模型。

2. 企业外部人力资源供给预测

预测外部人力资源供给所面对的影响因素有很多，如技术进步，消费模式及消费者行为、喜好、态度的改变，本地及国际市场的变化，经济环境及社会结构的转变，政府政策法规的修订等。企业外部的人力资源供给受整个社会经济及人口结构因素影响，政府的教育政策和劳动、人事政策也有一定的影响力。原则上，统计局应该提供社会整体就业、整体劳动、人事政策及增加的人力资源的数量和素质等情况，作为预测人力资源供给的依据。

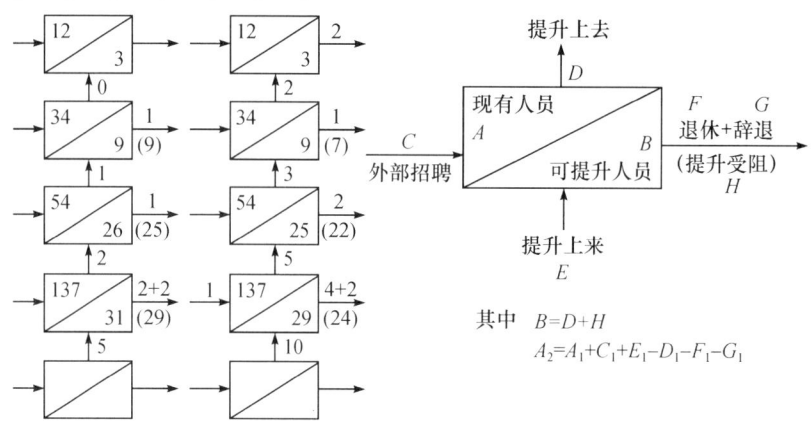

图 1—2　人员接替模型

注：A_2 为计划完成后的人员数量。

三、人力资源供给预测步骤

在预测未来的人力资源供给时，要明确的是企业内部人员的特征，包括年龄、级别、素质、资历、经历和技能。必须收集和储存有关内部人员的发展潜力、可晋升性、职业目标，以及参与的培训项目等方面的信息。

技能档案是预测人力资源供给的有效工具，包括每个人员在技能、能力、知识和经验方面的信息，这些信息的来源是工作分析、绩效评估、教育和培训记录等。技能档案不仅可以用于人力资源规划，而且可以用来确定人员的调动、提升和解雇。

外部人力资源供给预测通常可参考公布的统计资料，如每年大学毕业生的人数，企业的用人情况等。预测某些人力资源的市场供给情况是供大于求还是供小于求，以便采取相应的对策。

1. 人力资源供给预测是对将来能从内部和外部得到的员工的数量和质量进行预测

（1）分析企业的员工状况，如部门分布、技术知识水平、工种、年龄构成等。

（2）分析企业员工流动的情况及其原因，预测将来流动的态势。

（3）掌握企业员工提拔和内部调动的情况，保证工作和职务的连续性。

（4）分析工作条件如休息制度、轮班制度的改变和出勤率的变动对员工供给的影响。

（5）掌握企业员工的供给来源和渠道。

2. 人力资源供给预测的具体步骤

（1）进行人力资源盘点，了解企业员工的现状。

（2）分析企业的职务调整政策和历史员工的调整数据，统计出员工调整的比例。

(3) 向各部门的人事决策者了解可能出现的人事调整情况。
(4) 将（2）、（3）的情况汇总，得出企业内部人力资源供给预测。
(5) 分析影响外部人力资源供给的地域性因素。
(6) 分析影响外部人力资源供给的全国性因素。
(7) 根据（5）、（6）的分析，得出企业外部人力资源供给预测。
(8) 将企业内部人力资源供给预测和企业外部人力资源供给预测汇总，得出企业人力资源供给预测。

第四节　人力资源供求平衡

一、人力资源供求平衡的影响因素

虽然一些企业业务高速发展却缺乏相应的人才，员工的频频辞职或跳槽使工作难以为继，工作效率的低下使企业的竞争力大受影响。通过人力资源规划，能够达到企业人力资源的供求平衡。

企业人力资源短缺的原因，即影响人力资源供求平衡的因素主要包括以下几个方面。

1. 业务高速发展

业务高速发展与企业有无人员的短期需求规划、业务长期发展有无妥当的人才梯队建设、业务面临突破或转型时有无人才储备等因素有直接的关系。

2. 人员流动

人员流动通常包括人员的流入、流出、晋升、降职及退休、离职等情况。人力资源规划必须掌握本行业、本企业的人员流动率有多少，各类型的流动占总流动的比例，有没有对人员流动做好准备，尤其是对关键业务的人员储备是否充分。

3. 培训与开发

企业的有些岗位经常缺乏合适的人才，重要的原因就是没有预先规划，培训不足，造成员工的称职度较低。同样，由于晋升通道的狭窄和不确定，很多员工感觉在企业的职业生涯已经到顶，为求更好的发展而离职。

4. 绩效管理

企业现有人员的绩效不高，使得人员相对缺乏，其原因往往是由于在规划中缺乏科学的绩效管理办法。绩效管理可以确定合理的人员安排方案，对优秀的人才选拔晋升，对绩效欠佳者及早培训，将不合格的员工调岗或辞退。

二、人力资源供求动态平衡

企业人力资源供求达到平衡（包括数量和质量）是人力资源规划的目的。企业人力资源供求关系有三种情况：人力资源供求平衡；人力资源供大于求，导致组织内部人浮于事，内耗严重，生产或工作效率低下；人力资源供小于求，企业设备闲置，固定资产利用率低，也是一种浪费。人力资源规划就是要根据企业人力资源供求预测结果，制定相应的政策措施，使企业未来人力资源供求实现平衡。

1. 企业人力资源供求平衡

企业人力资源供求完全平衡这种情况极少见，甚至不可能，即使是供求总量上达到平衡，也会在层次、结构上发生不平衡。企业应依具体情况制定供求平衡规划。

2. 企业人力资源供不应求

当预测企业的人力资源在未来可能发生短缺时，要根据具体情况选择不同方案以避免短缺现象的发生。

（1）将符合条件而又处于相对富余状态的人调往空缺职位。

（2）如果高技术人员出现短缺，应拟订培训和晋升计划，在企业内部无法满足要求时，应拟订外部招聘计划。

（3）如果短缺现象不严重，且本企业的员工又愿延长工作时间，则可以根据有关法规，制订延长工时适当增加报酬的计划，这只是一种短期应急措施。

（4）提高企业资本技术有机构成，提高员工劳动生产率。

（5）聘用临时工。如返聘已退休者或聘用小时工等。

总之，以上这些措施，虽是解决组织人力资源短缺的有效途径，但最为有效的方法是通过科学的激励机制，以及培训提高员工生产业务技能，改进工艺设计等方式，来调动员工积极性，提高劳动生产率，减少对人力资源的需求。

3. 企业人力资源供大于求

解决企业人力资源供大于求的常用方法如下：

（1）永久性辞退某些劳动态度差、技术水平低、劳动纪律观念差的员工。

（2）合并和关闭某些臃肿的机构。

（3）鼓励提前退休或内退，对一些接近而还未达退休年龄者，应制定一些优惠措施，如提前退休者仍按正常退休年龄计算养老保险工龄，有条件的企业，还可一次性发放部分奖金（或补助），鼓励提前退休。

（4）提高员工整体素质，如制订全员轮训计划，使员工始终有一部分在接受培训，为企业扩大再生产准备人力资本。

(5) 加强培训工作,使企业员工掌握多种技能,增强其竞争力。鼓励部分员工自谋职业。

(6) 减少员工的工作时间,随之降低工资水平。

(7) 采用由多名员工分担以前只需一名或少数几名员工就可完成的工作和任务,企业按工作任务完成量来计发工资的办法。减少员工工作时间,降低工资水平。

在制定平衡人力资源供求的政策措施过程中,不可能是单一的供大于求、供小于求,往往最大可能出现的是某些部门人力资源供过于求,而另几个部门可能供不应求,也许是高层次人员供不应求,而低层次人员却供过于求。所以,应具体情况具体分析,制定出相应的人力资源部门或业务规划,使各部门人力资源在数量、质量、结构、层次等方面达到协调平衡。

学习案例

B 公司是一家实力雄厚的家电制造企业,2010 年公司依据对未来 5 年家电市场的预测,制定了公司 5 年总体发展规划,预测到 2015 年公司家电产量将在现有基础上翻一番,冰箱产量将达到 1 000 万台,洗衣机产量将达到 2 000 万台。为适应公司整体发展战略的要求,公司人力资源部制定了 2010—2015 年度公司人力资源总体规划,负责起草该规划的是人力资源部副经理刘女士,她组织人力资源部门相关人员组成了人力资源规划起草小组,然后制定了人力资源部 5 年发展规划,对公司人力资源进行了全面摸底,并对人力资源供给内部预测和外部预测做了详细的分析,根据企业发展规划对未来 5 年人力资源需求预测也进行了科学分析。最后确定了公司从 2011 年起要大量招聘一线生产工人,于是公司开始大量招聘生产工人,但是到了 2013 年 6 月,由于经济增长速度放缓,公司产品销量开始下降,库存不断增多,公司只好重新调整生产数量,于是出现了大量的闲置工人,给企业带来了沉重的负担。

讨论题

1. 该公司在进行人力资源预测时存在哪些问题?
2. 当预测到企业人力资源在未来几年内可能发生短缺时,可以采取哪些措施解决人力资源供求不平衡的问题?

本章思考题

1. 人力资源需求预测的方法有哪些?
2. 人力资源供给的影响因素有哪些?
3. 影响人力资源供求平衡的因素有哪些?
4. 结合自身所在企业的情况,谈谈如何进行企业人力资源供求动态平衡。

第二章

人力资源管理制度建设

第一节　人力资源管理制度概述　/24
第二节　人力资源管理制度建设　/27

 **引导案例**

远景公司是一家中等规模的私有企业，员工有2 000余人。该公司主要从事家用电器的生产与销售，连续多年出现了高利润、高增长的发展态势，未来发展潜力被看好。

张丽，自2014年人力资源管理学硕士毕业后进入远景公司工作，担任人力资源部经理。远景公司人力资源部有30多名员工，有多名职能主管，分管薪酬设计、人员招聘和培训开发及绩效考核工作。

张丽到任后不久便发现了许多问题。比如，公司各部门的工作很少有"规划"，人力资源部的各项制度不完善，同时各项制度的执行也不到位。每名员工都没有明确的分工，一份工作可以由甲干，也可以由乙干，全凭员工的技能和兴趣完成。有不少个人能力强于其所从事职务要求的员工为此感到不满。

尽管人力资源部的工作任务非常繁重，但其他部门似乎并不满意，认为人力资源部不能及时对自己的要求做出反应。由于人力资源部对公司的战略规划了解甚少，而且人力资源管理制度也非常不到位，比如薪酬福利、员工招聘、员工培训、员工晋升等制度欠科学、合理，因此难以调动公司员工的积极性。

由于公司员工工资涨幅不大，因此员工的不满情绪日益高涨。张丽向公司总裁提出了调整员工工资标准的方案，并建议公司适当修改一下薪资制度。总裁虽然表示可以考虑，但一直没有动静。

张丽认为自己不能对此提出太多的异议，由于公司的薪酬福利制度没有明确规定员工工资调整的相关内容，因此人力资源部门的工作缺乏相关制度的支持。面对公司的情况，张丽还真不知道该怎么办。

案例思考

1. 远景公司在人力资源管理制度建设方面存在哪些问题？
2. 面对张丽的一筹莫展，请为她出谋划策完善人力资源管理制度。

第一节　人力资源管理制度概述

人力资源管理制度是企业人力资源管理具体操作的规范体系，是确保人力资源部门正常工作，以及各项人力资源管理活动规范运转的重要手段。人力资源管理制度的建设，可以提升人力资源管理工作效率，确保人力资源管理部门为企业发展战略服务。

一、人力资源管理制度的构成

企业人力资源管理制度可以分为基础性管理制度和员工管理制度两个方面。基础性管理制度包括：组织机构和设置调整的规定；工作岗位分析与评价工作的规定；岗位设置和人员费用预算的规定；对内、外人员招聘的规定（含合同管理规定）；员工绩效管理（目标管理）的规定；人员培训与开发的规定；薪酬福利的规定（含社会保险规定）；劳动防护用品与安全事故处理的规定；其他方面的规定，如职业病防治与检查的规定等。

员工管理制度主要包括工作时间（如加班、轮班、不定时工作）的规定，考勤的规定，休假的规定，女工劳动保护与计划生育的规定，员工奖惩的规定，员工差旅费管理的规定，员工佩戴胸卡的规定，员工因私出境的规定，员工内部沟通渠道的规定，员工合理化建议的规定，员工越级投诉的规定，以及其他有关的规定（如员工满意度调查的规定）等。

二、人力资源管理制度的特征

1. 体现了人力资源管理的基本职能

现代企业人力资源管理，是以企业中的人为对象的管理，在某种意义和程度上至少具有以下五种基本职能：

（1）录用。这项职能包括以下活动：明确组织中工作岗位的需求，提出人员补充的计划；对有资格的求职人员提供均等的就业机会；采用科学的方法确定符合岗位要求的最合格人选。

（2）保持。这项职能由以下活动组成：有效激励员工，保持员工有效工作的积极性、主动性和创造性，使其潜质得以充分发挥；为员工提供安全、健康、舒适的工作环境，营造良好的企业文化氛围。

（3）发展。通过教育、培养和训练，促进员工的知识、技能、能力和其他方面素质的提高，不断保持和增强员工在工作中的竞争力，使员工的工作能力得到开发。

（4）考评。对员工的工作成果、劳动态度、技能水平及其他方面做出全面考核和评定；对组织气氛和管理状况及员工士气进行调查分析与总体评价。

（5）调整。为保持员工的正常工作状况，通过奖惩、解聘、晋升、调动等方法，使员工的技能水平和工作效率达到岗位的要求。

以上五种基本管理职能是围绕着计划、组织、监督、激励、协调和控制等管理环节展开的,要有效地完成这些职能,企业必须加强各项基础工作的建设,建立、健全和完善人力资源管理制度体系,使其能与企业其他制度、规划相配合,如图2—1所示。

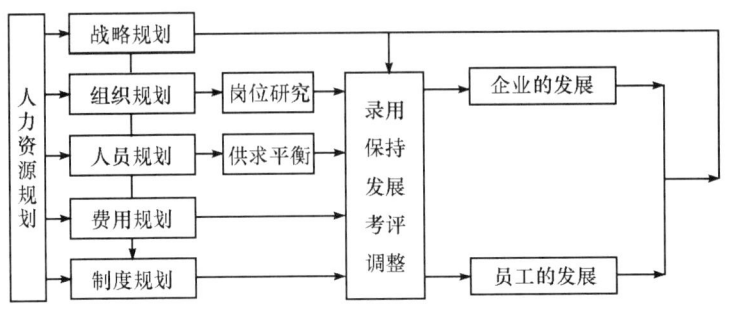

图2—1 人力资源管理制度规划与企业其他规划的关系

2. 体现了物质存在与精神意识的统一

在企业人力资源管理体系中,隐含着两种基本要素,一种是有形的,另一种是无形的。或者说,一方面它是一系列反映了企业物质资料生产、交换、分配、消费的内在规律和运行规则的规范和标准,即对具体人力资源活动和过程的管理规定;另一方面它又是企业在长期的生产经营活动实践中所形成的企业精神、经营理念、价值观念等意识形态的集中表现。

无形的意识形态,要比有形的具体实施的管理规定更为重要,它制约和影响着有形的、具体的管理规定。在人力资源管理中有一句名言:不在于你说什么,而在于你怎么说;不在于你做什么,而在于你怎么做。这里的"怎么"两字包含着企业的精神与文化、经营管理的意识和观念、员工的思想素质及其价值观等"软件"因素。

企业人力资源管理制度规划是改章建制、实现制度的改革与创新,回答"做什么,如何做"。因此,在建立人力资源制度体系时,首先要解决好核心的问题,即企业文化的建设和企业精神的培育等基本问题,再去关注有形的具体实施的管理规定。

在构建和完善企业人力资源管理制度体系的过程中,始终存在两种完全不同的管理哲学(见表2—1)。一种是"见物不见人"的以任务为中心的管理哲学,另一种是"见人又见物"的以人为中心的管理哲学。对于现代企业来说,应当秉持"以人为本"的管理哲学,并将其运用到包括企业人力资源管理制度规划在内的一切活动中去。

表2—1 企业的两种管理哲学与管理模式的对比

内容	以任务为中心的管理哲学	以人为中心的管理哲学
观念	员工是人工成本的承担者	员工是具有能动性的重要资源

续表

目的	着眼于企业的近期目标	重视员工职业生涯规划，着眼于企业长远发展
定位	经济人	社会人
战略	引诱式	参与式
手段	物质刺激的单一手段	激励员工的多种手段
方式	权利—命令—服从	民主—尊敬—参与
关系	职责僵化、画地为牢	沟通、协调、合作
态度	被动执行	自觉主动

三、人力资源管理制度的基本要求

人力资源管理制度的制定必须符合以下几个基本要求：

第一，要以企业的具体情况作为基本出发点。人力资源管理制度的制定要根据企业的具体情况而定，不能为了追求形式而背离人力资源管理为企业发展服务的宗旨。

第二，要能够满足企业的实际需要。只要符合企业的实际状况，有利于企业人力资源工作的制度就是好的，要避免华而不实。

第三，要符合法律和道德规范。人力资源管理制度的内容，比如用工标准、薪酬福利等要符合国家的法律规定和社会的道德规范。

第四，要注重系统性和配套性。在人力资源管理制度制定的过程中，不仅要注意各项具体制度的衔接，也要考虑作为企业制度一部分的人力资源管理制度与整个企业制度的匹配。

第五，要保持合理性和先进性。人力资源管理制度的制定要充分考虑到其先进性，在制定过程中不仅要借鉴国内外人力资源管理理论的先进成果与理念，也要考虑到制度的合理性。

第二节　人力资源管理制度建设

人力资源管理制度是企业的一项重要制度，其作用是为企业人力资源管理活动提供一个基本框架，规范人力资源管理行为及员工行为，将单独的个人行为整合为有目的、有组织的集体行为。

一、人力资源管理制度建设的原则

1. 促进企业与员工共同发展原则

将员工与企业的利益紧密地结合在一起,促进员工与企业的共同发展,是企业人力资源管理制度建设的基本原则。人力资源管理制度建设应将企业的战略目标与员工期望目标、员工的职业发展有效地结合在一起,将实现企业战略目标所要求的企业环境与员工高度的责任感、严谨的工作作风有效地结合在一起,将员工的成功与公司的发展放在同等重要的位置上,从而最大限度地发挥员工的聪明才智,促进员工的全面发展。

2. 紧密结合企业实际情况原则

要做好企业人力资源管理制度建设的工作,必须重视对企业内外环境的分析研究,把握有利的因素,克服消极的因素,使人力资源管理制度充分体现和反映企业自身环境、性质和特点,建立起适合本企业特点和发展要求的新型的人力资源管理制度体系。

3. 严格遵守国家法律法规原则

企业人力资源管理制度必须遵守国家劳动人事法律、法规和政策的规定。因为企业人力资源管理制度和政策涉及员工的切身利益,最具敏感性,如果处理不当,就易产生劳动纠纷,出现劳动争议,直接影响企业正常的生产经营活动,甚至导致怠工停产,给企业和员工的切身利益带来极大的损害。

企业在进行人力资源管理制度建设时,还应注意以下两点:

(1) 学习理解国家法规时,要注意区分"可以"与"必须"的差异。"可以"表示许可或能够,从法律角度上讲,是任意性规范,既是可以,又是不可以;"必须"表示事理和情理上的必要,是强制性规范,规定得十分明确具体,不得以任何方式加以变更。由此可看出"可以"和"必须"的要求是不同的。

(2) 国家法律法规明确说明了"应该做什么,应该怎么做",企业在制定人力资源管理制度时,也必须写明"应该做什么和如何去做"。当国家法律法规没有说明"应该做什么或应该怎么做"时,企业可以大胆地去做。当国家法律法规明确说明"不应该做什么或不应该怎么做"时,企业千万不能去做;而当国家法律法规没有说明"不应该做什么或不应该怎么做"时,企业可以大胆去做。

4. 根据企业的变化情况不断进行调整的原则

企业中不同部门、不同层次、不同岗位的员工与企业具有共同的利益且相互依赖,但是,员工与企业之间又有着不同的利益和需求,对人力资源管理制度的方方面面抱有不同的期望值。企业人力资源管理部门要通过各种渠道收集员工的有关信息(如情绪、意愿、反映、要求等),进行定期分析研究,针对这些信息提出"应该做什么,为什么做,如何做,在哪里做,什么时候做"的具体对策和建议,并适时对人力资源管理制度进行必要的调整和修改。只有保持管理制度的相对动态性,才能充分发挥人力资源管理制度的积极作用和导向功能。

二、人力资源管理制度建设的程序

一项具体的人力资源管理制度一般应由总则、主文和附则等章节组成。在制定人力资源管理制度的具体内容时,可按照如下程序进行:

1. 概括说明建立本项人力资源管理制度的原因,该制度在人力资源管理中的地位和作用,即在企业单位中加强人力资源管理的重要性和必要性。

2. 对负责本项人力资源管理的机构设置、职责范围、业务分工,以及各级参与本项人力资源管理活动的人员的责任、权限、义务和要求做出具体的规定。

3. 明确规定本项人力资源管理的目标、程序和步骤,以及具体实施过程中应当遵守的基本原则。

4. 说明本项人力资源管理制度制定的依据和基本原理,对数据采集、汇总整理、信息传递的形式和方法,以及具体的指标和标准等做出简要、确切的解释和说明。

5. 详细规定本项人力资源管理活动的类别、层次和期限(如何时提出计划、何时确定计划、何时开始实施、何时检查、何时反馈汇总、何时总结上报等)。

6. 对本项人力资源管理制度中所使用的报表格式、量表、统计口径、填写方法、文字撰写和上报期限等提出具体的要求。

7. 对本项人力资源管理制度应用的原则和要求,以及与之配套的规章制度(如薪酬奖励、人事调整、晋升培训等)的贯彻实施做出明确的规定。

8. 对各个职能和业务部门在本项人力资源管理制度中的年度总结、表彰活动和要求做出原则规定。

9. 对本项人力资源管理制度中员工的权利与义务、具体程序和管理办法做出明确详细的规定。

10. 对本项人力资源管理制度的解释、实施和修改等其他有关问题做出必要的说明。

三、人力资源管理制度建设的步骤

1. 提出人力资源管理制度草案

人力资源管理制度是企业单位组织实施人力资源管理活动的准则和行为规范。它是以企业单位的规章、规范、守则的形式,对人力资源管理的目的、意义、性质和特点,以及组织实施人力资源管理的各种程序、步骤、方法、原则和要求所做的统一规定。

进行人力资源管理制度建设首先要起草人力资源管理制度的大纲，包括基本内容、结构等。人力资源管理制度作为人力资源管理活动的指导性文件，在拟订起草时，一定要从企业现有的生产技术组织条件和管理工作水平出发，不能脱离实际，注重其科学性、系统性、严密性和可行性。如果人力资源管理制度的措辞不当，过于原则化，缺乏适用性，就会使制度条文流于形式，在实际管理中难以发挥作用，以致各有关责任人相互扯皮推诿，工作任务无法落实，最终造成人力资源管理"推而不动，停滞不前"。

2. 广泛征求意见，认真组织讨论

人力资源管理制度草案提出后，应由专家和有关人员组成的工作小组，在广泛征询各级主管和被考评人意见的基础上，对其进行深入的讨论和研究，经反复调整和修改后，再上报总经理处待审核批准。当涉及员工工资与福利的相关制度时，还需要遵守法律规定的程序，交给工会或职工代表大会审批。

3. 不断修改调整、充实完善

人力资源管理制度一旦获得批准，人力资源部门应规定一个试行过渡期，使各级主管有一个逐步理解、适应和掌握的过程，在试行过程中如遇有特殊或重大问题，也可以采取一些补救措施，以防止给生产经营活动带来不利的影响。成功企业的人力资源管理制度，不可能一蹴而就，需要经过不断的实践和探索，总结经验教训，扬其长补其短。随着企业生产经营环境和条件的变化，先进的企业文化和经营理念的导入，以及技术水平、管理水平的提高，将定期或不定期地对人力资源管理制度做出适当的补充和修改，使之逐步完善。

学习案例

小刘担任班长不到3个月，虽然事事冲锋在前，可是连续获得三年的班组红旗却丢掉了。工段长及时提点道："当班长不仅自己要做好，还要带着全班成员做好，要学会管理班组。"

小刘与工段长交流后，想到工厂正在抓细节管理，实行严格的管理制度。小刘决定从严格管理入手，首先细化了班里的各项管理制度，然后召开班会要求大家严格遵守并实施考核，将考核结果与当月的奖金挂钩。

这样一来，班组的工作一定搞上去了吧。

制度公布之后的一个星期内，班里16名员工中有10位被小刘训斥了，并对其中5位员工实施了经济处罚，其中还有一位是小刘的"铁哥们儿"。结果就可想而知了，大家对小刘的意见很大，见到他就气鼓鼓的。小刘甚至感觉到员工在跟自己作对。班里以前跟小刘关系不错的哥们儿，也对小刘"敬而远之"了，原先班组里的快乐气氛也没有了。

大家想想，小刘到底错在了哪里？员工为什么疏远了小刘？

小刘的出发点没有错，制定严格的管理制度也是管理中的正常举措，尤其是制度一旦被制定，无论亲疏，坚决执行，更是体现了作为班组长的职业精神。但结果却"谬之千里"，那么"差之毫厘"的毫厘是在哪里出现的呢？很多班组长和管理者都没有考虑清楚。

且先不讨论小刘错在了哪里，先看看员工为什么疏远了小刘。

每当一个新的管理制度出台，员工都会产生本能的抵触。多一个制度，就多一层约束，就增加了更多的违反规定、犯错误的机会。制度制定得越严格，员工的对抗情绪就越大，执行过程中就越消极，制度达成率就越低。

为了避免员工的消极抵触，能不能不制定严格的管理制度呢？答案当然是否定的。制度是工作规范，是管理流程，如果一个组织中没有明确的制度，就像公路上没有交通指挥一样，所有人都会率性而为，所有工作都无法正常进行。

既要制定制度，员工对制度又必然会抵触，小刘的主要错误就是在这个焦点上处理得不好。

人拒绝被管理，就像拒绝被征服，但管理是必须的，制度是必要的，关键是由谁来管，制度由谁来定。人渴望管理他人，就像渴望征服他人一样，人人都希望管理别人，不希望被别人管理。作为成熟的管理者，必须充分认知员工的心理特征，压制管理他人、表现自己的欲望，引导员工自主管理，自主制定制度。

讨论题

1. 小刘在出台管理制度过程中存在哪些问题？
2. 制定一项人力资源管理制度要注意哪些问题？

本章思考题

1. 人力资源管理制度由哪些内容构成？
2. 人力资源管理制度的建设程序有哪些？
3. 人力资源管理制度建设步骤包括哪几步？

第三章

工作设计与工作分析

第一节　工作设计　　　　/35
第二节　工作分析　　　　/39
第三节　工作说明书编制　/42

 **引导案例**

汪海是一家新开业的软件设计公司的领导，公司有200多名知识型员工。这一天，汪海愁眉苦脸地找到他的老朋友、企业咨询专家李荣，诉苦说："没想到自己办公司这么麻烦。不知为什么，我们总是在节骨眼上发现有些重要的事情没做好，或者根本还没做。事实上，也总是在事后才发现这些事情本应安排专人具体负责的。公司也有这个条件，因为我们的工作负荷还不是很重，很多人都在干着不怎么重要的事情。"

李荣给汪海倒了一杯茶，招呼他坐下，然后试探着问："是不是你的员工们在国有单位待惯了，松散惯了，不习惯现在的工作方式。或者，缺乏工作的主动性。""不是！他们都是我的老朋友、老伙计，不存在松散怠慢的问题。这些人综合素质非常高，无论是工作能力还是职业道德都没说的。而且，对于目前的情况他们也很着急。"汪海的回答很干脆。"那就是你的问题啦。为什么不把工作提前安排好呢？"李荣开起老朋友的玩笑来。

"也许吧。但我不可能将太多的精力放在分配任务上，我还有大量其他的事情要做。告诉你吧，我现在真有些焦头烂额了，顾得了这头就顾不了那头。"汪海很是无奈地说："你能不能帮我一个忙，帮我整一个东西，把这乱七八糟的局面理顺一下？"

"我知道你的要求了。你需要我为你的公司做一次详细的工作分析，为每一个人编一份'岗位说明书'。先将公司所有的工作整理一遍，分级分类，明确职务，明确职责，将每个人要做的事情固定下来，将每个人的主要职责区分清楚，再详细确定每个职务任职人员的任职资格。以后，举凡涉及人与岗的事情，都可以以'岗位说明书'作为参考评定标准。你看行吗？"

"非常正确，我要的就是这个东西。到底是行家，一下子就点到了龙的眼睛上。"汪海大喜过望。

案例思考

1. 为什么该公司总是发生该做的事没做的情况？
2. 该公司该如何进行"工作说明书"的编制？

第一节 工作设计

一、工作设计的概念

工作设计又称岗位设计,是指根据组织需要,并兼顾个人的需要,规定每个岗位的任务、责任、权力及在组织中与其他岗位关系的过程。工作设计把工作的内容、工作的资格条件和报酬结合起来,目的是满足员工和组织的需要。工作设计的问题主要是组织向其员工分配工作任务和职责的方式问题,工作设计对于激发员工的积极性,增强员工的满意感和提高工作绩效都有重大影响。

二、工作设计的原则

工作设计要遵循的四个原则是专业分工原则、协调费用最小原则、不相容职务分离原则和整分合原则。

1. 专业分工原则

专业分工原则追求深度知识与市场经验的积累,在此原则下的岗位设置是对组织细分的过程,岗位成为组织中工作内容自成体系、职责独立的最小业务单元。在专业分工原则下,工作设计的第一步为工作内容细分,其表现形式为岗位最小化。

2. 协调费用最小原则

协调费用最小原则是为减少不同职位间的协调,降低运作成本。其在岗位设计方面的应用是通过工作关系分析和工作定量分析的步骤来实现的。

进行工作关系分析,是为一人多岗做准备,适用于公司发展较快,岗位工作量及职责具有较大不确定性的情况。在这种不确定下,岗位不适宜合并,而可由工作内容具有相关性的岗位兼任。进行工作定量分析,则是在工作量不饱满的情况下,对职能细分或流程被分割的岗位予以合并,其应用结果为撤岗和并岗。

工作关系分析是对最小业务活动之间的工作相关性进行的分析,确定适用的优化组合方案。通过对工作岗位、部门的相关性分析,使组织发挥系统和平衡的作用,达到分工合理、简洁高效和工作畅顺。随着公司各项工作的稳定开展,结合对各岗位工作的定量分析,应对工作量不足80%的岗位,及时撤岗、并岗,保证每一个岗位的工作负荷,使所有工作尽可能集中,以降低人工成本。

3. 不相容职务分离原则

不相容职务分离的核心是内部牵制。不相容职务是指那些如果由一个人担任，既可能发生错误和舞弊行为，又可能掩盖其错误和弊端行为的职务。基于不相容职务分离原则的岗位设置需要在岗位间进行明确的职责权限划分，以确保不相容岗位相互分离、制约和监督。企业经营活动中的授权、签发、核准、执行和记录等工作必须由相对独立的人员或部门分别实施或执行。

4. 整分合原则

在企业组织整体规划下应实现岗位的明确分工，而在分工基础上又能有效地综合，使各岗位职责明确的同时又能使其同步协调，以发挥企业的最大效能。

三、工作设计的内容

工作设计的主要内容包括工作内容、工作职责和工作关系的设计三个方面。

1. 工作内容

工作内容的设计是岗位设计的重点，一般包括工作广度、深度，工作的自主性、完整性，以及工作的反馈性五个方面。

（1）工作的广度，即工作的多样性。工作设计得过于单一，员工容易感到枯燥和厌烦，因此设计工作时，应尽量使工作多样化，使员工在完成任务的过程中能进行不同的活动，以保持员工对工作的兴趣。

（2）工作的深度。设计的工作应有从易到难的层次，对员工的工作技能提出不同程度的要求，增加工作的挑战性，激发员工的创造力和克服困难的能力。

（3）工作的完整性。保证工作的完整性能使员工有成就感，即使是流水作业中的一个简单程序，也要是全过程，让员工看到自己的工作成果，感受到自己工作的意义。

（4）工作的自主性。适当的自主性能增加员工的工作责任感，使员工感到自己受到了信任和重视。认识到自己工作的重要性，能使员工工作的责任心增强、热情提高。

（5）工作的反馈性。工作的反馈包括两方面的信息：一是同事及上级对自己工作意见的反馈，如对自己的工作能力、工作态度的评价等；二是工作本身的反馈，如工作的质量、数量、效率等。工作的反馈信息使员工对自己的工作效果有了全面的认识，能正确引导和激励员工，有利于工作的精益求精。

2. 工作职责

工作职责设计主要包括工作的责任、权力、方法及工作中的相互沟通和协作等方面。

（1）工作责任。工作责任设计是员工在工作中应承担的职责及压力范围的界定，也就是工作负荷的设定。责任的界定要适度，工作负荷过低，压力过小，会导致员工行为轻率和低效；工作负荷过高，压力过大又会影响员工的身心健康，导致员工的抱怨和抵触。

（2）工作权力。权力与责任是相对的，责任越大权力范围越广，如果两者脱节，会影响员工的工作积极性。

（3）工作方法。包括领导对下级的工作方法，组织和个人的工作方法设计等。工作方法的设计具有灵活性和多样性，不同性质的工作根据其特点的不同应采取的具体方法也不同，不能千篇一律。

（4）相互沟通。沟通是一个信息交流的过程，是整个工作流程顺利进行的信息基础，包括垂直沟通、平行沟通、斜向沟通等形式。

（5）协作。整个组织是有机联系的整体，由若干个相互联系、相互制约的环节构成，由于每个环节的变化都会影响其他环节及整个组织的运行，因此各环节之间必须相互合作、相互制约。

3. 工作关系

组织中的工作关系，表现为协作关系、监督关系等方面。

通过以上三个方面的工作设计，为组织的人力资源管理提供了依据，保证了事（岗位）得其人，人尽其才，人事相宜；优化了人力资源配置，为员工创造了能够更好发挥自身能力，提高工作效率，提供有效管理的环境。

四、工作设计的方法

1. 组织分析法

这是一个广泛的工作设计方法。首先从整个组织的远景和使命出发，设计一个基本的组织模型，然后根据具体的业务流程需要，设计不同的岗位。通常适用于大型企业的大范围的重组项目，其中组织设计和岗位设计占整个重组项目的大部分工作。

2. 关键使命法

关键使命法仅集中应用于对组织的成功起关键作用的岗位。通常适用于由于时间和预算的限制，对整个组织的岗位设计不可行的情况时。

3. 流程优化法

流程优化法是根据新的信息系统或新的流程对岗位进行优化的方法。该方法可以确定新的岗位，适用于较小的项目，主要应用在实施一个新的管理信息系统时。

4. 标杆对照法

标杆对照法是参照本行业典型企业现时的岗位设置进行设计的方法，适用于不太精确的项目。

五、岗位设置的形式

1. 基于任务的岗位设置

基于任务的岗位设置，是将明确的任务目标按照工作流程的特点层层分解，并用一定形式的岗位进行落实。基于任务的岗位设置的优点是岗位的工作目标和职责简单明了，易于操作，到岗者经过简单的培训即可开始工作；便于管理者实施监督管理，在一定时期内会有很高的效率。在该设置形式下，企业内部的岗位管理主要是采用等级多而细的职等结构，员工只要在本岗位上做到一定的年限而不出大错就能被提级加薪。基于任务的岗位设置的缺点是只考虑了任务的要求而忽视了在岗者个人的特点，员工成为岗位的附属。该设置形式在机器化大工业时代显得十分突出，操作工在长长的流水线旁日复一日不停地重复同一种动作，时间一长，员工的积极性一落千丈。此外，由于任务目标是可以量化的，所以这种岗位设置的具体编制也可以根据人均劳动生产率（或人均利润）等量化指标计算出来。

2. 基于能力的岗位设置

基于能力的岗位设置是将明确的工作目标按照工作流程的特点层层分解到岗位。与基于任务的岗位设置的区别在于岗位的任务种类是复合型的，职责也比较宽泛，对员工工作能力的要求相对全面一些。该设置的优点是岗位的工作目标和职责边界比较模糊，使员工不会拘泥于某个岗位设定的职责范围内，从而有发挥个人特长的余地，进而使企业具有应对市场变化的弹性。在该设置下，企业内部的岗位管理常常采用的是"宽带"管理，即各岗位之间的等级越来越宽泛。由于员工个人的职责难以像基于任务的岗位设置那样简单明了，所以这种设置会要求赋予直接管理者更大的责任，由直接管理者对下属进行决断、监督和评估。该设置形式的缺点是员工的灵活性加大而使工作成果的不确定性上升。同时，由于该设置形式对员工的能力要求高，因此劳动力成本和培训费用也会相应增加。该设置形式在第三产业占主导的时代很显著，因为许多第三产业的行业是高度依赖于人的。在这些高度依赖人的行业中，员工的能力和工作积极性对工作任务的完成有着很大的影响，如金融、保险、咨询服务、超市零售等服务性行业。因为在这种服务性的行业中，具体岗位所承担的任务在许多情况下是要求完成一个过程，是难以量化的，所以这种岗位设置形式通常不规定一个具体的编制数，而是用一定的人力成本预算来进行控制。

3. 基于团队的岗位设置

基于团队的岗位设置是一种更加市场化、客户化的设置形式，以为客户提供总体附加值（总体解决方案）为中心，把企业内部相关的各个岗位组合起来，形成团队进行工作。该设置形式的最大特点是能迅速回应客户、满足客户的各种要求，同时又能克服企业内部各部门、各岗位自我封闭、各自为政的缺点。对在岗者来说，在一个由各种技能、各个层次的人组合起来的团队中工作，不仅可以利用集体的力量比较容易地完成任务，而且可以从中相互学到许多新的东西，也能经常保持良好的精神状态。显然，这是一种比较理想的岗位设置形式。但是，这种设置形式对企业内部的管理、协调能力要求很高，否则容易造成混乱。目前该设置形式的应用还不够普及，更多的是应用在那些"项目型"的公司中，如软件设计、系统集成、咨询服务、中介服务、项目设计、工程施工等。该岗位设置形式的人员确定通常是采用根据客户要求的特点进行组合的方式。在人力成本方面通常采用预算控制法。

第二节 工作分析

工作分析指收集所有与职务相关的信息，以科学和系统的方法确定某职务的性质、职责、任务和要求，决定一项工作所应包含的工作内容及从事此项工作的必备知识、技术和能力，并提供与职务本身要求相关的其他信息。

一、工作分析的主体

工作分析不是人力资源部一个部门的事，实施主体的特点见表3—1。

表3—1　　　　　　　　　　　分析的实施主体的特点

序号	实施主体	优 点	缺 点
1	以人力资源部为主，其他部门配合	节省成本实施主体了解企业文化、战略和现状	耗费大量人力和时间如果工作分析方面的经验不丰富，会影响实施效果
2	以需求部门自己为主，人力资源部门提供支持	非常熟悉本部门工作，收集的信息全面、内行节省成本	从人力资源管理的角度看，实施过程中和形成的工作分析结果文件可能不专业

1. 组织高层管理者的角色

（1）建立工作分析的需要，根据组织发展的状况，提出工作分析的必要性，并在组织内发起工作分析的工作。

（2）发布政策陈述、指示和进行其他沟通，向组织内传递有关信息，倡导工作分析过程。

（3）为执行工作分析的多方面工作授权，在组织内安排相应的工作人员以协调、组织工作分析过程。

（4）为实施计划建立时间框架，为工作分析过程确定明确的时间要求。

（5）在工作分析中有可能会发现一些平时难以遇到的问题或者为了适应工作分析的进程而需要与工作进行协调的情况。

（6）为工作分析过程提供持续的支持，包括有形的和无形的支持。

（7）作为工作分析结果的验收者，任命他人或亲自审核工作程序，使工作分析的结果与实际工作需要相结合。

2. 直线经理的角色

直线经理的参与能够提高工作分析的有效性和接受性。

（1）协助人力资源部门实施工作分析计划。

（2）参加工作分析，为工作分析提供相关的信息。

（3）与涉及工作分析的员工进行沟通，增强员工对工作分析的认可度。

（4）对所负责范围内的工作岗位信息较为熟悉，在完成工作分析后也可能直接应用工作分析的结果。

3. 人力资源部门的角色

人力资源部门作为专业部门起到专业支持、服务和管理的职能。如果本身的专业性不强也可以邀请外部专业人员共同参与工作分析。

（1）制订工作分析的计划、审核和检查工作流程。

（2）对直线经理和任职者进行培训，提高其工作分析的有效性。

（3）进行工作分析的工作，如数据收集和分析、工作说明书编制等。

4. 任职者的角色

工作任职者最大的优点是熟悉工作的任务，知识、技能和其他资格及工作环境，是岗位分析过程中主要的信息来源。任职者承担的主要角色如下：

（1）参加数据收集（如填写调查问卷、参与工作分析面谈）。

（2）参与工作说明书草案的制订。

二、工作分析的流程

一般来说，工作分析的整个流程包括准备阶段、调查阶段、分析阶段和完成阶段，如图3—1所示。

1. 准备阶段

（1）确定工作分析的目的和用处。要明确资料是用来做什么的，要解决什么问题。工

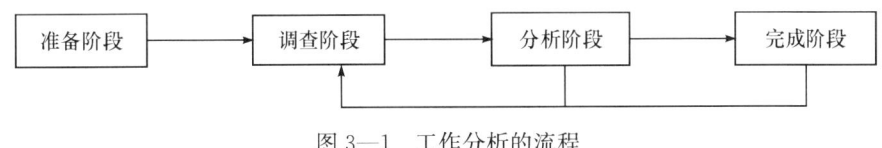

图 3—1 工作分析的流程

作分析的目的不同,所要收集的信息和使用的方法也不同。

(2) 成立工作分析小组。工作分析小组的成员一般由三类人员组成:一是企业的高层领导;二是工作分析人员,主要由人力资源管理专业的人员和熟悉本部门情况的人员组成;三是外部的专家和顾问,其具有工作分析方面的丰富经验和专门技术,可以防止在工作分析的过程中出现偏差,有利于工作分析结果的客观性和科学性。

(3) 对工作分析人员进行培训。为了保证工作分析的效果,还要对相关人员进行业务上的培训。

2. 调查阶段

(1) 制定工作分析的时间计划进度表,保证工作能够按部就班地进行。

(2) 根据工作分析的目的,选择收集工作内容及相关信息的方法。

(3) 收集工作的背景资料,包括公司的组织结构图、工作流程图和国家的职位分类标准,如果可能的话,还应当收集以前的工作分析资料。

(4) 收集职位的相关信息。在完成以上的工作之后,就可以正式开始收集职位的相关信息了。

3. 分析阶段

工作分析反映了员工的工作情况,却不是一种直接的反映,而是要经过一定的加工。进行工作分析时,应当将某项职责分解为几个重要的组成部分,将其更新后再进行组合,而不是对任务或活动的简单罗列。例如公司前台转接电话这项职责,经过分析应当这样描述——"按照公司的要求接听电话,并迅速转接到相应的人员那里",而不应该将所有的活动都罗列上去——"听到电话铃响后,拿起电话,放到耳边,说出公司的名字,询问对方的要求,再按转接键,转接到相应的人员那里"。

4. 完成阶段

(1) 编写工作说明书。根据对资料的分析,首先要按照一定的格式编写工作说明书的初稿。然后反馈给相关的人员进行核实,对意见不一致的内容要重点进行讨论,当无法达成一致时还要返回到资料分析阶段,重新进行分析。最后,形成工作说明书的定稿。工作说明书的形成流程如图 3—2 所示。

(2) 对整个工作分析过程进行总结,找出成功的经验和存在的问题,以便更好地进行

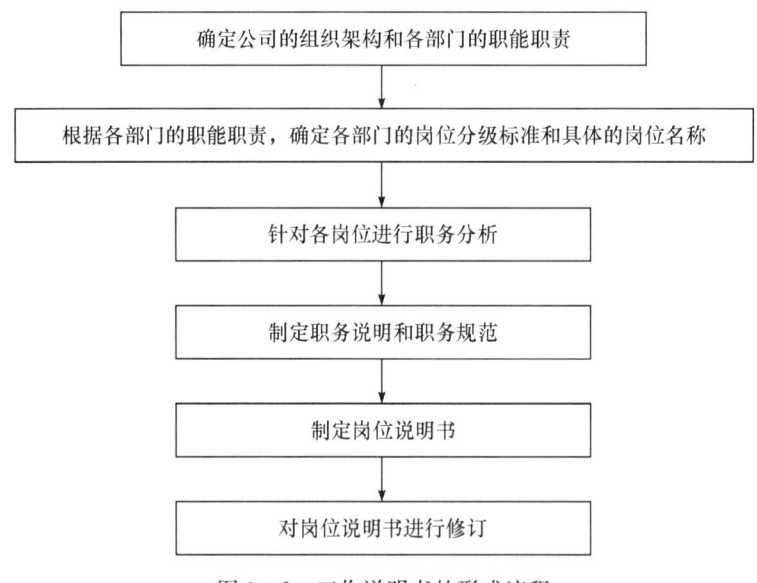

图3—2 工作说明书的形成流程

工作分析。

（3）将工作分析的结果应用于人力资源管理及企业管理的相关方面，真正发挥工作分析的作用。近几年，随着人力资源管理的逐渐升温，很多企业投入了大量的人力和物力来进行工作分析，但是在工作结束后，将形成的工作说明书束之高阁，没有加以利用，这无疑是一种极大的浪费。

需要强调的是，作为人力资源管理的一项活动，工作分析是一个连续不断的动态过程。企业绝不能有一劳永逸的想法，认为做过一次工作分析后就可以不用再做了，而应当根据企业的发展变化不断进行这项工作，使工作说明书能及时地反映职位的变化情况。

第三节　工作说明书编制

工作说明书的编制，是对工作分析的结果加以整合以形成具有企业法规效力的正式文本的过程。工作说明书包括工作描述和工作规范两部分。工作描述主要涉及工作执行者实际在做什么、如何做及在什么条件下做的一种书面文件。而工作规范说明了工作执行人员为了圆满完成工作所必须具备的知识、能力、技术等各项要求。以上两部分并非简单地排列在一起，而是有着紧密的内在联系，两者共同形成一个系统的整体。

一、工作描述

工作描述是指用书面的形式对组织中各类岗位（职位）的工作性质、工作任务、工作职责、工作关系与工作环境等工作特性方面的信息加以规范和描述的文件。工作描述应该说明任职者应做什么、如何去做和在什么样的条件下履行其职责。一份名副其实的工作说明书必须包括该项工作区别于其他工作的信息，提供有关工作是什么、为什么做、怎么样做和在哪儿做的清晰描述。工作描述的主要功能是让员工了解工作概要，建立工作程序与工作标准，阐明工作的任务、责任与职权，有助于员工的聘用、考核和培训等。

工作描述对员工与管理者均有价值。从员工的角度来说，工作描述可以帮助员工了解工作义务，并且时刻提醒员工组织的期望值。从管理者的角度来说，书面的工作描述可以尽可能地减少管理者在工作要求上与员工的冲突。当工作描述中所包含的义务没有被做到时，管理者就有了采取纠正行动的依据。

针对不同的工作分析目的和不同的工作描述的使用者，工作描述的内容也不同。工作描述的内容通常被分为两部分：一部分为核心内容，即任何一份工作描述都必须包含的部分，这些内容一旦缺失，就会导致人们无法对本工作与其他工作加以区分。核心内容包括工作标识、工作概要、工作关系、工作职责。另一部分为可选择性内容，该内容并非是所有职位描述所必须的，可以由工作分析专家根据预先确定的工作分析的具体目标或工作类别，有选择地加以描述。可选择性内容有工作权限、职责的量化信息、工作环境与工作条件、工作负荷。

1. **工作标识**

又称工作识别、工作认定，是识别某一工作的基本要素，即某一工作区别于其他工作的基本标志。主要包括的信息有工作名称、所属的工作部门、直接上级职位、工作等级、工作代码或编号、薪点范围、所辖人数、定员人数、工作地点、编写时间等。

2. **工作概要**

又称职务摘要，指用简练的语言概括工作的总体性质、中心任务和要达到的工作目标。工作概要一般以主动动词开头描述最主要、最关键的工作任务，而不必细述工作的每项具体任务和活动。其规范写法为"工作行为＋工作对象＋工作目的"或"工作依据＋工作行为＋工作对象＋工作目的"。比如，对于市场策划主管来说，其工作概要为"负责市场信息的收集、整理、分析，提交市场调查报告，为市场战略提供决策支持"。再如，薪酬福利专员的工作概要为"根据公司的发展规划，协助人力资源部部长制定相关薪酬福利政策，负责薪酬福利管理、社会保险手续办理、员工绩效考核等工作，为公司的正常运行提供人力资源保证"。

3. 工作关系

工作关系描述包括两部分：一是该工作职位在组织中的位置；二是任职者与组织内外其他部门或人之间所发生的联系。前者是工作描述必须的核心内容，后者则可以根据组织需要选择是否采用。

（1）该工作职位在组织中的位置。其所在位置反映该职位在组织中上下左右的关系，通常用组织结构图来表示，也可以用文字形式表达。

（2）任职者与组织内外其他部门或人之间所发生的联系。包括：该项工作受谁监督；此工作监督谁；此工作可晋升的职位、可转换的职位、可迁移至此的职位；与哪些部门的职位发生联系等。还要列举出工作联系的频繁程度、接触的目的和重要性。在工作分析的实际操作中，主要关注的是工作联系的对象和内容。这些内容有的是在工作描述中以专栏列出，有的则是反映在对工作职责的具体描述中。

4. 工作职责

工作职责是指任职者所从事的工作在组织中承担的责任，所需要完成的工作内容及其要求。工作职责描述是工作描述的主体，是在工作标识与工作概要的基础上，进一步对职位的内容加以细化的部分。

5. 工作权限

工作权限用于界定工作人员在工作活动内容上的权限范围、层级与控制力度。在制定了一个职位的职责后，如果没有规定其权限范围，职责的完成程度就会不同。职责与权力应该要同时配置到相应的职位，使责权对等。有责无权会使责任人无法对结果负责，有权无责会使组织变得无序。工作权限的描述主要应用于对管理人员的工作描述与工作评价，以确定职位"对企业的影响大小"和"过失损害程度"。此外，通过在工作说明书中对该职位拥有的工作权限的明确表达，可以进一步强化组织的规范化，提升任职者的职业化意识，并有助于任职者职业化能力的培养。

6. 绩效标准

绩效标准是在明确界定工作职责的基础上，对如何衡量每项职责完成情况的规定。绩效标准说明了组织希望工作人员在执行每一项工作任务时所要达到的标准。对于以考核为目标的工作分析，绩效标准是工作描述中的关键部分。绩效标准以能定量化为好。

7. 工作环境

工作环境界定的是经常性工作场所的自然环境、安全环境（工作危险性）和社会环境。

二、工作规范

工作规范又称岗位标准、任职资格，是指任职者要胜任该项工作所必须具备的资格与条件。说明一项工作对任职者在教育程度、工作经验、知识、技能、体能和个性特征方面的最低要求，而不是最理想的任职者的要求。工作规范通常是工作说明书的重要组成部分，它与工作描述不同，关注的是完成工作任务所需的人的特质。比如，在对秘书的工作说明书中，所需要的条件是数据录入的速度每分钟不少于100个字，并且要精通英语语法、标点、拼写和词的用法，以上这类信息对人员招聘、甄选、调动与配置及对员工进行绩效管理都非常有价值。

一般来说，通过对工作描述的每一项工作任务、职责进行分析，对完成每一项工作任务、职责所需的资格和条件做出规范，并加以综合整理，即可得出工作规范的总体内容。具体包括以下几方面：

1. **身体素质要求**

即从事体力或脑力劳动所需要的身体条件，包括身高、体形、耐力、力量大小和身体健康状况等。

2. **心理素质要求**

视觉、听觉等各种感知能力；记忆、思维、语言等应变能力；兴趣、爱好、性格类型等个性特点等。

3. **教育程度要求**

教育程度要求包括了学历、专业背景等，学历要求一般是指胜任该工作职位所需要的最低学历要求。专业要求是指任职者需要具备什么样的专业背景才能承担该职位工作。

4. **知识要求**

指任职者胜任某项工作应具有的知识结构和知识水平，一般可采用六级表示法进行评定，即精通、通晓、掌握、具有、懂得、了解。知识要求由以下六项组成：

（1）基础理论知识。指那些与工作相关的基础性理论知识，一般为一级学科或二级学科有关知识。如人力资源经理需要掌握的基础理论知识有心理学、经济学、管理学、法学等。

（2）专业知识。胜任某项工作要求具备的专业理论知识，是充分体现该职位独立于其他职位、在短期内不能被其他职位所替代的专业知识。如掌握某台机器的工作原理、性能、构造和技术操作要点。

（3）政策法规知识。即胜任本职位所应具备的政策、法律、法规、规章或条例方面的知识。

（4）管理知识。即应具有的业务管理知识。

（5）外语知识。根据工作需要，对相关的外语应适当掌握。

（6）相关知识。除了要精通本专业的知识外，还应懂得、了解其他相关的知识。

5. 能力要求

能力要求与岗位需求相关，不同岗位差异较大，一般包括以下几项：

（1）理解判断能力。对有关方针、政策、目标任务的认识与领会程度，对本工作中出现的各种问题的分析与判断能力。

（2）学习能力。对某一项工作领域进行研究、开发与创新的能力。

（3）决策能力。从整体的角度，对关系重大的事情进行选择与决策的能力。

（4）组织协调能力。组织人员开展工作和与有关部门互相协作的能力。

（5）交际能力。为开展工作在社会交往、人际关系方面应具备的能力。

（6）语言文字能力。包括口头和书面两方面，比如在起草文件、编写工作计划、做业务记录和宣传方面，应具有一定的口头和文字表达能力。

（7）解决问题能力。在具体执行工作任务、处理相关业务的过程中，需具备的解决问题的能力。

6. 工作技能要求

工作技能，是指对与工作相关的工具、技术和方法的运用。不同工作所要求的工作技能是不同的，主要包括通用技能和各工作职位的专业技术技能。通用技能一般包括计算机使用技能、外语运用技能和公文写作技能。

7. 经历要求

主要涉及社会工作经验、专业工作经验及管理经验三方面。社会工作经验指参加工作后的所有工作经历。专业工作经验指从事相同职位、相似职位的工作经验。管理经验指从事管理职位的工作经验。工作不同对经历的要求也大不相同，有些技术性强的工作对工作年限、相关经验的要求比较高。一些高级管理职位通常要求具有一定的管理经验。

8. 道德要求

任职者除了具备上述的能力要求外，还必须具有良好的职业道德，这是做好工作的重要前提和保证。通过对职业道德水平的分析，任职者应具备诚信、敬业、相互尊重等优秀品质。

三、工作说明书的编制要求

一份合格、规范的工作说明书必须符合以下要求：

1. 准确性

工作说明书要准确地说明某项工作的具体要求和任职资格条件。这里的准确性有两方面的含义：其一，工作说明书所说明的工作要求及任职者资格条件首先应是正确的，要真实地反映该工作的基本情况和主要特征；其二，工作说明书应是明确的，即表达要清楚，不能含糊其辞、模棱两可。有了准确性，工作说明书才能为人力资源管理中的其他工作提供确实的依据。

2. 系统性

系统性是指工作说明书对各职位工作任务的描述应涵盖组织的所有职能和工作任务，既不能有所遗漏，也不能交叉重叠。

3. 完备性

为了更好地提示某一工作的具体要求和主要特征，一份好的工作说明书应对该项工作的基本概要、工作职责及任职者资格条件等必备内容做一个全面完整的描述，不能有遗漏或省略的地方。

4. 普遍性

工作说明书的每一项内容应是被分析的各种工作所共有的，这样，不同的工作之间才可以相互参照比较，有利于确定各种工作的相对价值，为薪酬体系的建立、考核等提供参考依据。

5. 实用性

工作说明书是进行人力资源管理活动的基本依据，其中的招聘、薪酬、考核等都要依据工作说明书的要求来进行。所以，工作说明书的编写在形式和内容的选择和编排上都要具有实用性，使其在实际运用时便于操作。

6. 预见性

工作是在不断地变化和发展的，工作说明书中也应体现出这一变化特点。它既要严格真实地反映工作的现实特征，又要具备一定的柔性和弹性，以便预见未来的变化趋势。

7. 逻辑性

编写工作说明书要符合逻辑顺序，尤其是在对工作职责的描述上。一般来说，应按重要程度和所花费的时间来排列各项工作职责，并注意将相近的职责列在一起，这样有助于任职者对工作说明书的理解和使用。

8. 简约性

简约性一方面体现在工作说明书的措辞上，应尽量使用简约的语言；另一方面体现在内容上，要求表达精练、严谨、合理，如对主要职责的叙述不交叉、不矛盾、条理清晰。

9. 统一性

文件格式要统一，注意整体的协调与美观。

四、工作说明书的内容安排

一份完整的工作说明书包括工作描述和工作规范两大方面的内容，从具体项目来看，又有工作说明书必备的核心内容与可选内容之分。由于工作分析是员工招聘、培训、绩效考核、薪酬设计等各项人力资源管理活动的基础，因此，在时间、成本等各方面条件允许的前提下，应该编写出尽可能详尽、完备的工作说明书。否则，在工作说明书的实际运用中，必须每有一次需要就开展一次工作分析，编写满足不同需要的工作说明书，这样不仅耗费时间、人力和财力，也给管理带来很大的不便。但如果受到时间、财力、物力等条件的限制，仅以满足当前的要求为目标，对工作说明书的内容则应有所选择和取舍。一般来说，工作标识、工作概要、工作职责、工作关系为任何一份工作说明书必备的核心内容，而其他内容则可以根据工作分析研究的不同目标来进行选择，如以组织优化为目标的工作说明书，则需要包括工作标识、工作概要、工作职责、工作关系、工作权限、责任细分、职责的定量化信息等内容，而其他的内容（如任职资格、业绩标准等）则可以不包括在该工作说明书中。关于工作分析的直接目标与工作说明书所需包含内容的对应关系见表3—2。

表3—2　　　　工作分析的直接目标与工作说明书内容的对应关系

工作说明书内容项目 \ 导向	组织优化	招聘甄选	培训开发	绩效考核	薪酬管理
工作标识	●	●	●	●	●
工作概要	●	●	●	●	●
工作职责	●	●	●	●	●
工作关系	●	●	●	●	●
工作权限	●				
责任细分（履行程序）	●				
工作范围					●
职责的量化信息	●		●		
业绩标准				●	
工作条件					●
工作压力因素					●

续表

工作说明书内容项目 \ 导向	组织优化	招聘甄选	培训开发	绩效考核	薪酬管理
工作特点与领域		●			
任职资格		●	●		●

总之,一份合格的工作说明书能有效地减少组织内各工作职位之间互相扯皮、推诿的现象,有利于改进工作方法,可作为人员招聘、培训、任用、提升、调动、评价等人力资源管理各项职能的依据。在现实中,企业不仅应该编写好工作说明书,更要用好工作说明书,以优化人力资源管理系统,提高人力资源管理水平。总经理办公室主任工作说明书示例见表3—3。

表3—3　　　　　　　总经理办公室主任工作说明书

单位:		职位名称:总经理办公室主任		编制日期:	
部门:总经理办公室		任职人:		任职人签字:	
		直接主管:总经理		直接主管签字	
		直接下属:_____人		间接下属:_____人	
职位编号:		说明书编号:		批准日期:	
职位概要: 协助总经理工作,与各总监、各职能部门及政府有关部门进行沟通,把各部门的工作紧密结合起来,确保公司的正常工作秩序和年度经营目标的实现					
责任范围	汇报责任	直接上报_____人		间接上报_____人	
	督导责任	直接督导_____人		间接督导_____人	
	培育责任	培育下属		现场指导下属的文案管理、会务安排等行政管理工作	
		专业培育		定期举办行政管理、文秘管理等相关培训,提高下属的工作能力和水平	
	成本责任	通信费、接待费		根据公司相关管理规定	
		计算机安全		维护办公室计算机安全,保证文件的安全性	
		办公用品设备		对办公用品的采购和使用负有成本责任	
	奖惩责任	对下属成员的工作情况、表现情况负有奖惩责任			
	预算责任	对部门费用使用情况负有预算责任			
	档案管理责任	对本部门文件、公文档案负有管理责任			
	参会责任	有参与总经理安排参加的相关会议的责任			

续表

权力范围	权力项目	主要内容
	审核权	对总经理办公室通过的决议具有审核权
	解释权	对本部门相关管理规定和文件管理要求具有解释权
	财务权	对总经理办公室相关费用的使用有财务权
	考核权	对部门成员业绩的考核权
	联络权	为完成总经理交办的响应事宜，对内、对外的联络权
	接待权	对来访的客户、相关社会团体具有接待的权力

工作范围	工作依据	负责程度	建议考核标准
1. 对内协调 全面协调总经理与各总监之间的工作事务，协助总经理与公司各职能部门、各子公司进行联络、沟通与协调；协助其他部门组织公司重大活动	部门间沟通和公司内部管理的有关规定	全责	公司内领导和员工的满意程度
2. 对外关系协调 协调公司与政府有关主管部门的关系，协调与行业有关管理机构的关系，协调公司与其他各相关企业的关系，经总经理授权代表公司出席各种外部会议	公司对外关系管理的相关规定	全责	外部单位的满意程度
3. 对外接待 妥善安排相关单位、人员的来访接待工作	公司对外接待的相关管理规定	全责	外部单位、公司领导的满意程度
4. 会议组织管理 组织安排总经理办公室及其他各种日常会议，安排会议记录、纪要工作；对公司总部会议室和会议设备进行管理	公司关于会议管理的相关制度和领导的要求	全责	会议开展情况及会务管理结果评价
5. 文书档案管理 组织制订公司的文件管理制度，根据管理制度制订年度文件编码；组织对公司各种文件进行登记、归档管理；安排公司内外各种来往文件的核稿、颁布和下发工作	公司的具体管理要求和质量体系所要求的文件管理规定	全责	文件编码、发放及时，文书档案管理完整无损，公司领导和各部门领导满意程度

工作关系	内部关系	所受监督	受总经理的管理和监督
		所施监督	对总经理办公室成员工作的管理和监督
		合作关系	为完成总经理办公室工作目标与相关部门的合作
	外部关系		与来访客户、政府部门代表、行业组织的接待和协调关系

续表

沟通关系	内部：董事会、总经理、各总监、各职能部门、各子公司、各子公司 外部：政府相关部门、行业管理单位、新闻媒体、各关系单位、来访团体、来访客户		
任职条件	学历/专业		本科以上，企业管理、行政管理相关专业
	必备知识	专业知识	行政管理、公共关系管理、文案管理、公文管理等
		外语要求	国家四级以上
		计算机要求	全国计算机二级以上，熟练操作各种办公软件
	工作经验		三年以上大、中型企业办公室或行政工作经验
	业务了解范围		熟悉企业行政管理和公共关系管理知识，全面了解公司内部工作及业务流程
	能力素质要求	能力项目	能力标准
		组织能力	公司各种重要会议的召集、组织和安排的能力
		沟通协调能力	沟通协调相关部门和人员完成总经理交办事宜的能力
		监控能力	监督、管理下属完成部门内事务的能力
		联络能力	对外接待能力
	职位晋升	可直接晋升的职位	副总经理
		可互相轮换的职位	总经理助理
		可晋升至此的职位	总经理办公室文员、部门经理助理
		可以降级的职位	总经理办公室文员、部门经理助理

学习案例

刘英刚大学毕业就顺利进入了中英信息服务公司（以下简称中英信息）。由于刘英学的是国际企业管理专业，因此公司将她安排在人力资源部工作。在应聘和面谈过程中，她了解到这是一家中外合资企业，经营的主要业务是为企业和个人提供软件和硬件。公司自1994年创办以来，发展迅速，通过灵活的经营手段、高质量的产品、优良的售后服务，在激烈的信息竞争中保持了领先地位。中英信息的管理层深知，作为一个知识密集型企业，公司的发展将主要依赖于其所拥有的人力资源，企业间竞争的实质是对高质量人力资源的竞争。因此，中英信息非常注重通过提高员工的工作满意度来留住员工。至今为止，中英信息的人员流动率接近于行业的平均水平。刘英为自己能进入这样一个充满活力的公司暗自高兴。

但是在听了人力资源部张经理的一番话后，刘英原来乐观的想法改变了。张经理告诉她，虽然从表面上看中英信息有骄人的经营业绩和良好的发展势头，但是事实上公司内部的管理制度有很多不完善的地方，这些方面将严重阻碍中英信息的进一步发展。张经理举例说，作为人力资源管理基础工作之一的工作分析，在中英信息没有得到很好的贯彻落实，随着公司规模的扩大，新的工作不断增加，而相应的工作描述和工作说明书却没有制定，原有的一些工作描述和工作说明书也与实际情况不完全匹配了。张经理交给刘英一份助理程序员工作说明书（见表3—4）。造成这种状况的原因在于，初创时期中英信息的员工较少，公司内部的局域网可以使上下级之间、同事之间非常顺畅地沟通，相对平坦的组织结构也使公司各个部门的员工很容易接近。同部门的工作经常由员工们协力完成，职位在中英信息被定义成员工之间关于特定技术、专业能力和兴趣的竞赛。有超常能力和成就的员工常被录用，接着很快获得晋升。正因为如此，中英信息并不注重为每个工作制定工作描述和工作说明书，因为从某种意义上来说，这只是一纸空文。

表3—4　　　　　　　　　　　助理程序员工作说明书

职位	助理程序员
基本目的	在项目经理的监督下进行编码、测试、调试程序
具体任务	根据总体的程序设计，编码、测试、调试程序，开发程序的文件资料 在使用系统时培训用户，为用户提供帮助，按要求向管理者汇报服务管理信息
任职资格	至少： 在相关领域里具有BA/BC学位或相当的经验和知识 具备FORTRAN语言编程知识 在经营和财务应用方面具有较好的工作知识 希望： 具有在分时环境下计算机编程经验 在COBOL、PLI或者装配语言方面受到培训或者教育

但是这种忽视工作分析的做法，随着中英信息规模的日益扩大，显示出越来越多对人力资源管理工作的负面影响。张经理坦率地告诉刘英，在中英信息，人力资源部被认为是一个低效率的团队。比如说通过绩效评估，发现员工绩效不符合标准的原因，并安排各种培训和锻炼机会以提高这部分员工的技能，增强其信心，这应该是人力资源部门的职责。但是由于缺乏准确的工作描述和工作说明书，人力资源部门没有确切的标准来衡量员工的工作绩效，因而也无从发现员工究竟在哪些地方需要改进和提高，更别提为员工制订适宜

的培训计划了。因此在中英信息，没有部门认为人力资源部的员工有这方面的能力和经验，公司主要的奖励系统也和人力资源部没有太大关系，甚至公司的年度职工表彰会也被认为是来自外方总经理的激赏而与人力资源部无关。按惯例，员工的薪酬奖励计划应该是由人力资源部根据工作描述和工作说明书，判断每个工作岗位的相对价值以后，再以此为依据制订的。

正是由于缺乏细致的工作分析，中英信息的人力资源部在开展工作时显得力不从心。近期，中英信息又将大规模招聘新员工，张经理决定先从工作分析这一环节抓起，彻底改变人力资源部以往在人们心中的形象。张经理将此重任交给刘英，要求她在6个月的时间内修正所有的工作说明书。

讨论题

1. 中英信息服务公司在工作分析中存在哪些问题？
2. 利用工作分析理论，为中英信息服务公司设计完整的工作说明书。

本章思考题

1. 工作设计的原则有哪些？
2. 工作分析的基本流程是什么？
3. 工作说明书包括哪些具体内容？
4. 编制工作说明书应注意哪些问题？

第二篇 招聘与配置

第四章

招聘计划与实施

第一节　招聘计划　　　　　/58
第二节　招聘来源和渠道　　/60
第三节　招聘广告　　　　　/65

 **引导案例**

最近几年来远翔机械有限公司在物色中层管理干部上陷入了一个两难的困境。该公司是制造、销售高精度自动机床的公司，目前重组成六个半自动制造部门。高层管理层相信这些部门经理有必要了解生产线和生产过程，因为许多管理的决策需要在此基础上做出。传统上，公司一直严格地从内部提升中层干部，但后来发现这些被提拔到中层管理职位的员工缺乏相应的适应其新职责的知识和技能。于是公司决定从外部招聘员工，尤其是那些工商管理专业的优等生。通过一个职业招聘机构，公司挑选了许多有良好工商管理专业训练的毕业生作为候选人，并从中录用了一些候选人，先放在基层管理职位，以备经过一定阶段锻炼后提升为中层管理人员。但在两年之内，这些人都离开了公司。公司只好又采用以前的政策，从内部提拔员工，但又碰到了被提拔的员工素质欠佳的老问题。因为不久有几个重要职位的中层管理人员将退休，因此急待称职的后继者来填补这些空缺。

案例思考

1. 公司在中层经理招聘管理中出现了什么问题？
2. 你认为该公司应如何制定有效的招聘策略才能解决类似的人才紧缺问题？

第一节 招聘计划

一、招聘计划的制订过程

招聘计划是组织根据部门的发展要求和人力资源规划的人力净需求，工作说明的具体要求，对招聘的岗位、人员数量、时间限制等因素做出的详细计划。招聘计划是招聘实施的主要依据，目的在于促进招聘工作高效有序地进行，使招聘更趋合理化、科学化。

招聘计划应由用人部门制订，然后由人力资源部门对其进行复核，特别要对人员需求量、费用等项目进行严格复核，签署意见后交由上级主管领导审批。招聘计划的制订过程，有调研分析、预测和决策三个步骤。

1. 调研分析

调研分析是制订计划的基础。为了避免盲目编制计划和实施招聘，首先要做好组织人力资源状况分析，并根据本组织人力资源规划及当前的工作任务、招聘的范围、数量和规模等情况，确定如何开展招聘工作。

招聘调研分析主要调研两方面的内容。第一，根据本组织的发展与运行现状，明确工作任务及完成这些任务所需人员的情况。了解需要补缺的工作岗位，岗位职责和要求，在岗人员任职情况等。第二，了解与分析本组织整体人力资源或者局部人力资源状况，内容主要是人员学历结构、技术结构、年龄结构、人力资源分布与分配状态，以及人力资源利用情况。目的是掌握组织人力资源现状和当前管理利用情况。

2. 预测

预测是计划的前提和依据。预测的主要工作是判断未来的变化对企业人力资源需求的影响。如对企业扩张、组织机构变化、技术发展与革新、劳动（工作）效率提升、劳动力市场的变化等方面进行预测与规划，结合人力资源战略与规划，预测近期人力资源的需求量、类型和趋势。

3. 决策

决策是计划的核心，具体包括招聘的岗位、人员需求量、每个岗位的具体要求，招聘信息发布的时间、方式、渠道与范围，招聘对象的来源与范围，招聘方法，招聘测试的实施部门，招聘预算，招聘结束时间与新员工到位时间。决策完成后，招聘计划也就形成了。招聘计划确定后，需要经过人力资源部经理及高层管理者的批准。

二、招聘计划的内容与修订

1. 招聘计划的内容

一份招聘计划一般应包括以下内容，不同组织、不同招聘任务还可根据实际情况作相应的增减。

（1）人员需求清单，包括招聘的职务名称、人数、任职资格要求等。

（2）招聘信息发布的时间和渠道。

（3）招聘团队人选，包括团队成员的姓名、职务、职责。

（4）应聘者的考核方案，包括考核的场所、时间、测试题设计者等。

（5）招聘的截止日期。

（6）新员工的上岗时间。

（7）招聘费用预算，包括资料费、广告费、人才交流会费用等。

（8）招聘工作时间表。

（9）招聘广告样稿。

2. 招聘计划的修订

招聘计划制订以后，并非是一成不变的，在实际操作过程中由于组织内外部环境和条件的变化会使招聘遇到一些新问题，需要适时地做出调整和修订，以使招聘计划能真正体现对招聘工作的指导性和预见性。当然，计划一旦被制订，应尽可能保证其稳定性，不能朝令夕改，形同虚设。

三、招聘计划的审批与实施控制

招聘计划的内容制订、修改完成后，还需要提交给上级进行审核、批准，通过审批后才能进行招聘信息的发布。如果待招聘人员是在人员预算范围内，审批程序通常会进行得较快；如果待招聘人员是在人员预算范围外，公司高层管理人员需要对招聘的必要性进行审核和论证。确认招聘需求后，获得审批的招聘计划书会直接发送回人力资源部，人力资源部的工作人员可正式实施招聘准备工作。

配合招聘计划的实施，企业还需要制订企业简介和招聘简章。人力资源部相关工作人员将通过审批的招聘计划投入实施阶段，同时还需要按照招聘需求的轻重缓急程度加以分类，并明确招聘渠道。为实现有效招聘，要注意严格控制招聘的整体进程，从招聘信息的发布到应聘者资料的收集，再到选择过程和录用情况等，围绕整个过程做一份详细的时间控制表。

第二节　招聘来源和渠道

一、内部招聘的概念和方法

1. 内部招聘的含义和原则

内部招聘是指组织采用职位公告、岗位竞聘或部门推荐等方式在组织内部招聘新员工。当组织出现职位空缺时，在组织内部通过各种方式向全体职员公开职位空缺的信息，并招聘具备条件的合适人选来填补空缺。内部招聘作为从总体上对招聘方式和渠道进行划分的类型之一，目前在企业界和其他各类型的组织中都得到了普遍运用，一些调查结果显示，高达90％的管理职位都是由组织内部提拔的人员来担任的。

内部招聘应遵循以下基本原则：

（1）机会均等。内部招聘的信息覆盖面应是整个组织内部的全体员工，应当让每一位员工都清楚空缺职位的工作职责和任职要求等信息，从而使所有符合招聘条件的员工都有获得该职位的机会。

（2）任人唯贤，唯才是用。"贤""才"是人才的客观标准，"任"是主观上对人才使用做出的决策。只有解决了对人才的选任问题，才能保证合格的优秀人才有适合其发挥才干的岗位和机会。

（3）激励员工。无论是通过选拔优秀的员工到更高的职位上工作，还是通过考试将员工安排到更适合的岗位上工作，都应让广大员工认识到，不断地提高自己的工作能力将会在组织内获得更大的发展空间，从而有效地调动员工的工作积极性，起到激励的作用。

（4）合理配置，用人所长。经过竞争、选拔、考核、甄选，安排最合适的人选到空缺岗位上，使其能充分发挥自己的特长，确保其能胜任该岗位的工作。如果员工在新的岗位上不能取得比原岗位更高的绩效，那么这就不是一次成功的内部招聘，同时也不能调动起该员工及其他员工的工作积极性。

2. 内部招聘的方法

内部招聘的实施方法主要有内部晋升或岗位轮换、内部竞聘、内部员工举荐、临时人员转正等方法。

（1）内部晋升或岗位轮换。内部晋升或岗位轮换是建立在系统有序基础上的内部职位空缺补充办法。运用此种方法首先需要建立一套完善的职位体系，明确不同职位的关键职责、胜任素质、职位级别等在晋升和岗位轮换中的运作依据；其次需要建立员工的职业生涯管理体系，对员工的绩效状况、工作能力进行评估和建立相应的档案，根据组织中员工的发展愿望和发展可能性进行岗位的晋升和有序轮换，使有潜力的员工得到相应的发展。

（2）内部竞聘。即通过内部公告的形式在内部组织公开招聘，符合条件的员工可以根据自己的意愿自由竞争应聘上岗。内部竞聘中需要接受选拔评价程序，只有经过选拔评价且符合任职资格的人员才能录用，以保证内部招聘的质量。

（3）内部员工举荐。当组织出现职位空缺时，鼓励内部员工利用自己的人际关系为组织推荐优秀的人才。据《劳动力杂志》（Workforce）报道，如果组织能善用员工举荐人才的做法，不仅省时省钱，而且能提高征才质量，减轻人力资源部门的负担。

（4）临时人员转正。不少组织在核心员工或正式员工之外，由于为了完成一些临时性的工作任务、编制所限、组织结构整合需要等原因，会雇用一些临时员工或派遣员工。临时人员的雇佣和转正工作应注意各项手续的办理要符合我国人事管理的各项法规政策。

二、外部招聘的概念和方法

1. 外部招聘的含义与原则

外部招聘是根据一定的标准和程序，从组织外部众多应聘者中选拔获取所需人选的方法。这是组织根据自身发展的需要，向外界发布招聘信息，并对应聘者进行有关的测试、考核、评定及一定时期的试用，综合考虑其各方面条件之后决定是否聘用的常见方式。外部招聘应遵循以下基本原则：

（1）公正公平原则。外部招聘的对象是广大招聘信息的接受者，面对众多的应聘者，公正公平是首要的原则。应给每一位应聘者以平等的机会去展示自我、公平竞争，使真正有能力的应聘者不因人为因素的影响而失去获得该职位的机会。组织的招聘人员，应明确公正公平的深刻含义，排除主观偏见，选拔出真正适合组织的优秀人才。

（2）适用适合原则。招聘人员应根据并熟悉空缺岗位的工作性质、工作职责、能力要求等情况，认真选择合适的人选，使所招聘的人员能真正适应并胜任这项工作。在实际招聘过程中，所聘用的人员并不具备担任该职位能力的现象时有发生。此外，还有一种招聘现象也不容忽视，即许多组织在招聘过程中出现的人才"高消费"现象，不少组织的招聘广告动辄提出仅招聘本科或研究生以上学历的要求，使许多有实际工作能力和经验但不具备所要求文凭的人才，只能面对组织招聘高高的门槛望而却步。与此同时，组织在招聘中对应聘者的期望过高，录用了能力超出职位要求很多的优秀人才，虽然在短期内组织是受益者，但其结果却是使该优秀人才很快感到该职位并不足以提供其个人发展的广阔空间，人才的流失在所难免，从而造成了人员流动速度过快、频率过高的现象。这无疑会加大组织招聘的工作量和难度，增加招聘、培训等的成本。

（3）真实客观原则。组织在进行外部招聘的过程中，面对的是不熟悉组织的外部应聘人员，招聘人员有必要真实、客观地向应聘者介绍组织的情况，这在国外被称为真实工作预见（Realistic Job Previews，RJP），即在招聘时，向应聘者提供全面的信息。这有助于应聘者与组织形成正确的心理契约。实际招聘中，不少组织通常倾向于把自己的组织说得非常好，以吸引更多应聘者，但这通常会使应聘者产生过高的期望值，容易导致失望和产生不满情绪，甚至有受骗上当的感觉，导致新进人员的保持率降低。因此，本着真实客观的原则，组织招聘人员应向应聘者如实介绍组织的情况，以提高招聘的有效性，防止人员流动率过高。

（4）沟通与服务原则。外部招聘是组织内外互动的过程。通过信息的双向流动，组织在获取应聘者个人信息的同时，也应向应聘者传递组织的相关信息，实现组织内部与外部的双向沟通。此外，招聘过程也是招聘人员向应聘者提供咨询服务的过程，招聘人员向外界传递的相关信息,直接关系着该组织的形象。这些信息不仅包括组织的内部结构、部门设置等硬件设施和组织文化、经营理念、发展潜力等软件配置,还包括从招聘人员的形象、谈吐、待人接物等方面反映出该组织成员的素质培养和人格塑造,从而使应聘者即使不能被录用,也能留下对组织的良好印象。

2. **外部招聘的方法**

外部招聘的主要方式有广告招聘、人才市场招聘会、校园招聘、专业机构招聘、网络招聘等。

(1) 广告招聘。广告招聘是通过报刊、电视和行业出版物等传统媒介向公众传递组织的人力资源需求信息,以吸引求职者前来应聘的招聘方法。目前的广告媒体非常多样,包括报纸、杂志、广播电视、招聘现场、网络等。各种广告媒体的优缺点及适用范围见表4—1。

表4—1　　　　　　　　广告媒体的优缺点及适用范围比较

类型	优点	缺点	适用范围
报纸	标题短小精练;广告大小可灵活选择;发行集中于某一特定地域;各种栏目分类编排,便于积极的求职者寻找	容易被未来可能的求职者所忽视;集中的招聘广告容易导致招聘竞争的出现;发行对象无特定性,组织不得不为大量无用的读者付费;广告的印刷质量通常比较差	当要将招聘限定于某一地区时;当可能的求职者大量集中于某一地区时;当有大量的求职者在翻看报纸并希望被雇用时
杂志	专业杂志会到达特定的职业群体手中;广告大小有灵活性;广告的印刷质量较高;有较高的编辑声誉;时限较长,求职者可能会将杂志保存起来再次翻看	发行的地域太广,故在希望将招聘限定在某一特定区域时通常不能使用;广告的预约期较长	当所招聘的工作者较为专业时;当时间和地区限制不是最重要的时候;当与正在进行的其他招聘计划有关联时
广播电视	不容易被观众忽略;能够比报纸和杂志更好地让那些不是很积极的求职者了解到招聘信息;可以将求职者来源限定在某一特定区域;极富灵活性;比印刷广告能更有效地渲染雇佣气氛;较少因广告集中而引起招聘竞争	只能传递简短的、不很复杂的信息;缺乏持久性;求职者不能重新再了解(需要不断地重复播出才能给人留下印象);商业设计和制作(尤其是电视)不仅耗时而且成本很高;缺乏特定的兴趣选择;为无用的广告接受者付费	当处于竞争的情况下,没有足够的求职者看印刷广告时;当职位空缺有许多种,而在某一特定地区又有足够求职者的时候;当需要迅速扩大影响的时候;当在两周或更短的时间内足以对某一地区展开"闪电式轰炸"的时候;当用于引起求职者对印刷广告注意的时候

续表

类型	优点	缺点	适用范围
现场购买（招聘现场的宣传资料）	在求职者可能采取某种立即行动的时候，引起求职者对企业雇佣的兴趣；极富灵活性	作用有限；要使此种措施有效，首先必须保证求职者能到招聘现场来	在一些特殊场合，如为劳动者提供就业服务的就业交流会、公开招聘会、定期举行的就业服务会上布置的海报、标语、旗帜、视听设备等；或者当求职者访问组织的某一工作地时，向其散发招聘宣传材料
网络广告	不受时空限制，方式灵活、快捷，成本低，联系方便，时间周期长，可以与招聘及人力资源管理的其他环节形成整体	没有在网站上查找工作的潜在应聘者可能会看不到空缺职位	适用于有机会使用计算机和网络的人群，适合急需招聘和长期招聘的职位

(2) 人才市场招聘会。我国的人才市场包括各级人才市场、劳动力市场和职业介绍中心等。这些机构都是各级政府人事部门和劳动部门为指导和服务就业工作而建立的人才管理服务机构。人才市场招聘会通常就是由这些机构作为主办单位开展的市场招聘活动。

(3) 校园招聘。每年都有大量的大学毕业生走出校园进入社会，这些走出校门的毕业生充满朝气、可塑性强、最具发展潜力，是就业市场上的生力军，是组织获取新鲜人力资源的源泉。越来越多的组织将目光对准校园，开展各式各样的校园招聘活动，以此作为获取人才的一个主渠道。

(4) 专业机构招聘。在外部招聘中组织经常采用的方式是委托人才招聘机构进行招聘。专业人才机构主要是指那些人力资源服务公司、人才中介服务公司、人才租赁公司、猎头公司等机构组织。当前，我国的人才服务机构可分为公共服务机构和私营服务机构两种类型。

(5) 网络招聘。网络招聘也称在线招聘或者电子招聘（E-Recruiting），是指利用互联网技术进行的招聘活动，包括招聘信息的发布、简历的在线收集整理、电子面试及在线测评等。随着企业信息化程度的极大提高和互联网家庭用户的迅猛增长，网络已经成为越来越多的组织、人才机构进行招聘和求职者进行求职的最重要手段。

与此同时，随着移动互联网的快速发展，SNS社交网站招聘等技术不断发展，应用也开始越来越广泛。

第三节 招聘广告

招聘广告是招聘的重要准备之一，对外部人员的招聘通常需要以广告为先导，以广告的形式宣传自己的形象，招聘本组织需要的人才，使组织能在较短的时间内，吸引更多合适的招聘对象，便于组织挑选与录用。

一、招聘广告设计的基本原则

招聘广告的核心内容应包括两个方面，即职位所要求的胜任素质和向群众表明组织对符合资格要求的应聘者的欢迎态度。

1. 招聘广告形式原则

要使招聘广告的形式设计得好，一般来说应满足"AIDA"（Attention-Interest-Desire-Action）原则。A 即能引起求职者的注意，广告新颖、独特、与众不同，通过诸如大字体或色彩之类的方式，吸引求职者的注意力；I 即能激起求职者的兴趣，广告的撰写要生动，用能与应聘者产生共鸣的语言，诸如一些充满激情的广告语；D 即能激发求职者求职的愿望，将愿望和需求联系起来，应用对象需求分析的结果来激发应聘者的愿望；A 即方便求职者的求职行为，包括一些联系方式之类便于促使其行动的信息。

2. 招聘广告内容原则

真实，确保广告内容的客观和承诺的遵守，能兑现招聘广告中所提出的薪酬福利、职业发展等政策；合法，避免类似性别歧视、年龄歧视、种族歧视、城乡歧视等违背我国法律法规的内容，确保不出现违法情况；简洁，确保突出重点，内容准确，避免设计得太单调或过于花哨。

另外，招聘广告的语言要求简明、清楚，忌含混不清和盛气凌人；招聘条件说明要一目了然、清晰明了，不出现过高过低现象；要留有余地，使参加应聘的人数比所需求的人数多一些，一般应在所需人数的 1.5～2 倍；让应聘者有充分表达才华与专长的机会；招聘广告应有对人的尊重并给予求职者温暖可亲的感觉。

二、招聘广告的内容

1. 在显眼位置标明组织标志和广告性质

招聘广告设计的最基本要求是让阅读者一眼就可以看出这是什么广告，不会与其他广告混同。因此，应在广告的显眼位置注明广告的性质。比如，就报纸广告而言，最显眼的位置应该是左上角，其次是左边，称为"金角""银边"，这与汉字从左至右的排版习惯有关。在"金角银边"的位置，应该印上招聘单位的名称和企业标志，并以大号字体注明"诚聘"或"聘"的字样。

2. 组织性质简介

招聘广告的第一段应该写清楚组织性质及经营业务等情况，以便让应聘者对招聘组织有一个初步的了解。不应文字过多、喧宾夺主，而应以简约的语言将组织最吸引应聘者的信息表达出来。比如有一家企业在简要介绍完自己企业的情况后，加上这么一段话："在本公司，你不必有以下顾虑：论资排辈；唯学历论；发展空间狭窄；嫉贤妒能；分配封顶；缺乏培训机会。"这就是一个颇为成功的设计。

3. 主要职责和任职要求

招聘广告要发布的最重要的信息之一是有关空缺职位的"主要职责"和"任职要求"的信息。"主要职责"告诉应聘者这个职位要做什么，"任职要求"告诉应聘者应聘该职位要具备什么条件。当然这里不需要将该职位的"工作说明书"中的相关条款全部照搬下来，但至少要参考其中的主要条款并以简要的语言注明。在实际招聘中，或许有些人力资源部经理认为，既然招聘的是有多年工作经验的骨干人员，还需要告诉应聘者该做些什么吗？其实，同样的工作，在不同的组织中很可能是由不同的职位承担的。比如，一家公司的营销经理，既要管市场，又要管销售，还要管广告和公关，而来应聘的另一家公司的营销经理，可能只管市场，并没有其他工作经验。如果在广告中注明了工作职责，那么该应聘人员可能会就此主动退出了。

4. 申请资料要求和联系方式

广告的最后部分，要向读者说明投寄申请资料的要求和联系方式。如"有意者请于某月某日前将详细的学习和工作简历、有关学历证书和身份证复印件、免冠近照、要求薪金、联络地址和电话寄至……"可以要求应聘者提出薪金要求，这是有关应聘者的重要信息。招聘组织提供的联系方式可以有三种：通信地址、电子邮件和传真。可以不提供电话，以免增加人力资源部的人力成本。

除此之外，在招聘广告的内容设计中，关于是否还需要添加其他项目，如组织文化情况、食宿条件、培训情况等，可视招聘组织的具体情况和广告篇幅而定。但要注意根据具体情况突出重点，避免面面俱到。设计出一则成功的招聘广告，既能体现组织对人才的尊重和渴求，又能表现出组织在管理上的细致、高效。

在招聘广告的内容方面，美国学者戈登（J. Gordon）、威尔逊（P. Wilson）和斯旺（H. Swan）在1982年通过对报纸读者的调查来了解企业招聘广告中各种细节的必要性，见表4—2。

表4—2　　　　　　　　　　广告中细节的必要性

细节	细节的必要性（%）
工作地点	69
任职资格	65
工资	57
职务	57
责任	47
公司简介	40
相关经历	40
个人素质	32
工作前景	8
公司班车	8
员工福利	6

学习案例

中塑集团是中国规模最大的塑化集团，董事长王大华白手起家，对人才的引进非常重视，并形成了自己的一套"招聘哲学"。中塑集团刚起步时，在报纸上刊登招聘高级技术管理人才的广告，一时间，200余名专业技术人员前来报名，自荐担任中塑集团的经理、部门主管、总工程师、总会计师等职位。在应聘人员中，有做了几十年机床设计的高级工程师，也有从事飞机制造、船舶动力装置设计的高级工程师，还有化工、物理、电器等专业的技术人员。王大华专门从北京大学聘请了人力资源管理方面的专家组成招聘团，并亲自主持招聘。随后，招聘团对应聘者进行了笔试、口试等选拔测试。经过几轮竞争激烈的考试，自荐者显示出了自己的才干。答辩中，某化工公司的高级工程师黄任忠不仅对中塑集团的某型产品得到质量金牌未有赞词，还提出了居安思危、改进产品的新设想。他说："目前塑料制品的生产技术欧美居于领先地位，我们要将别人的技术加以消化吸收，形成自主开发、独立设计、制造新产品的能力，争取开创世界一流水平。"一番话给招聘团留下了深刻的印象，王大华高兴地说："我在这里看到了人才流动将会给集团输送多少优秀的管理人才和技术人才啊！"最后经过多方面的考察和调查，包括该名工程师在内的一批人才被集团高薪聘用。通过这次公开招聘人才的尝试，确实给中塑集团带来了新的生机和活力。新招聘的高级技术管理人员到任后不久，便与集团领导、技术人员、工人密切合作，开发出了许多新产品，在亚洲市场的竞争中取得了优势，使中塑集团迅速地成长壮大为国际知名的企业集团。因为企业的兴衰人才是关键，所以大多数企业都争相到企业外去招揽人才。王大华不完全同意这种做法，他认为人才通常就在你身边，因此求才应首先从企业内部去寻找。他说："寻找人才是非常困难的，最主要的是，自己企业内部的管理工作先要做好；管理上了轨道，大家懂得做事，单位主管有了知人之明，有了伯乐，人才自然就被发掘出来了。自己企业内部先行健全起来，是一条最好的寻人之道。"如今大多数企业家求才若渴，大多到企业外部寻找人才，却大叹求才之难。对此，王大华指出："企业家对自己企业内有无人才浑然不知，对人才不给予适才适用的安置，有了人才也是枉然。身为企业家，应该知道哪个部门为何需要此种人才。"基于这个道理，每当中塑集团缺少人员时，不是先对外招聘，而是调任企业内部其他部门的人员。

讨论题

1. 你是否认同王大华的"招聘哲学"？请说明理由。
2. 请分析内部招聘与外部招聘的优缺点。

本章思考题

1. 如何做好招聘计划？
2. 外部招聘有哪些原则和方法？
3. 内部招聘有哪些原则和方法？
4. 一份完整的招聘广告应包括哪些内容？

第五章

招聘选拔

第一节　知识测验　/71
第二节　心理测验　/75
第三节　招聘面试　/81

 引导案例

一家医疗器材公司招聘销售人员，几经周折也没有选到合适的人员。在又一次筛选出的几位候选人中，公司决定采用心理测试法，主要挑选为人诚信、有事业心并具有积极人生态度的人才。

经过10分钟的测试，一位其貌不扬的应聘者引起了主管的注意。尽管此人没有销售行业的经验，也没有起码的市场营销知识，但主管认为，此人是医生出身，这就保证了专业层面的基本素质。

但具有这样背景的人很多，为什么单单选中他呢？主要原因是在心理测评中，这名应聘者所表现出的人性中基本层面的品质。此人正直坦诚，对事业充满激情，属于典型的拼命三郎式的开拓型人才，这正是销售主管渴望的人才。后来事实证明，此人的确如主管所期待的，成了销售精英。

人性基本层面的品质是很难改变的，几乎不可能通过短时间的培训来改变，因此，选人要注意这方面的因素。其他如学历、行业背景、客户资源等，虽然也对工作有意义，但毕竟是次要因素。现在有许多企业将选人三要素归纳为学历、经验、年龄，这就为以后的工作埋下了隐患。

按照"学历、经验、年龄"三要素选中的人，可能业务上手快，几乎不用培训，实际上，这正是很多企业选人的首要条件。但是，如果不从价值观、人性因素等"虚"的方面着眼，通常会挑上与企业价值观相左的人，或者沟通能力差，没有团队精神。这样的人虽然有行业经验，但是由于品质不好，而且很难通过培训改变，可能会造成整个团队的质量下降。

所以，企业选人必须着眼于长远，不能为一时之需，降低甚至放弃对人性基本层面因素的要求。

案例思考

1. 心理测试对这家医疗器材公司选出合适的人选有什么帮助？
2. 除了心理测试以外，还有哪些测评方法能帮助我们找到合适人选？

第一节　知　识　测　验

一、知识测验概述

知识是指人们在生活、工作、学习等各种实践活动中所获得的对客观事物认识与经验的综合。一般包括理论知识与经验知识。理论知识是对前人经验与认识的总结与概括，是通过学习获得的；经验知识是人们亲身实践的认识体会，是在生活实践中形成的。

知识测验，一般是指通过纸笔测验的形式，对应聘者的知识广度、深度和知识结构进行测评的一种方法。考试录用人才的做法是由我国古人首创的，我国古代创立并发展成熟的科举制度，就是一个选才面广、方法完备、制度严格、标准统一的严密体系，科举制度以其竞争性、广泛性、公平性在历代王朝统治者选拔优秀人才中发挥了重要的作用，自此考试录用的方法广为流传。通过考试录用人才虽然也有其自身缺陷，但总体来说，是目前最为公正合理、行之有效的甄选人才的方法之一。

知识测验作为一种重要的甄选方法，可以有效地测试应聘者在基础知识、专业知识、管理知识等相关知识和综合分析、文字表达等方面的情况。

知识测验最明显的特点是以书面试卷的形式对应聘者提问，即以笔试的测试方法，要求应聘者书面作答，而不是采用口头表述的方法。

二、知识测验的优缺点

知识测验法具有许多优点，主要体现在以下几个方面：一是可以大规模进行，可以同时对大批应聘者进行测试，成本相对较低，费时少，效率高；二是试题编制可经过深思熟虑，反复推敲，多方咨询，具有较高的信度和效度，科学性强；三是试卷评判比较客观，体现出公平、准确的特点，成为测评人才素质的一个重要依据；四是应聘者的心理压力较小，较易发挥正常水平；五是知识测验能涵盖较多的考点，可以对应聘者的知识、能力进行多方面的测试；六是知识测验的试题和结果可以作为一种档案材料长期保存，以备以后参考查询。

同时知识测验法也存在局限性，主要表现在：一是知识测验无法考查应聘者的思想品德修养、工作态度、口头表达能力、灵活应变能力、组织管理能力、操作能力等；二是可能出现"高分低能"现象，使组织得不到真正需要的有能力的人才；三是应聘者可能由于猜题、欺骗、舞弊而获得高分；四是对应聘者表达不清的问题不能进行直接询问，以了解应聘者的真实水平。

三、知识测验题的编制

试题的编制是整个知识测验的核心环节，试题的质量关系到是否能准确地测评出应聘者对知识掌握的情况。

1. 编写知识测验试题的要求

知识测验试题不仅用来考察应聘者的知识和能力，还是组织的形象和业务水平的体现，因此，在编写试题时一定要认真、仔细，同时还要求编题人员掌握一定的编题技巧。针对不同岗位要求编制的试题不尽相同。总体来说，要符合下列基本要求：

（1）试题的知识点架构合理。要尽可能涵盖每个知识模块，考点多且分布合理，考查的内容能很好地反映岗位所需的知识、能力，考试的广度、难度、深度要符合实际工作的要求。

（2）试题语言应当规范，没有歧义，容易理解，同时，避免使用过于独特的专业词汇和缩写字母，造成应聘者难以解答。

（3）试题要保持独立，尽量避免试题之间的提示。出题要用客观、独立、中性的陈述，不带有提示成分。同时避免考点的重复，或是上题的答案在后面其他类型的题目中出现的现象。

（4）试题要难度适宜，同时避免出一些生僻的考点。考试的目的是选拔胜任工作的人，因此，题目的内容能够反映工作的真实要求即可，避免出难度过大或过于简单的题目。另外，还要注意题目难易搭配比例适当，这样，有利于区分应聘者的能力。

（5）试题应当新颖，不落俗套，要综合考查应聘者的记忆、表述、应用、构思水平，问题的正确答案要明确有定论，但不能生搬硬套。试题形式要灵活多样，不出生题、怪题。

（6）主观题目和客观题目结合。用人组织可以根据自己的情况合理安排主观题和客观题的比例，既能考查知识点，又能让应聘者有所发挥，综合考查个人的知识。

（7）合理安排题量。首先确定好考试的时间，题量不能过多，否则有些题目虽然比较重要，应聘者却没有时间完成，造成考试的结果不能客观反映个人的真实水平。

2. 知识测验的题型

知识测验题型的分类有很多种，为方便起见，以下从试题答案是否唯一的角度划分成客观题和主观题并进行介绍。

（1）客观题。客观题的答案是唯一的、封闭的。试题就某一个知识点要求应聘者做出精准的回答,试卷或是给出了每道题的固定答案,或是让应聘者补充完唯一的内容,回答有偏差就不能得分。客观性的试题有明确的参照答案,不需要批阅人主观地判断,因此批阅起来也很方便,可以大大提高批阅的效率。现在很多大型的考试采用计算机批阅客观题的形式,这样节省了很多的批阅时间。

1) 选择题。选择题由两部分构成:题干和选项。题干是问题的陈述部分,选项包括了正确答案和干扰信息。选择题分为单选题和多选题。选项一般为4～5个。多选题的难度相对单选题大一些。由于选择题的答案固定,批阅和统计都比较容易,因此被广泛使用。

2) 填空题。填空题由未完成的陈述句构成,要求考生填写其中空出的关键词。填空题旨在考察应聘者对知识的认知和记忆,而不是理解和应用。需要注意的是填空题的空词部分应该是知识核心词汇,没有异议,而且空白之处不能太多,否则不便于应聘者的理解。同时,答案必须是唯一的,便于最后使用统一的评分标准。

(2) 主观题。主观题的答案往往是开放性、非唯一的。给应聘者很大的自由度,能够看出应聘者的综合能力和思维深度。题目的判断由批阅人结合参考要点和自己的主观经验给分,因此会受到批阅人的个人认识、判断力的影响。

主观题的优点是试题的内容综合度高;具有一定的发散性,鼓励应聘者自由发挥,有利于考察应聘者知识的运用能力、深层次的认识思维能力;同时,主观试题命题量少,题干比较简单。

主观题也有其缺点。首先,测试的内容范围有局限性,分数占的比重大,一道题目的得失对结果的影响偏大;其次,主观试题没有统一的答案,容易受到批阅人主观的影响;最后,批阅主要靠人工处理,效率比较低,不能用现代化的评分手段替代。

常见的主观题有简答题、论述题、作文题等。作文题在此处不再详述。

1) 简答题。简答题是主观型题目,针对某一明确的知识点进行发问,简答题的答案比较明确。简答题能够考察应聘者对知识点的理解,题目编制容易,答案不受猜测影响,试题比较容易批阅。

2) 论述题。论述题是非常典型的主观题目,题目要求应聘者对某一个现象或者问题进行深入的分析,并能够有说服力地说明自己的观点。论述题不要求有统一的答案,有一定的灵活性,鼓励应聘者自由发挥,这种考试方式能够测量应聘者组织材料的能力、综合分析能力和文字表达能力,有时还能测量应聘者的创造力。但是由于没有统一的答案,因此评分的时候会受到一些主观因素的影响。

四、知识测验的实施

知识测验一般包括以下几个步骤：

1. 成立知识测验考务小组

知识测验过程中有大量的工作要进行准备。通过知识测验，考务小组可以有效地推进整个过程的实施，具体包括了计划的制订、试题的编制、考务的组织等。

2. 制订知识测验的实施计划

为了使知识测验能有序进行，需要制订周密详细的实施计划，计划的具体内容可以包括以下几个方面：知识测验的目的和科目确定；知识测验的组织与安排，包括知识测验的负责机构和负责人，测验估计的规模大小，测验实施的时间和地点的安排，监考人员和阅卷人员的安排等；知识测验的效果预测等；组织测验的经费预算。

3. 组织人员编制知识测验试题与试测

根据要招聘职位的要求，确定要考察的指标，以此作为基础确定编制试题的类型、内容、难易程度、题量和标准答案（或参考答案）等内容。有些岗位招聘的数量大、周期长、重复性多，则可考虑建立题库系统，通过题库的建立，避免经常进行题目的编制，同时通过诸如一定周期的试题更新，不断充实题库，完善知识测验的体系，也可为未来员工的培训提供素材。

在试题编制完成之后，可以选择一部分相关人员进行试测，在此基础上对试题进行审核与修订，以确保试题的信度和效度。

4. 知识测验的实施

知识测验的实施包括考前通知、考场管理和考卷保管等内容。考前通知是指根据考试计划的时间、地点通知应聘者和安排培训监考人员，考场管理是指考试现场的布置、考务的组织、监考等工作，考卷保管是指考试结束后的考卷回收和存放管理。

5. 知识测验阅卷评分

对回收的知识测验的试卷，安排阅卷人员进行阅卷评分，并安排工作人员审核分数，最终形成知识测验成绩报告。

6. 知识测验结果运用

对于知识测验的最终成绩，一般有两种用法。一种是选取分数较高的一定数量的人员进入下一轮的甄选，这是一种选拔性的方式，起到了择优的功能；另一种是让达到一定成绩的人员进入下一轮的甄选，这个分数一般都在事先确定，以体现公平性，这种方式在一定程度上避免了唯分数论导致的高分低能的风险。

目前，有些组织已经建立了知识测验的在线考试系统，事先将测验的试题导入考试系统，安排应聘者在线测验，这种方式不仅提高了知识测验中客观题的批阅效率，也便于进行各类测验信息的统计比较，对知识测验的效率和效果的提高起到了积极的辅助作用。

第二节　心　理　测　验

心理测验主要是通过对人的一组可观测的样本行为进行系统的测量来推断人的心理特征的测评方法。

一、心理测验的特点

人的心理很复杂，很难像测量质量、高度等客观的物理现象那样被很量化的测量出来，也不像人的行为那样，可以被直接观察和分析。归纳起来，心理测验有如下特点：

1. 心理测验的间接性

人的心理特质就像一个暗箱，无法被直接观察和测量，心理测验只能测量人的外显行为，即通过测量个体对测验题目的反应，从而推论其心理特质。在此，心理测量有如下假设：人的心理活动与行为具有因果关系。由"果"推"因"，这是科学研究的基本方法之一。

2. 心理测验的相对性

在对人的行为作比较时，没有一个绝对的零点，即没有绝对的标准，有的只是一个连续尺度上的行为序列。测量就是看每个人处在这个序列上的什么位置，由此给予定量和定性的评价，这都是以被测试者所在团体的大多数人的行为为标准，或以某种人为确定的标准，相比较而言的。

3. 心理测验的客观性

心理测验的客观性就是测验的标准化问题。首先，测验的题目、指导语、主试的言语和态度及测验实施时的物理环境等，均经过标准化，尤其是题目的确定，是在预测的基础上，通过对题目难度和区分度的统计分析最终确定的。其次，评分计分的方法经过了标准化，对反应的量化是客观的。最后，分数的转换和解释经过了标准化，对结果的推论是客观的。测验的标准是根据对总体的代表性样本的测量结果确定的，测验的信度和效度也在一定程度上经过实践的检验，依据这些资料所做出的推论比较可靠和客观。

二、心理测验对员工招聘的意义

1. 提高组织人才甄选的效度

心理测验可以有效地避免主观性问题,可以相对全面、客观地反映应聘者的个性特征和心理素质,并且有一定的预测作用。

2. 降低招聘成本,起到优胜劣汰的作用

采用心理测验的方法可以提高对应聘者判断的准确性,并结合招聘要求把条件不适合的应聘者辨识出来,使其不再进入下一轮的甄选程序,为组织节省了成本。

3. 提高招聘效率,实现批量测评

对于某个招聘岗位,经常会收到大量的应聘简历,虽然初步甄选能够过滤掉一些不合适的应聘者,但有时候剩余的应聘者依然很多。由于心理测验已经可以借助计算机等现代化的工具来实施,因此,可以安排大量的应聘者同时参加测试,有效地节省了甄选的时间,加快了人才甄选的过程。

三、招聘中的心理测验应用类型

心理测验的分类很多,对于不同的用途可以进行不同的选择,在员工招聘的甄选过程中,一般可以从以下几个角度分析应聘者与岗位的匹配性。

1. 人格测验

（1）人格的含义。人格也称为个性,是指人在心理、行为方面所表现出的不同于其他人的特点,也就是个体在其生理素质基础上,在长期生活实践中形成的具有一定意识倾向性的稳定的心理特征的总和。一般而言,人格包括态度、兴趣、动机和性格测验等内容。

（2）人格测验的方法

1）自陈式量表法。自陈式量表法多以自我报告的形式出现,所以又称问卷法,即对拟测量的个性特征编制若干测题（陈述句）,被试者逐项给出书面答案,依据其答案来衡量评价某项个性特征。自陈式量表法不仅可以测量外显行为（如态度倾向、职业兴趣、同情心等）,同时也可以测量自我对环境的感受（如欲望的压抑、内心冲突、工作动机等）。

自陈式量表法的优点在于：可操作性强；采用标准化测试的形式；简单易行,解释比较容易,可进行自我诊断；客观、全面,应用非常广泛。

自陈式量表法也有明显的不足。主要表现在：稳定性差,由于个人的行为随时间而有所改变,所以人格测试所测量的行为比能力测试的稳定性差；被测试者容易弄虚作假,测试中的有些问题意图明显,稍有头脑的求职者通常可以不费吹灰之力就使自己看起来非常适合于某项工作；问卷调查表中的有些问题容易被钻空子,对于一些涉及社会价值和社会

道德相关的问题时，应聘者通常偏向选择社会所期望的答案，或有把自己表现得更好的倾向；不同的文化背景会影响回答问题时的倾向，例如中国人受中庸之道的影响，在选择中倾向于折中的答案。

2）投射测验。投射测验也称投射技术，最早由 Frank 提出。其基本假设是：个体不是被动地接受外界的刺激，而是主动地、有选择地给外界刺激赋予某种意义，然后表现出适当的反应，测试者可以从这些反应中推论被试者的人格。

投射测验与其他人格测验相比，通常有以下一些特征：一是呈现给被试者的是一个模糊而相对无结构的刺激情景，这使被试者有机会表达其内心的需求和许多特殊的知觉，以及对该情景所做的许多解释，许多潜意识的东西在问卷式的人格测验中常常不能显露出来；二是投射测验的目的对被试者来说是隐蔽的，由于被试者不知道测验的目的，因此，不易伪装；三是被试者可以用各种方式来自由回答问题，而不像问卷方法那样要求特定的回答方式；四是投射测验注重人格的整体分析，而一般的人格测验往往只能测量某些人格特征。

投射测验的主要方法有以下几种：

①联想技术。为被试者呈现一些刺激情景，请被试者报告对这些刺激情景的反应，根据被试者的反应做出分析。常用的有墨渍投射测验、字词联想测验等。

②构成技术。指的是被试者需要根据一个或一组图形、文字材料讲述一个完整的故事。这种测验主要测量被试者的组织信息能力，从测验的结果分析被试者的深层心理。比较著名的有罗夏墨迹测验（见图 5—1）、主题统觉测验、麦克莱兰的成就测验，其他还有测量被试者的信念、宗教信仰、价值观等的测验，这种技术主要侧重于对被试者产出的分析。

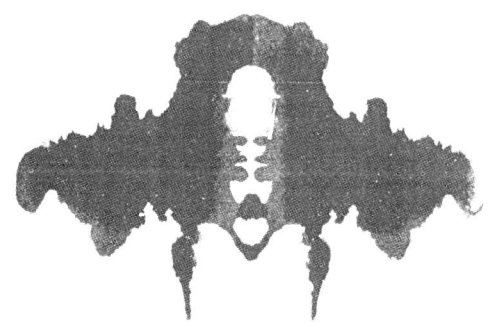

图 5—1　罗夏墨迹测验

③词句完成法。把一些没有完成的句子呈现给被试者，请被试者根据自己的想法把句子完成，例如，"我觉得我们的企业……"，被试者可以做出各种反应，这种方法比上述两

种方法都简单,但却很能说明问题。

④排序技术。请被试者把一组目标、愿望、需要等按某种标准加以排序的方法。价值观、成就动机、态度的测量都用这种技术。

⑤表现技术。这是一种侧重过程性分析的技术,不注重被试者的产出。要求被试者参加一些活动,通过这些活动可表现出被试者的需要、愿望、情绪或动机,因为被试者处理事物、人际交往的方式无不带有其个人的独特特征。这些活动的设计要求符合实际生活的场景,如做游戏、演一出戏、角色扮演、画一幅画等都可以。

⑥个案分析技术。这是一种综合性技术,既含有表现的成分又有投射的成分。个案设计得贴近实际,请被试者根据文中提供的线索做出自己的判断和评价,被试者在操作时要付出一定的努力,充分发挥其想象力,所以这种方法能引起被试者的很大兴趣。

3)仪器人格测评。通过科学的仪器对被试者的人格进行测试,以了解被试者心理获得的一种科学测评方法。随着科学技术的不断发展,测量心理活动的仪器越来越多,诸如多功能心理测试仪、眼动仪等,这些仪器在测量人的兴趣、动机等方面提供了极富价值的作用。

(3)比较知名的人格测验量表工具及其应用。人格测验量表非常多,各类组织在招聘中使用的比较多的人格测验量表包括卡特尔16PF、MBTI、DISC、九型人格、霍兰德职业兴趣量表等。

1)卡特尔人格因素测验(16PF)。卡特尔16PF是16种人格因素问卷的简称,是由美国伊利诺州立大学人格及能力测验研究所卡特尔教授编制的,是基于人格特质理论编制的一种测验,共包括了187道试题,测量16种人格特质,见表5—1。

表5—1　　　　　　16PF的各因素及高分者和低分者特征

因素	特质名称	低分者特征	高分者特征
A	乐群性	缄默,孤独,冷漠	外向,热情,乐群
B	聪慧性	思想迟钝、学识浅薄、抽象思考能力弱	富有才识,善于抽象思考,学习能力强,思维敏捷
C	稳定性	情绪激动,易生烦恼,心神动摇不定,易受环境支配	情绪稳定而成熟,能面对现实
E	恃强性	谦逊,顺从,通融,恭顺	好强固执,独立积极
F	兴奋性	严肃,审慎,冷静,寡言	轻松兴奋,随遇而安
G	有恒性	苟且敷衍,缺乏奉公守法的精神	有恒负责,做事尽职
H	敢为性	畏怯退缩,缺乏自信心	冒险敢为,少有顾忌
I	敏感性	理智,着重现实,自恃其力	敏感,感情用事

续表

因素	特质名称	低分者特征	高分者特征
L	怀疑性	依赖随和，易与人相处	怀疑，刚愎，固执己见
M	幻想性	现实，合乎成规，力求妥善合理	幻想的，狂放不羁
N	世故性	坦白，直率，天真	精明能干，世故
O	忧虑性	安详，沉着，有自信心	忧虑抑郁，烦恼自扰
Q1	实验性	保守的，尊重传统观念与行为标准	自由的，批评激进，不拘泥于现实
Q2	独立性	依赖，随群附众	自立自强，当机立断
Q3	自律性	矛盾冲突，不顾大体	知己知彼，自律严谨
Q4	紧张性	心平气和，闲散宁静	紧张困扰，激动挣扎

2) MBTI工作风格测验。Myers-Briggs Type Indicators（MBTI）是 Katharine Cook Briggs 与女儿 Isabel Briggs Myers 以瑞士著名心理学家卡尔·荣格（Carl Jung）的心理类型理论为基础开发的人格测评工具。MBTI方法将人分成四种维度：内向（I）与外向（E）表示注意力集中在内部还是外部；感觉（S）与直觉（N）表示收集信息、感知外界的方式；思维（T）与情感（F）表示做出决定和判断的方式；判断（J）与知觉（P）表示应对外部世界和生活的风格。四个维度组合形成了十六种不同的人格类型。例如，ENFJ，表示该人格类型是外倾、直觉、情感、判断四维的综合，但其所含的意义不只是这四维的叠加，更应被看作是一个整体，只有这样才能提供完整丰富的人格信息。

MBTI是当今世界上应用非常广泛的人格测验量表，每年的使用者多达200万人，其中不乏世界500强企业。很多组织利用其进行招聘选拔、人岗匹配、组织诊断、改善团队沟通及人际关系；职业人士利用其进行职业定位、职业生涯规划等。

2. 能力测验

（1）能力概述。能力是指顺利完成某种活动所必须具备的一种心理特征，是顺利完成某种活动必要的心理条件。从事某种活动必须有一定的能力作为条件和保证，如公关职业从业者应该有较强的口头表达能力，从事编辑工作的从业者要有较强的文字能力。

能力通常分为一般能力和特殊能力。一般能力是完成各种活动都必须具备的某种能力，主要包括注意力、观察力、记忆能力、思维能力、想象能力等。特殊能力则是从事某种活动所需要的能力，如数学能力、音乐能力、机械操作能力、绘画能力、飞行能力等。

（2）一般能力测验。一般能力测验，即通常所说的智力测验，按照施测方式的不同，可分为个别智力测验和团体智力测验。

个别智力测验是指一个主试者在同一时间内只能对一个被试者进行施测的测验。这类测验比较著名的有：比奈—西蒙量表，1905年由A.比奈和T.西蒙合作制定，这是世界上最早编制的一个智力量表;斯坦福—比奈智力量表,由于该量表的权威性,使其成为测量智力的标准;韦克斯勒智力量表,包括两个韦克斯勒—贝尔韦量表、韦氏儿童智力量表及其修订本、韦氏成人智力量表及其修订本、韦氏幼儿智力量表。韦氏量表是目前影响最大、应用最广泛的智力测验之一。

团体智力测验是指众多被试者可以同时受测的测验。比较著名的有:陆军甲种和乙种测验;多维度能力倾向测验。这是一个韦氏式的用于成人的团体智力测验。目前在美国应用较为广泛。

(3)特殊能力测验。特殊能力测验也称能力倾向测验,是在某些专业和职业活动中表现出来的能力,体现了经过适当训练或被置于适当环境下完成某种任务的可能性,是一个人能够获得新知识、新技能的一种潜能。目前的特殊能力测验主要包括多重能力倾向测验、特殊能力倾向测验等。多重能力倾向测验包括差异能力倾向测验、一般能力成套倾向测验、职业能力倾向测验等。特殊能力倾向测验包括文书能力测验、机械能力测验、操作能力测验等。

3. 职业适应性测验

职业适应性测验有时也称动力测验,关注人对从事某项活动或职业的一种内在倾向,包括诸如职业兴趣测验、职业价值观测验、动机测验等方面。

霍兰德的职业性向理论认为,每个人的性格和天赋决定了其职业性向,职业性向(包括价值观、动机和需要等)是决定一个人选择何种职业的重要因素。倾向于某种类型职业的劳动者如果从事与自身相匹配的职业,就能更好地发挥其特长,胜任工作。该理论主要应用于招聘,择业者在选择工作时,通过做职业性向测试来帮助了解自己适合做什么类型的工作。

四、招聘测评中的心理测验实施步骤

1. 工作分析

通过工作描述和工作说明,明确胜任岗位所需要的素质、技能,清晰地定义什么是获得高绩效的能力要素及其结构体系。

2. 选择测试方法

这是选择符合测验目的的测试量表。个体的心理是非常复杂的,测验结果通常受到多种因素的影响,有些不可测因素会降低测试的信度。因此,首先应根据测验目的,对测量工具进行选择,选择得当与否将决定测验的成败。其次要考虑量表的适当性,应了解编制量表的一些技术数据,如信度、效度等。最后再根据量表的对象来选择合适的量表。注意每个量表都有特定对象。

3. 实施测试

可按照同时效度或预测效度的要求组织测试。在测试过程中，要严格按照测试手册来实施，如准备工作、测试记录、主试者的培训、记分与解释等，这样才能保证测试结果的可靠、可信、有效和准确，选拔决策才能合理和有根据。

4. 交叉验证

为了保证测试的有效性，对新雇员的测试可采用交叉验证方式。

第三节 招聘面试

一、结构化面试

1. 结构化面试的含义

结构化面试就是根据对职位的分析，确定面试的测评要素，在每一个测评的维度上预先编制好面试题目并制定相应的评分标准，面试过程遵照一种客观的评价程序，对被试者的表现进行量化的分析，给出一种客观的评价标准，不同的评价者使用相同的评价尺度，以保证判断的公平合理性。因此，结构化面试一般是由一系列连续向应聘者提出的与工作相关的问题构成，包括情景问题、工作知识问题、工作样本模拟问题和关键工作内容模拟问题，以及工人要求五类。这些内容在面试之前已经形成一个固定的框架（或问题清单），主考官根据框架对每位应聘者分别进行相同的提问。

2. 结构化面试的特点

人们对传统面试的批评是：考官的提问太随意，想问什么就问什么；同时，评价缺少客观依据，想怎么评就怎么评。正因为如此，传统面试的应用效果不理想，面试结果通常也很难令人信服。与半结构化、非结构化的面试相比，结构化面试的效度是最高的。结构化面试的特点如下：

（1）程序结构化。对面试的全过程进行事先设计，确定招聘岗位的具体要求；对要考察应聘者的评价内容、面试题目进行设计，包括对各阶段考察的方式、应该提出的具体问题、时间安排等准备妥当；对面试的开始阶段、核心阶段、收尾阶段、结束阶段要达到什么结果，采用什么方式，如何分工，如何要求，要注意哪些事项等进行详细筹划。一般而言，面试的时间在 30 min 到 1 h 不等。

（2）考官结构化。根据评价的内容，事先确定相应的考官。一般而言，有关应聘者过去的工作经历、背景资料等应由人力资源部负责；对于考察应聘者综合能力、专业素质的面试通常由人力资源部和用人部门共同负责。具体人员分工和面试提问细节都应提前准备并确定。

（3）标准结构化。评价内容是基于工作分析或胜任力确定的，并有统一的个人评分表甚至均衡得分表，表中明确了评价内容及其清晰的定义、观察要点和思路、评分等级与分值、指标权重等。

国外多年的人事实践已经证明了传统的、毫无准备的或准备不充分的、信马由缰式的面试是不准确的，也是最不可靠的，其结果就像盲人摸象一般。而结构化面试的推行就是为了避免面试中的随意性、盲目性及程序不规范、评分的客观性和一致性较差等现象。面试也由此从只需少量计划的一般性探讨，发展成为结构完整的统一体，包括面试指南、面试提纲设计、完整的评估方式和特殊的面试培训等。

3. 结构化面试的优缺点

（1）结构化面试的优点。使所有的应聘者感到公平；使外界感受到组织招聘的公开、公正和公平；面试官用同样的问题和程序面试应聘者时，可以使面试官以较统一的标准，衡量和比较不同的应聘者，以保证评价的相对客观、公正和准确；结构化面试便于掌握，操作简便，只要有科学和规范的面试题，容易使招聘面试顺利进行，较少出现意外情况。

（2）结构化面试的缺点。不能充分发挥面试官的智慧、知识、经验和能力；不能给应聘者更大的展示才华的空间；缺少面试官与应聘者之间充分的双向沟通；缺少面试官与应聘者之间知识、智慧、心理素质等多方面能力的交锋；不能根据应聘者的不同特点提出针对性的问题。相对而言，结构化面试比较适用于大批量的面试和初步面试，不是很适用于单独的中高级管理人员的面试。

4. 结构化面试的实施要点

由于吸收了标准化测验的优点，也融合了传统的经验型面试的优点，因此结构化面试的测验结果比较准确和可靠。

（1）根据工作分析的结构设计面试问题。在结构化面试中，测评要素并不是随意确定的，而是在系统的工作分析基础上由专家研究确定的。面试的目的是要将对职位更合适的应聘者选拔出来，如果没有对职位要求的工作分析，那么就无法确定与拟任职位的要求密切相关的录用标准，也就无法达到面试的最佳效果。所以，以工作分析为基础确定测评要素是结构化面试的重要特点。这种面试方法需要进行深入的工作分析，以明确在工作中哪些事例体现良好的绩效，哪些事例反映了较差的绩效，由执行人员对这些具体事例进行评价，并建立题库。结构化面试测评的要素涉及知识、能力、品质、动机、气质等，尤其是有关职责和技能方面的具体问题，更能够保证筛选的成功率。

（2）向所有的应聘者采取相同的测试流程。在结构化面试中，不仅面试题目对报考同一职位的所有应聘者相同，而且面试的指导语、面试时间、面试问题的呈现顺序和面试的实施条件都应是相同的。这就使得所有的应聘者在几乎完全相同的条件下接受面试，保证面试过程的公正、公平。提问的顺序结构通常有两种：由简易到复杂的提问，逐渐加深问题的难度，使候选人在心理上逐步适应面试环境，以充分地展示自己；由一般到专业内容的提问。

（3）面试评价有规范的、可操作的评价标准。从行为学角度设计出一套系统化的具体标尺，每个问题都有其确定的评分标准，针对每一个问题的评分标准，建立系统化的评分程序，能够保证评分的一致性，提高结构有效性。针对每一个测评要素，结构化面试都有规范的、可操作的评价标准，突出表现在每个要素都有严格的操作定义和面试中的观察要点，并且规定了每个评分等级（如优秀、良好、一般、较差）所对应的行为评价标准，从而使每位考官对应聘者的评价有统一的标准尺度。评价标准中还规定了各测评要素的权重，使考官知道什么要素是主要的、关键的，什么要素是次要的、附属的。应聘者的面试成绩最终是经过科学方法统计出来的。结构化面试不同于传统的面试，其更加注重根据工作分析得出的与工作相关的特征，面试人员知道应该提出哪些问题和为什么要提出这些问题，可以避免一些面试中容易犯的错误，每位应聘者都得到更客观的评价，降低了出现偏见和不公平的可能性，能够可靠、有效地在最短的时间内选聘到真正能够满足工作要求的应聘者。

（4）考官的组成结构。在结构化面试中，考官的人数必须在两人以上，通常有5～7名考官。考官的组成一般也不是随意决定的，而通常是根据拟任职位的需要将不同专业、职务甚至不同年龄、性别的考官按一定比例进行科学配置，其中有一名是主考官，一般由其负责向应聘者提问并把握整个面试的总过程。

总而言之，结构化面试具有试题固定、程序严谨、评分统一等特点。从实践来看，结构化面试的测量效度、信度都比较高，比较适合规模较大，组织、规范性较强的录用面试，因此，结构化面试已经成为目前录用面试的基本方法。

二、面试流程的管理

一般而言，在进行了初步甄选后，面试的整个管理过程主要有三个阶段，具体如下：

1. 面试准备阶段

（1）确定面试方式。面试方式的选择是基于不同的招聘需求确定的，从结构化程度、组织形式、目的、经济、效率等因素出发，确定具体的面试方式，一般而言，可遵循以下原则：

1)普通职位招聘。普通职位招聘的特点是职位相对较低,对应聘者的要求不高,这类招聘的面试可以采用两轮面试,即初试和复试,是一种非压力面试,有些甚至是一对一的面试,即只有一名主考官。初试可由人力资源部负责,复试则是由使用部门的直线经理负责,整个过程相对简单,时间较短。这种方式可以降低成本,提高效率。

2)管理职位或关键职位招聘。管理职位或关键职位招聘的特点在于该类职位在组织中的级别或重要程度高,对组织起关键的作用,对组织发展影响大。由于这类职位的招聘需要更高的精确性,因此,要进行多轮面试,如市场总监等职位要选用压力面试,即团体面试的形式,整个过程相对复杂,时间较长,甚至还要结合其他甄选方式。

涉及多轮面试的,针对招聘职位的不同,应确定由不同职务的人主持面试,见表5—2。

表5—2 　　　　　　　　　　面试责权划分

招聘职位	第一轮面试	第二轮面试
普通职员	人力资源部经理和用人主管	人力资源部经理和用人主管
初级主管	人力资源部经理和用人主管	人力资源部经理和副总经理
中层经理以上	人力资源部经理和用人主管	人力资源部经理和总经理

(2)组建面试考官团队。面试一般需要由多名考官参与,其中一名为主考官。面试考官团队可以根据不同的面试方法来确定,完整的面试考官团队构成可由5~7人组成,包括组织高层领导、人力资源部经理、直线经理、外部专家等,在确保基本考官团队的基础上可在不同面试阶段有不同组合。

面试考官的选择是面试成败的关键,一位面试考官的工作能力、个性特征及各方面的素质将直接影响面试的质量。面试过程中,面试考官对应聘者的评价是录用与否的重要参考指标。当面试考官只是以个人的好恶或不公正的标准去评判应聘者时,给招聘与录用工作带来的损失是不可估量的。因此,由什么人担任面试考官就显得尤为重要。

一项研究表明,合格的面试考官应具备以下十项基本特征:

1)良好的个人品格和修养,为人正直。
2)具备相关的专业知识,至少在面试考官团队中不应存在知识组合的缺口。
3)丰富的社会工作经验。
4)良好的自我认识能力。
5)善于把握人际关系,协调考官和应聘者。
6)熟练运用各种面试技巧。
7)能有效地面对各类应聘者,控制面试的进程。

8) 能公正、客观地评价应聘者,不带有主观性。

9) 掌握相关人员的测评技术,了解基本的甄选方法和技巧。

10) 了解组织状况及职位要求,能明确组织的需求。

(3) 设计面试提纲与试题。面试的主要目的是根据应聘岗位的要求对应聘者进行评价,以确定哪些应聘者可以胜任。面试评价指标的确定通常基于工作分析或胜任力模型分析,考察招聘职位所需要的 KSAO,即知识、技能、能力和其他特点。面试提纲一般包括了评价指标和面试试题,其中试题可分为通用试题和重点试题。

通用试题适用于所有应聘者,主要是为了从广泛的问题中了解应聘者的情况,并从中获取评价信息。通用试题提纲涉及的问题很多,不可能在相对较短的时间内全部提出,这就要求面试考官根据应聘者的具体情况,有选择地提问。

重点试题是针对具体的应聘者提出的。面试前,每位应聘者都必须填写应聘人员登记表,同时,每位面试官都有相关的应聘材料。因此,每位面试官都必须汇总这些材料,从中发现问题,以便在面试中进行提问,深入了解应聘者。重点试题有则多,无则少,视具体情况而定。

(4) 拟订面试的评价表。面试的评价表由若干的评价指标所组成,设计时还应注意到评价等级的确定,一般可采用五级或七级。面试评价表有两种形式:一种是等级评价表(见表 5—3),另一种是附有行为描述的评价表(见表 5—4)。

表 5—3　　　　　　　　　　面试评价表——等级式

姓名		性别		编号	
年龄		应聘职位		所属部门	
评价指标	评价等级				
	5 优秀	4 良好	3 中等	2 较差	1 很差
仪表气质					
求职动机					
语言表达能力					
人际沟通能力					
应变能力					
进取心					
专业知识					
总体评价					

考官:　　　　　　日期:

表 5—4　　　　　　　　面试评价表——行为描述式

应聘者姓名　　　　　　　应聘职位

评价指标	观察要点	权重	评级等级					评分
			优秀	良好	中等	较差	很差	
举止仪表	衣着打扮得体；言行举止随和，有一般的礼节；无多余的动作	5	5	4	3	2	1	
言语理解和表达	理解他人意思，口齿清楚、流畅，内容有条理、富逻辑性；对他人能理解并具有一定说服力，用词准确、恰当、有分寸	15	5	4	3	2	1	
综合分析能力	对事物能从宏观总体考察；对事物能从微观方面考虑其各个组成成分；能注意整体和部分之间的关系和各个部分之间的有机协调组合	15	5	4	3	2	1	
动机匹配度	兴趣与岗位情况匹配；成就动机（认知需要、自我提高、自我实现、服务他人的需要等）与岗位情况匹配，认同组织文化	10	5	4	3	2	1	
人际协调能力	人际合作主动；理解组织中权属关系（包括权限、服从纪律等意识）；人际间的有效沟通（传递信息）；处理人际关系原则性与灵活性结合	15	5	4	3	2	1	
计划、组织、协调能力	依据部门目标预见未来的要求、机会和不利因素并做出计划；看清冲突各方的关系；根据现实需要和长远效果做适当选择，及时做决策、调配、安置	15	5	4	3	2	1	
应变能力	有压力状况下思维反应敏捷；情绪稳定；考虑问题周到	10	5	4	3	2	1	
情绪稳定性	在较强刺激情境中表情和言语自然；受到有意挑战甚至侮辱的场合，能保持冷静，为长远或更高目标，抑制当前欲望	5	5	4	3	2	1	
专业知识和技能	针对不同职务考察专业知识，考察一般性技能，计算机水平、英语水平	10	5	4	3	2	1	
个人考察要点	离开原来公司的原因，个人目标如何；本公司职位的吸引力何在 具体谈谈对销售、市场方面工作的想法，有何业绩，是否适应常出差	记录						
总分								
考官评语						考官签字 　　年　　月　　日		

设计面试评价表时,要明确评分具有一个确定的计分幅度和评价标准,明确评价指标的权重,把每个测评要素根据应聘者的表现分成若干等级,或者用不同的分值表现出来,最终产生一个总分。

(5) 面试场所安排。面试前的最后一个工作是面试场所的选取和环境控制。

1) 安排面试场所的注意事项

①确保面试场所的独立性。面试要有单独的场所,如会议室等,并在面试期间在门上标识"请勿打扰",以免受到干扰。面试场所一般不宜选在办公室,以免受到电话和工作方面的影响。

②确保面试场所的合适性。面试场所的大小选取应根据面试的方式确定,如个人面试可以选取较小的空间,而小组面试则要求有较大的空间。

③确保面试场所的宽松性。面试场所的基本要求是安静、舒适,拥有良好的采光和封闭的环境,以此保证面试过程在宽松的环境中进行。

2) 面试座次安排也要注意,图5—2所示是几种常见的一对一面试座次安排方式。

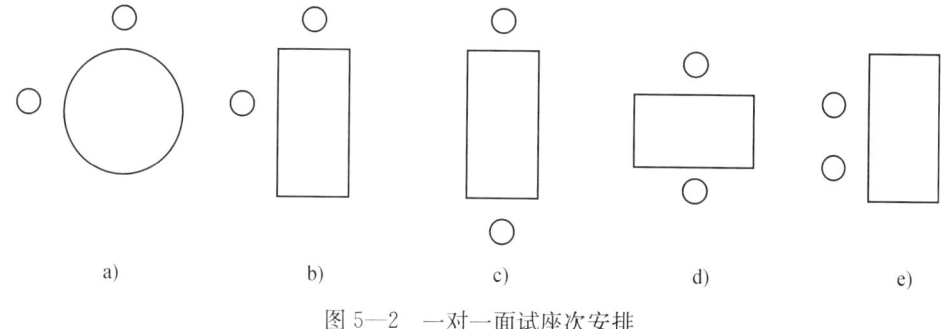

图5—2 一对一面试座次安排

一般而言应遵循以下原则:

①应聘者与考官的座位不宜过远,避免沟通中听不清彼此的谈话,导致考官看不清应聘者的表情和动作,如图5—2c的形式。

②应聘者与考官的座位不宜太近且目光直视,容易给应聘者压力,影响其真实情况的表现,如图5—2d的形式。

③应聘者和考官的座位不宜平行,容易造成沟通过程姿势别扭,影响观察和交流,如图5—2e的形式。

因此,保持合适距离的斜向座位形式既避免了目光直视,又有利于观察,是较好的座位形式,如图5—2a、b的形式。

(6) 准备面试资料与道具。具体面试的资料和道具准备包括以下内容:

1）应聘者的简历或申请表。用以了解应聘者的基本信息，并作为面试过程中审核其真实性的基础。

2）心理测验的报告。如果做过心理测验，其报告可作为考官面试时的参考，可结合甄选内容，对关键特征进行追问以确认评价结果的有效性。

3）其他诸如笔试等的结果资料。

4）面试题本、面试记录表和评价表。有时，也可以将以上资料整合成一份考官手册，供考官在面试过程中使用。

5）面试结果汇总表。用以收集和汇总考官的评分结果。

6）其他面试所需道具。录音设备、录像设备、考官台卡、计时器、其他需要的道具。

（7）培训面试考官。培训面试考官是为了改变传统面试中凭经验和直觉评价的问题，提高面试的准确性。培训面试一般包括理论知识和实践技巧两大部分。

理论方面的培训主要是使面试官掌握与面试有关的人力资源信息，诸如面试的概念、优劣、类型等。实践技巧的培训则主要是通过模拟的方式练习面试过程中经常用到的各种技巧，诸如改善提问技巧、面试的组织、提供支持、建立和谐的相互关系的技巧、倾听技巧、记录技巧，掌握采集相关资料的技巧，评分技巧等。就某一次特定的招聘面试而言，培训还要达到以下几个目的：

1）使面试考官熟悉招聘职位的性质和要求。通过回顾岗位说明书及面试评价内容，侧重了解招聘职位的主要职责，对任职者的知识、能力、经验、个性特点、职业兴趣等的要求和工作中的汇报关系、环境因素、晋升和发展机会等。

2）使面试考官熟悉应聘者的情况。通过阅读应聘者的简历或申请表、心理测验报告等材料，使面试考官了解应聘者的基本背景情况和心理特征，如姓名、年龄、性别、身体状况、教育和训练状况、工作经历、薪资和离职原因等，此外还可以发现应聘者材料中缺少的信息，甚至是前后不一致的地方，以便在面试时提问和进行有效的信息采集。

3）使面试考官熟悉整个面试的程序和日程安排。

4）使面试考官熟悉自己所扮演的角色，主要是自己所提的问题及如何与他人配合。

5）使面试考官熟悉面试试题、统一评分标准，将考官的差异性降到最低限度。

6）其他注意事项的提示。

（8）制订面试的实施计划和进行面试通知。当面试的其他准备工作完成后，需要制订面试的实施计划，包括时间、地点、考官名单、应聘者名单等。在确定具体面试计划时，首先要与考官确认面试时间，确保考官的参与。确认面试地点可用，避免出现临时调换等现象，以免给应聘者留下不良印象。

其次，对于通过初步甄选进入面试阶段的应聘者，在确定好面试时间后需要进行面试通知，通知的方式包括电话通知、信件通知、e-mail 通知、短信通知等方式。在通知中要明确以下内容：一是告知具体的面试时间、地点、联系人、联系电话、交通方式；二是告知应聘者需要准备的具体事项等。

2. 面试实施阶段

面试实施阶段是面试的核心阶段，指的是具体面试的实现过程。事实上，从应聘者进入招聘组织后，还未进入面试室之前，就已经可以对其进行一些观察了，通过应聘者在候考过程中的一些行为表现也可以对其有所了解。

从招聘组织方来讲，要做好接待工作。协调好大楼保安、门卫和前台服务人员，方便应聘者顺利到达面试室；运用事先准备好的签到表进行签到，并安排好等候面试，包括提供一些诸如公司介绍等阅读材料和茶水；在规定的时间将应聘者引入面试室，并由考官确认身份后正式开始面试。

正式面试包括以下五个阶段：

（1）关系建立阶段。首先考官通过简洁的欢迎词和一些与工作无关的开场白，为应聘者营造轻松、友好的氛围，主要是使应聘者放松心情，逐步进入面试状态。这一阶段的问题可以涉及比较熟悉的事情，诸如交通、天气等主题，如路上过来多长时间？我们这里容易找到吗？

其次考官通过面试指导语的介绍，使应聘者了解面试的基本意图、规则、时间和流程安排，做到心中有数。

（2）导入阶段。考官可围绕简历或申请表提出一些应聘者比较熟悉的问题，以缓解其紧张情绪。这些问题包括个人的学习或工作经历介绍等，问题较为宽泛，自由度大。这一阶段的问题如请简单介绍一下你的学习经历，请介绍一下你现在工作的具体职责。

（3）正题阶段。考官根据面试题目及相关要求和应聘者的双向交流，获取应聘者与应聘岗位核心胜任力的匹配信息。通过一系列基于关键能力的行为性问题及相应的追问，一方面使应聘者充分自我展示，另一方面可以获取应聘者的关键信息。考官在此过程中充分运用提问、倾听、引导、观察、记录的技巧，全面获取应聘者的知识、能力、个性特征等资料，以供最后评价之用。

这一阶段的面试问题可采用情境性问题、行为性问题等。情境性问题如"当你的领导误解你，当场对你进行批评时，你怎么办？"行为性问题如"能不能分享一个你作为领导组织一个团队完成一项具有挑战性任务的例子？追问：当时的情况是怎样的？想要达成什么样的目标？你作为领导是怎么做的？后来结果怎样？"行为性问题在面试实施中需要遵循 STAR 原则。所谓 STAR 原则，即 Situation（情景）、Task（任务）、Action（行动）和 Result（结果）。Situation 是指事情是在什么情况下发生，Task 是指事情具体任务是什么，Action是指针对这样的情况分析，采用了什么行动方式，Result是指事情的结果怎样，在这样的情况下学习到了什么等。

（4）深入阶段。在完成常规问题提问之后，可以提出一些有深度的、敏感的或尖锐的问题，包括对初步甄选中的疑点、本次面试过程中的不足进行深入探究，以期获得应聘者更为全面的信息。这一阶段的问题如刚才讨论的实例中你提到人力资源规划，具体你会怎么做？

（5）面试结束阶段。在考官的问题问完之后，面试结束之前，首先给应聘者一个补充和修正面试过程中的回答内容和向考官提问题的机会。然后在友好的气氛中结束面试，并告知应聘者面试反馈结果的周期，让其等待通知，最后对应聘者表示感谢。这一阶段的问题如你有没有什么要补充的？你有没有什么要了解的？

3. 面试评价阶段

面试评价是指面试过程中根据应聘者的面试表现进行评析的评价过程。面试结束后，考官应回顾面试记录，根据面试记录中的信息在面试评价表中对应聘者进行评价。

一般评价方法有打分式评价、评语式评价和综合式评价。打分式评价是将应聘者各个考察内容与评分标准对比后打分，比较简单易行，但无法体现应聘者个体的差异性；打分式评价有量词式标准，由强到弱表述为很好、较好、一般、较差、很差；等级式评价，由强到弱表述为优秀、良好、中等、及格、不及格或A、B、C、D、E等；数量式评价，一般包括百分制、十分制（10～9、8～7、5～6、4～3、2～1）、五分制（5、4、3、2、1）。

评语式评价是对应聘者不同考察内容的完整特征的描述，要求较高，评价时间较长。如主动性，由强到弱表述为：提前行动，能意识到别人不注意的问题，具有前瞻性，能在没有确定对否的条件下，主动采取必要步骤解决；能在问题出现时迅速采取行动，在了解相关政策后及时做出反应，以使问题或阻碍降到最低点；能按照要求自主地开展工作，不需要督促就能完成任务；完成工作不自觉，需要在别人的督促下进行。

综合式评价则是打分式评价和评语式评价的综合，在打分的基础上对应聘者的一些典型特征进行描述，既可以横向比较，也可以纵向比较。

面试评价不宜在面试实施过程中进行，避免对应聘者的观察不够全面，评价一般在面试结束后立即完成，以免时间间隔太久遗忘信息导致错误的评价。从操作过程而言，考官先各自打分，之后可以进行考官内部评议，最后将分数提交给工作人员进行汇总，通过面试计划拟订的权重核算出应聘者的面试得分。有时还可由主考官组织最后的评议，对相关应聘者的表现进行讨论和分析，得出最终的与招聘岗位要求相匹配的结论。

如果面试是本次甄选的最后一个环节，可以结合录用标准做出相应的决策意见。

学习案例

刘孝通是某IT公司的部门经理，因为一次偶然的机会需要他全权负责公司项目主管的招聘。刘孝通进行了一系列的准备工作。第一步是撰写职位说明书，参考其他公司相关职位的条件，结合自己和同事的想法，编制了招聘启事，具体包括以下内容：大专以上学历，相关专业两年以上工作经验，年龄在28～45岁；有相关证书者优先考虑；吃苦耐劳，能够适应经常性出差，为人乐观开朗，积极向上，有较强的处理人际关系的能力和团队管理能力等。之后在本地有影响力的招聘网站上发布了招聘启事，并收到了大量的求职简历。在经过了不少时间的简历甄选之后，刘孝通开始安排初步面试。

刘孝通觉得现在都在讲结构化面试，因此在进行面试之前准备了针对经常出差、沟通能力、团队管理能力等方面的一些问题，以便在面试中提问，大致的问题有：

说一说你能胜任应聘岗位的理由。

这个岗位会经常出差，工作量较大，你能承受吗？

你如何理解团队合作？

你觉得团队管理能力重要吗？为什么？

……

在整个面试过程中，刘孝通态度和蔼，有时还和应聘者做一些讨论。虽然面试过程很辛苦，但他觉得还是很有意思的。不过他对其中几位应聘者觉得不满意。

一位应聘者是北方人，此人的工作经历非常符合这个项目主管岗位的要求。但刚一见面，刘孝通就对他的印象大打折扣，那个人身形瘦弱，看起来不太舒服，因此他将该应聘者淘汰掉了。

另一位应聘者自我感觉良好，说话滔滔不绝。刘孝通感觉他过于自负，有些压不住，只面谈了一会儿就把他打发走了。

还有一位应聘者背景良好，专业较为对口，回答问题也比较符合刘孝通的想法。由于该应聘者特别健谈，因此刘孝通和他足足聊了一个半小时。

经过一段时间的面试之后，刘孝通最终确定了一位自己觉得非常合适的项目主管人选。但该项目主管上岗后，说得多，做得少，不仅团队成员对他的意见大，其所带的项目也出现了重大的问题。

讨论题

1. 刘孝通的面试过程有什么问题？面试题目的设计存在哪些不足？
2. 请设计有效考察"冲突处理能力"的面试题。

本章思考题

1. 知识测验的优缺点和实施步骤是怎样的?
2. 简述心理测验的特点及其在招聘中的应用类型。
3. 什么是结构化面试?结构化面试有什么优点和缺点?
4. 请说明面试的实施流程和面试技巧。

第六章

人员录用

第一节　人员录用概述　/95

第二节　人员录用决策　/99

第三节　人员录用实施　/104

 引导案例

  普顿斯化学有限公司是一家跨国公司，以研制、生产、销售药品、农药等为主，露秋公司是普顿斯化学有限公司在中国的子公司，主要生产、销售医疗药品，随着生产业务的扩大，为了对生产部门的人力资源进行更为有效的管理、开发，露秋公司希望在生产部建立一个管理人力资源的职位，其工作职责主要是进行生产部与人力资源部的协调。广告发布后，人力资源部收到了近百份简历，部门经理王量对应聘者作了初步的甄选，留下了5人交由生产部经理李初再次进行甄选，李初对这5个人进行选择后，留下了两人，决定由生产部经理与人力资源部的经理两人协商决定人选。这两个人的简历及具体情况如下：

  赵安，男，32岁，有组织管理硕士学位，有8年一般人事管理及生产经验，在此之前的两份工作中均有良好的表现。

  面谈结果：可录用。

  钱力，男，32岁，有组织管理学士学位，有7年的人事管理和生产经验，以前曾在两个单位工作过，第一位主管对其评价很好，没有第二位主管的评价资料。

  面谈结果：可录用。

  看过上述的资料和进行面谈后，生产部经理李初来到人力资源部经理室，与王量商谈录用人选。王量说："两位应聘者似乎都不错，你认为哪一位更适合呢？"

  李初说："两位应聘者的资格审查都合格了，唯一存在的问题是，钱力的第二位主管给的资料太少，虽然如此，但是我也看不出他有什么不好的背景，你的意见呢？"

  王量说："很好，李经理，显然你我对钱力的面谈表现都有很好的印象，人嘛，有点圆滑，但我想我会容易与他共事，相信在以后的工作中不会出现大的问题。"

  李初说："既然他将与你共事，那么由你做出决定更好，明天就可以通知他来工作。"

  于是，钱力被公司录用了。进入公司6个月以后，他的工作做得不如部门经理和人事经理期望的好，因为对于指定的工作，他经常不能按时完成，有时甚至表现出不胜任其工作的行为，所以引起了管理层的不满。显然，钱力对此职位不适合，必须加以处理。

案例思考

  1. 为什么会错选钱力？
  2. 该公司应如何有效避免录用风险？

第一节 人员录用概述

一、人员录用的原则

一般来说，员工的职位是按照招聘的要求和应聘者的应聘意愿来安排的。为实现用人之所长、学以致用，有效利用人力成本的目的，人员录用必须遵循以下原则：

1. 录用流程体现公平竞争原则

公平竞争原则是指对所有应聘者进行录用时应当机会均等，一视同仁，整个录用流程规范合理，不得人为地制造各种不平等的限制，不拘一格地选拔录用各方面的优秀人才，以保证录用人员是组织最满意的人才。

2. 录用决策体现择优录用原则

这是人员录用的核心。择优就是广揽人才、选贤任能，在甄选结果的基础上为各个岗位选择合适的工作人员。因此，录用过程应是深入了解、全面考核、认真比较、谨慎决策的过程。做到"择优"必须对照招聘标准，严格按照科学的选拔录用流程来操作。

3. 员工安置体现人岗匹配的原则

在进行员工安置过程中，充分把握人岗匹配的原则，将人和岗进行有机结合。按照组织的人力资源招聘计划和岗位的特性招收员工，根据职位的需要做到知人善任、扬长避短，为组织招聘到最合适的人才并将其安置到最合适的位置上，同时还要考虑每个人的能力特点、个性差异来安排相应的职位，做到"人尽其才""用其所长""职适其人"，以利于个人能力的发挥与个人职业生涯的发展。从而大大提高人力资源的利用率。

4. 劳动关系体现符合法律的原则

在进行组织和员工劳动关系确定的过程中，需要符合法律的规范，遵循《中华人民共和国劳动法》和《中华人民共和国劳动合同法》的具体要求，及时签订合法的劳动合同，这既是对组织利益的保障，也是对员工利益的保障。

二、人员录用的要求

为了有效地做出录用决策，尽可能地减少录用决策的失误，必须注意以下几个方面：

1. 所获应聘者信息准确可靠

这里的信息包括应聘人员的原始信息、招聘过程中的现实信息和背景调查，以及体检所获得的信息。

（1）应聘人员的年龄、性别、毕业学校、专业、学习成绩。

（2）应聘人员的工作经历、原工作岗位的业绩、收集的背景资料、原单位领导和同事、客户等的评价等。

（3）应聘过程中各种测试的成绩和评语、体检的结果。

2. 信息分析正确

从各种有关信息中准确分析应聘者的胜任力特征。

（1）注意对能力的分析。信息和资料有可能十分繁杂，在众多的资料中，要注意对应聘者能力的分析，包括沟通能力、应变能力、组织协调能力、学习能力、理解判断能力、语言文字能力、决策能力。

（2）注意对职业道德和品格的分析。要重视应聘者在以往工作中所表现出的职业道德和品质。

（3）注意对特长和潜能的分析。对具备某些特长和潜能的人要加以特别的关注。

（4）注意对个人社会资料的分析。个人的社会资料对组织无疑是一种财富，录用决策时应加以重视。

（5）注意对学习背景和成长背景的分析。学习背景包括毕业学校、专业、攻读的学位及学习的连续性等资料；成长背景包括其成长环境、成长过程、家庭影响和对其成长有重要影响的人和事。对学习背景和成长背景的分析有助于加强对其个性、知识总量、专业能力和心理健康等多方面的了解。

（6）注意对面试中现场表现的分析。面试是对一个人综合能力和综合素质的测评，应注意应聘者在面试现场所表现出的语言表达能力、形体表达能力、应变能力、风度、礼貌、教养和心理的健康、控制情绪的能力、分析问题的能力和判断能力。

3. 录用标准设置合理

根据能力与组织相匹配、与岗位相匹配的原则，合理设置录用标准。有些招聘者总是希望能够招聘到最好的人，通过对一群应聘者进行比较，选择其中最好的，或者总是不做出决定，认为以后还会有更好的。其实，这种想法通常是不切实际的。

如果要招聘的只是一个普通的行政岗位，就不要把入选者设想为一个聪明能干、名校毕业、有丰富的实际经验并且具有卓越领导才能的人。同时具备这些条件的人固然优秀，但这些优秀的人可能对普通的行政职位根本不感兴趣。如果应聘者远远超过职位任职资格，那么其在待遇上的要求也会比较高，而事先拟定的待遇标准可能根本无法满足其要求。而且，该应聘者可能不会安心做这份工作，因为这份工作对其而言根本就不具有挑战性，即使是被录用进来，不久之后可能也会另谋高就。松下电器公司创始人松下幸之助有一句名言——"'适当'这两个字很要紧，适当的公司，适当的商店，招聘适当的人才。70分的人才有时反而会更好。"人才的雇佣以适用公司的程度为最好。程度过高，不一定有用，当然，水准较高的人会认真工作的也不少。可是很多人却说："在这种烂公司工作，真倒霉！"如果换成一个能力一般的人，则可能会很感激地说："这个公司蛮不错的。"从而尽心竭力地为公司工作。

4. 录用招聘程序科学

录用招聘程序要一个层次一个层次有序地进行。例如，通常的招聘工作要经过三轮面试：第一轮是人力资源部的初步筛选；第二轮是业务部门进行相关业务的考察和测试；第三轮是招聘职位的最高层经理和人事招聘专员参加测试。每一轮均有淘汰，最后再进行匹配度分析。

如果录用招聘不遵循这样一个顺序，而是一开始就由总裁面谈，后面的许多工作就很难进行了。某企业集团的董事长未经任何程序步骤，自己直接面谈并选择了三位准备担任该集团子公司总经理的人员，结果在工作过程中发现了许多问题，其中有一位应聘者连毕业文凭都是假的。如果能够按招聘程序依次进行，有主考官的面试，有背景资料的调查，那么，这样的决策错误就不会发生。

5. 明确决策主体

决策主体是最后决定录用的人或机构，一般的原则是谁用人，谁拥有决定权，即"谁用人谁决策"，对于一般基层人员，由用人部门主管或人力资源部主管单独决定即可，对于管理人员，包括关键岗位，最后可由用人部门提出，报总经理或董事会批准。在决定录用人选时，必须坚持少而精的原则，选择那些直接负责考察应聘者工作表现的人，以及那些会与应聘者共事的人进行决策。如果参与的人太多，会增加录用决策的困难，造成争论不休或浪费时间和精力的局面。

6. 尽快做出决定，留有备选人员

目前，人才竞争是十分激烈的，优秀的应聘者更是非常受青睐，因此，必须在确保决策质量的前提下，尽快做出录用决策，否则，就很有可能失去即将得到的人才。

做出录用决定之后，要对新员工进行一些简单的接待，这对减少或消除新员工的陌生感有着重要作用。新进员工刚到组织时的所见所闻及对工作环境的实际感觉，会巩固或动摇新员工选择该组织的决定是否正确的信心。在接待阶段，组织应让员工感到"宾至如归"，同时产生被认同感与被重视感。

招聘实践中，经过层层甄选、面试，常会发现一些条件不错且适合组织需要的人才，但是由于岗位编制、组织阶段发展计划等因素限制无法现时录用，却可能在将来某个时期需要这方面的人才，这个时候，建立人才信息储备就显得很有必要。作为招聘部门，应将

这类人才的信息纳入组织的人才信息库，包括个人资料、面试小组意见、评价等，不定期地与之保持联系，一旦将来出现岗位空缺或组织发展需要即可招人，既提高了招聘速度也降低了招聘成本。

一般而言，组织的人才储备通常分为内储和外储两种。内储就是暂时把预留人才储存在组织内部，这会带来一些成本问题，比如发放薪水、如何安置，尤其是关键部门关键岗位的人才。通常大多数组织还是不愿意在没有项目的情况下大量储备人员的，经济实力雄厚的大公司会选择这样做，以便在上项目的时候可以及时补充人员。外储包括和人才市场、猎头公司及在职人员等多方面的联系，关键是要清楚组织需要的人才在哪里，能否迅速到位。当然内储和外储这两种方式同时使用会使效果达到最好。

三、人员录用的基本步骤

人员录用是招聘的目的和成果。在招聘考核中选拔出来的合格人员，只有办理一定手续，才能成为组织员工。录用手续的办理是确定员工身份的依据。

尽管员工录用程序在不同的组织中有很大的差异，但录用工作一般包括制定录用制度、做出录用决策、确定并公布录用名单、办理录用手续、通知录用者、签订劳动合同、新员工培训与试用、新员工转正等主要环节。

人员录用的程序如图 6—1 所示。

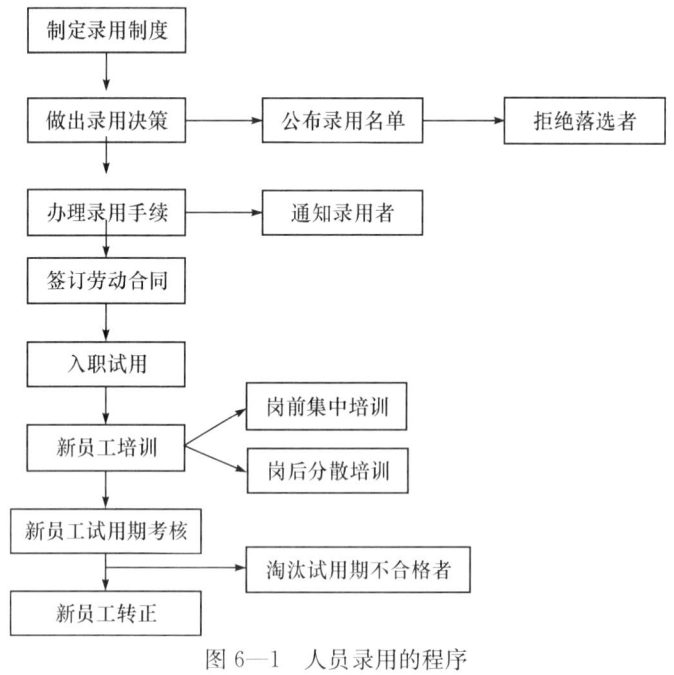

图 6—1　人员录用的程序

第二节　人员录用决策

录用决策是指通过科学的精确测算，对岗位和所招聘的人选相互之间进行权衡，实现人适其岗、岗得其人的合理匹配的过程。人员录用决策做得成功与否，对招聘有着极其重要的影响，如果决策失误，则可能使整个招聘过程功亏一篑，不仅使组织蒙受重大的经济损失，还会因此阻碍组织的发展。录用决策的有效性取决于录用标准是否合理、决策流程是否规范、决策方法是否科学。

人员录用标准：一是以岗位为标准，按照岗位要求选择最合适人选；二是以人员为标准，将人员安置到最合适的岗位上，实现人尽其才，才尽其用。两种标准都可以实现局部最优化，但通常将这两种标准结合起来使用，可以互为补充，以便提高组织的整体资源配置效率。

一、人员录用的决策

招聘甄选工作结束后，就进入录入决策阶段。一般而言，这个决策也常是最难做出的，特别是决定一个对组织发展相当关键的职位的应聘者时，组织通常会在几个脱颖而出的应聘者中难以取舍。

在此给出一个录用决策流程，如图6—2所示。

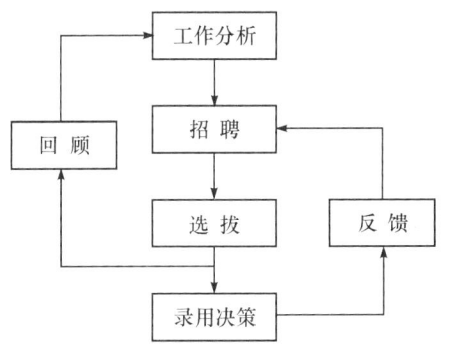

图6—2　录用决策流程

在录用决策阶段，通常几个脱颖而出的应聘者使招聘者难以取舍，此时最好是回到工作分析阶段，重温工作分析，看看该职位究竟需要怎样的人，从应聘者中挑选出两三个人。但工作分析不应该成为唯一的标准，灵活性是成功录用决策的关键。完全符合职位标准的人要么不存在，要么在这个职位上不可能工作太长时间。一般来说，最好选择一个能够完成工作任务80%的应聘者，这样的员工会在岗位上工作较长的时间，而且有更好的工作动机和更大的工作动力。

二、人员录用决策的方法

由于组织的需要不同及拟聘的职位不同，因此录用决策的程序会有很大的差别。在进行决策时，一般有两种选择：一是在应聘者之间进行选择；二是在应聘者与招聘标准之间进行比较再选择。当应聘者中没有人符合要求时，也有两种选择：一是重新招聘；二是在原来的招聘者中重新进行选择。

1. 决策方法

（1）人员的录用决策按照决策周期的安排可分为过关淘汰式、汇总评估式及混合式。

1）过关淘汰式。过关淘汰式是指组织在甄选过程中，在每一甄选测试环节都设置一定的淘汰率，应聘者只有通过上一关才能进入下一关。只有通过组织设置的层层关口，才能参加最后一轮的录用选拔。

2）汇总评估式。汇总评估式是组织在甄选过程中不设置最低的淘汰标准，所有应聘者都参加甄选，最后由组织根据应聘者在各项考察项目上的得分及项目的权重，做出录用决策。

3）混合式。混合式是组织根据实际情况，对某一轮甄选采用淘汰式，对某几轮甄选采用汇总评估。一般而言，采用混合式方式来决策的组织要多一些。

（2）人员的录用决策按照决策过程的实施可分为单轮测试决策和汇总评估决策两种。

1）单轮测试决策。单轮测试决策常用于简历、知识、技能的单轮选拔比较及容易得出一致意见的甄选中。因为在这样的甄选中标准是量化的，只要确定出一个分数段或等级，就可以完成。而对于潜在的胜任特征的评价则常会因为评价者的不同而有一定的差异。虽然结构化的面试及评估、统一培训评价者会在一定程度上弥补这方面的缺陷，但由于评价者的阅历、看问题的角度、关注点等不同，有时评价意见仍然无法一致。对于单轮评价，通常做法如下：

第一，评价者根据面试及测试记录，说出自己对被评价者关于有关考察要素的看法和依据，但不提出结论。当所有评价者发表完看法后，每个人单独做出结论。如果一些评价项目标准以符号或字母表示，则需要进行分数或等级的转化。

第二，评价者先单独发表看法后每个人单独做出结论。根据评价人数，如果是3~4个评价者，则其中有一人不同意进入下一轮，即可一票否决；如果评价人数在5~8个，则实行两票否决制。具体标准根据拟招聘职位的重要程度、特点可以有所不同。

2）汇总评估决策。汇总评估决策即在对应聘者的各轮测试成绩以一定的方式汇总后，将应聘者进行总的排序，然后做出决策的方法。汇总评估决策一般有如下两种方式：第一，以岗位为标准，列出岗位最适合的人选；第二，以人为标准，列出岗位适当人选。

当上述两项标准一致或基本一致时，就可按照排序的结果做出相应录用决策。

当招聘单位岗位比较多，应聘者之间经历、学识等没有大的差异时，可以采用。汇总评估决策法尤其适用于校园招聘。

2. 录用决策模型

一般来说，在进行人员录用决策时有三种模型可供选择，具体如下：

（1）补偿性模型。录用决策小组首先收集应聘者在选拔过程中的所有信息，然后从工作所需要的各个方面属性来评价应聘者，得出应聘者有关这一属性的一致性评价意见。

使用这种方法的前提是假定某种属性的高分可以补偿另一种属性的低分，适用于对应聘者没有最低要求而是要强调其综合素质的情况。

（2）非补偿性模型。这种模型要求应聘者在被考察的每个方面都必须达到某个最低标准，任何一方面有缺陷都将使应聘者被淘汰。例如，录用项目开发人员时，若应聘者缺乏创新开拓的能力，则不管该应聘者其他能力如何，都不会被录用。

（3）混合模型。当对应聘者在某几个能力素质方面有最低要求，但在其他几个方面没有最低要求时可以运用混合模型。首先对应聘者采用非补偿模型淘汰一部分，再用补偿模型对应聘者进行综合评价。

在录用决策时，如果最终合格人选少于所要录用人员的数量，应本着"宁缺毋滥"的原则尽量避免降低录用标准；当最终人选多于所要录用人员的数量时，应遵循重工作能力、优先求职动机、价值观认同等原则，同时应限制参加决策的人数，只请那些直接负责考察应聘者工作表现的人，以及那些将来会与应聘者共事的人，以免参与者因坚持自己的录用偏好而难以协调意见。

3. 录用决策步骤

组织做出招聘录用决策时，要尽可能使整个流程、环节的结构化安排都非常翔实，采取系统化的思考方法，则可以避免在最后录用决策时跟着感觉走，避免只看到应聘者表现得比较突出的几个方面，而没有全面地关注到应聘者的所有胜任特征，以及应聘者突出表现的某些方面对于职位是否是最关键的，从而达到成功招聘录用的效果。

实际上，决策系统化主要强调的是通过对应聘者的胜任能力进行全面的而不是片面的评估和比较之后才得出结论。通常采用以下的步骤做出录用决策。

第一，先将多种测评技术的测评结果整合，得出各项胜任力的综合评分，见表6—1，在实际操作中一般是先将这些综合评分转换为10分制的数据之后再进行深入运用。

表6—1　　　　　　　　各种甄选方法的测评结果

测评技术 胜任力	行为面试 权数5	申请表审核 权数1	心理测评 权数3	无领导小组讨论 权数5	文件筐处理 权数6	总计
逻辑思维能力	6	7	5	7	7	129
团队合作能力	7	7.5	7	7.5	8	149
协调能力	7	7	6	7.5	7	139.5
创新能力	6	6.5	6	6.5	6.5	126
应变能力	8	8	8.5	7.5	7.5	156
沟通能力	7	6.5	8.5	8	8	155
人际关系	6	8	7	8	9	153
责任心	8	6	6.5	7	7	142.5

表6—1中，逻辑思维能力的总分＝6×5+7×1+5×3+7×5+7×6＝129。

第二，使用既定的决策将应聘者的胜任力与职位胜任素质模型要求的标准进行比较，从而得出直观的结果。

有不同的方法对这两组数据进行比较，最简单的一种方法是对胜任力综合得分进行加权后取总值，然后将该总值与甄选标准要求的总值对比，可以判别应聘者是否达到甄选标准的要求。

若既定职位的甄选标准在表6—1中八项胜任力上的要求分值分别是9、8、7.5、7.5、9、6、6、8，将这一组数据代入到表6—1中，得出加权分为9×20+8×20+7.5×20+7.5×20+9×20+6×20+6×20+8×20＝1220。

在此给出转换为10分制的标准计分及两个应聘者的得分情况（见表6—2），胜任力综合加权达标分为9×2.5+8×2+7.5×1+7.5×2.5+9×3+6×2+6×1+8×3＝133.75，达标的胜任力综合加权平均分为133.75/17＝7.87。

表6—2　　　　　　　　应聘者胜任力加权得分情况

胜任力	权数	达标分	陈文中	王筱晓
逻辑思维能力	2.5	9	9.2	9
团队合作能力	2	8	8	8.5
协调能力	1	7.5	7	8
创新能力	2.5	7.5	7	7

续表

胜任力	权数	达标分	陈文中	王筱晓
应变能力	3	9	9.5	8
沟通能力	2	6	6	7.5
人际关系	1	6	6	7
责任心	3	8	8	8
胜任力综合加权分		133.75	134	135
胜任力综合加权平均分		7.87	7.88	7.94

根据量化技术分析结果可以看出,应聘者陈文中应该是更为理想的录用者。不过,不同的权重会得出不同的结论,因此在进行权重设定时一定要谨慎,如果权重设置不合理,就会"差之毫厘,谬以千里"。

另一种方法与申请表审核中使用的立即扣除法类似。也就是分别计算出各种胜任力的综合分值后,规定出在所有的胜任力中,只要有三项达不到甄选标准要求的分值,就视为不合格;有一项达不到要求,但分差没超过最小视觉差(即该项总分的15%)的,视为合格。通常可以根据具体情况,制定符合组织要求的决策规则。

第三,使用统计程式进行甄选录用,特别是其中的等级相关统计法,这种方法不仅适用于将应聘者的胜任力情况与职位要求的胜任力情况进行比较,也能够准确地对超过甄选标准的应聘者们进行对比,这种对比结果比其他的直接对比更为有效,通过其他甄选决策规则得出的对比结果,有可能与运用等级相关统计方法得出的结果相反,这一现象要特别注意。另外,使用等级相关统计法的过程中可能会发生的问题是应聘者根本没有达到甄选标准的基本要求。对于这一点,等级相关统计法难以明确显示出来。

若对表6—2中的两个人选的得分用第一种方法比较甄选,王筱晓可以优先得到组织的录用通知书,若使用加权绝对值比较法来计算两人的加权绝对综合值与胜任力总分值的差异度,见表6—3。

表6—3　　　　　　　　应聘者胜任力评估分值对比表

胜任力	权数	达标分	陈文中			王筱晓		
			得分	差异	加权绝对值	得分	差异	加权绝对值
逻辑思维能力	2.5	9	9.2	0.2	0.5	9	0	0
团队合作能力	2	8	8	0	0	8.5	0.5	1
协调能力	1	7.5	7	−0.5	0.5	8	0.5	0.5

续表

胜任力	权数	达标分	陈文中			王筱晓		
			得分	差异	加权绝对值	得分	差异	加权绝对值
创新能力	2.5	7.5	7	−0.5	1.25	7	−0.5	1.25
应变能力	3	9	9.5	0.5	1.5	8	−1	3
沟通能力	2	6	6	0	0	7.5	1.5	3
人际关系	1	6	6	0	0	7	1	1
责任心	3	8	8	0	0	8	0	0
综合加权分	17	133.75	134			135		
综合加权平均分		7.87	7.88			7.94		
不相符率（加权绝对值/达标总分）			6.15%			15.98%		

第三节　人员录用实施

一、人员录用通知

通知应聘者是录用工作的一个重要部分。通知包括两种：一种是录用通知，另一种是辞谢通知。

1. 录用通知

在通知被录用者时，最重要的原则是及时。有许多机会都是由于在决定录用后没有及时通知应聘者而失去了。因此录用决策一旦做出，就应该立即通知被录用者。

在录用通知书中，应该说清楚报到的起止时间、地点、程序等内容，在附录中详细讲述如何抵达报到的地点和其他应该说明的信息。当然不要忘记欢迎新员工加入组织。在录用通知书中，要让被录用的人员了解其到来对于组织发展的重要意义。录用通知是组织吸引人员的一种手段，表明组织对人才的尊重。另外，还要注意，对被录用的人员要一视同仁，以相同的方式通知被录用者。一般以信函的方式为佳。

相关链接

录用通知书的一个范例
××公司
录用通知书

尊敬的_____先生/女士：

您应聘本公司_____职位一事，经复核审议，决定录用您为本公司员工，欢迎您加盟本公司。请您于_____年____月____日____午____时之前携带下列证件、资料到本公司人力资源部报到。

（1）录用通知书。

（2）居民身份证原件。

（3）毕业证书、学位证书原件，其他与工作相关的资质证明。

（4）体检表（区、市级以上医院体检证明）。

报到后，本公司会组织专门的职前介绍和短期培训，以便让您在本公司的工作期间感到愉快。如果您有什么疑惑或困难，请与人力资源部联系。电话：086—××××××××

若您不能就职，请于_____年____月____日前告知本公司。

此致！

××公司人力资源部（公章）
年　　月　　日
人力资源部经理：_____
年　　月　　日

2．辞谢通知

一些组织以工作太忙为由，对于未被录用的应聘者不予回应。其实，就组织品牌而言，是一个不小的损害。真正以人为本的组织，不会粗暴地对待任何一位哪怕是与组织要求相差很多的求职者。向落选者发出辞谢通知，感谢其对组织的关注，是招聘流程中一个不可缺少的环节。

> **相关链接**
>
> 辞谢通知书的范例
××公司
辞谢通知书
>
> 尊敬的_____先生/女士：
>
>   非常感谢您对我们公司_____职位的兴趣。您对我们企业的支持，我们不胜感激。您在应聘该职位时的良好表现，给我们留下了深刻的印象。但是由于我们名额有限，这次只能割爱。我们已经将您的有关资料备案，并会保留半年，如果有了新的空缺，我们会优先考虑您。
>
>   感谢您能够理解我们的决定。祝您早日找到理想的职业。
>
>   对您热诚应聘我们的企业，再次表示感谢！
>
>   此致！
>
> 人力资源部经理：
年　　月　　日

3. 拒聘

无论组织如何努力吸引人才，都可能会发生接到录用通知的应聘者不能来组织报到的情况。那些组织看重的优秀应聘者拒聘，是组织不期望发生的事情。这时，组织的人力资源部甚至最高层主管应该主动致电询问，并表示积极的争取态度。如果应聘者提出需要更多的报酬，应该与其进一步谈判。因此，在打电话之前，对于组织在这方面有什么妥协，最好有所准备。如果在招聘活动中，组织被许多应聘者拒聘，从中也可获得一些有用的信息。

二、办理入职手续

1. 员工入职的条件

当一名应聘者经过层层选拔被录用之后，正式进入该单位工作，即进入入职程序。一般来说，一个人在经过选拔评价并且各项胜任力都符合职位和组织的要求后，要能够正式进入该组织工作，还需要具有以下几方面的条件：

（1）从原雇主处辞职。一个员工要想接受一家新组织的雇佣，通常来讲，必须要从原雇主处辞职，与原雇主解除劳动合同。

（2）将人事档案转移到组织指定的档案管理机构。有的组织有自己的档案管理部门，有的组织的人事档案管理是委托专业机构来进行的，无论采取哪种形式，新雇佣员工的人事档案都应该转入组织统一的档案管理机构。

（3）体检合格。大多数雇主都会要求新雇佣的员工参加身体检查，确保身体条件符合所从事工作的要求。

2. 协商薪酬

在做出初步录用决策后，组织要与应聘者讨论薪酬的有关问题。

当应聘者对要加入的组织或行业的薪酬情况不了解或不熟悉地域方面的差异时，应聘者可能会提出高于或低于组织薪酬上下限的20%，若低于组织薪酬下限的20%，薪酬谈判会皆大欢喜，但组织还是应给应聘者强烈的信息，暗示只要其真正展现出工作实力和热情，在组织的薪酬会有较大的上升空间；若应聘者的薪酬要求不是由于行业或地域方面的原因，则很可能是其在工作或者其他方面受到挫折，此时谈判者不要当即答应，而应尽可能多地收集信息，了解其真实原因，以免出现用人风险。

若应聘者的薪酬要求高于组织上限的20%，应聘者一方面可能是对地域、行业、组织的薪酬情况不够了解，另一方面可能对其自身能力有过高的估计，再有就是一些具有欧美文化背景的应聘者，其个性往往较为张扬，组织应做好仔细筹划，提供相关资料，并给予其一定时间进行了解和思考。如果没有价值观、工作动机等方面的差异，组织的努力也很可能会达成皆大欢喜的结果。

当应聘者提出的薪酬略高于组织薪酬预算时，组织可以做如下一些尝试：

第一，描绘愿景目标。越是优秀的人才，越是看中工作乃至事业的意义。组织所处行业的前景如何，组织的愿景是什么，组织的目标将会怎样，这些因素对于成就动机强烈的应聘者，其吸引力是不可低估的。

第二，展示发展机会。详细展示组织的工作价值、学习机会、提升机会、团队氛围、挑战性、未来发展、品牌效应等，与应聘者的现有环境进行比较，引导其看到个人发展的增值空间。

第三，明确未来增长。详细介绍组织的经营情况、组织薪酬调整的频率或幅度、组织的各项福利等，引导其看到未来薪酬的增长空间。

第四，突击反向。需要根据应聘者的具体情况慎重使用。暗示应聘者如果薪酬要求过高，也许会使得组织重新权衡。

第五，引经据典说服。举例说明组织薪酬在现有市场的竞争力，说明有哪些应聘者到组织后个人能力得到了发展，组织薪酬在现在市场上所处的水平、下一步的趋势。明确提出组织薪酬并非组织所提供的价值的全部。

第六，善于转换方式。表明组织看重的是员工的真正实力——应聘者在证明自己的实力之前，组织承担着一定的风险。探明应聘者的心理底线，如果工资要求无法满足，看是否可采用固定＋浮动的方式，灵活发放。这样也可以为组织降低用人风险。

第七，建立情感基础。坦诚表达对应聘者的欣赏与肯定。真诚的欣赏与需要比技巧更能打动应聘者。

第八，保留"还价"余地。到了这一步，就要让应聘者亮出底牌，询问其能接受的薪酬水平。在这一环节要取得应聘者明确的答复，是否这样的薪酬标准就一定能接受。在得到肯定答复后，应当表示会尽力争取组织的破格（不超过预算的前提下）。这样既可以有效地阻止应聘者的再次讨价还价，还可以使组织仍旧保留还价的主动权。

3. 入职手续办理流程

某公司入职流程如图6—3所示。

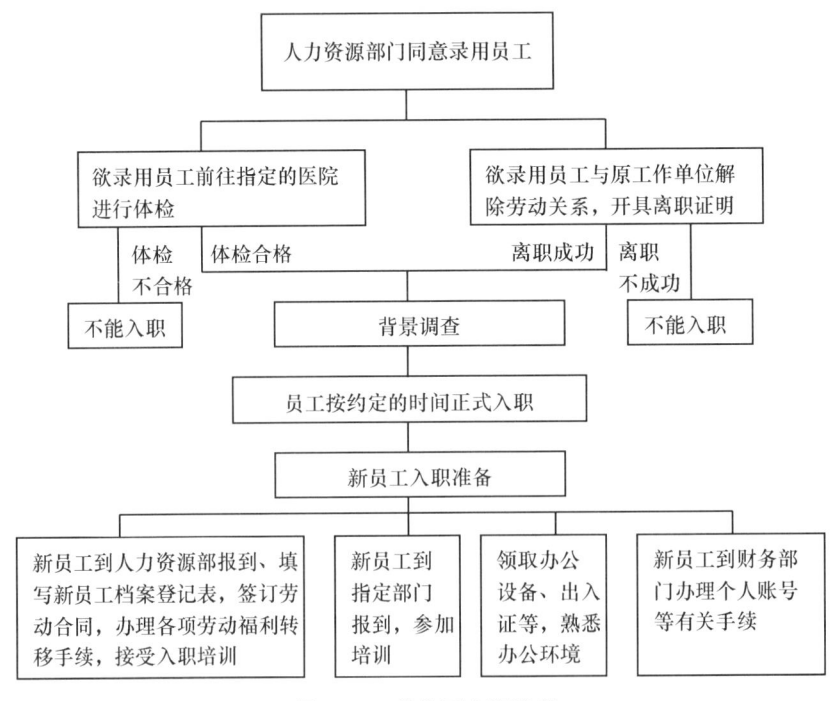

图6—3 某公司入职流程

三、签订劳动合同

劳动合同是劳动者与用人单位为了确定劳动关系，明确双方责任、权利和义务的协议，是组织与员工之间双方合法利益的保障，是预防和处理劳动纠纷的前提。《中华人民共和国劳动合同法》规定，劳动合同应当以书面形式签订，法律上明确了劳动合同的形式必须采用书面形式订立。

在签订劳动合同之前，人力资源部必须查看新员工"与原单位解除劳动关系证明"，以防引起不必要的劳动关系纠纷。

《中华人民共和国劳动合同法》明确了试用期限、试用次数、试用期工资和试用期解除劳动合同等规定。同时为了防止有些用人单位滥用试用期，《中华人民共和国劳动合同法》规定：劳动合同期限3个月以上不满1年的，试用期不得超过1个月；劳动合同期限1年以上不满3年的，试用期不得超过2个月；3年以上固定期限和无固定期限的劳动合同，试用期不得超过6个月。同一用人单位与同一劳动者只能约定一次试用期。以完成一定工作任务为期限的劳动合同或者劳动合同期限不满3个月的，不得约定试用期。试用期包含在劳动合同期限内。

四、进行新员工培训

新员工通过录用并到组织报到以后，需要在工作前进行一定的培训。这种培训即岗前培训或岗位适应性培训，也称为职前培训。这种培训在各类组织中非常普遍，有的组织对新员工的培训长达半年甚至一年。

培训的目的在于将组织录用的人员由社会人转变为组织人。具体来说，就是通过培训让新员工熟悉组织发展历史、现状乃至未来的前景，了解组织文化、规章制度和工作纪律，学习岗位所需的新技能或新知识，并在培训中转变员工不适应组织发展的心理观念和生活习惯，使其融入组织整体环境之中。无论是有工作经验的人员还是刚跨出学校的毕业生，都要在上岗前接受这种培训。

五、试用期管理

组织的试用期管理的目的是确保所招聘录用的员工可以满足组织的需要，并在发现招聘的员工不符合岗位要求时能依法与其解除劳动合同。

试用期管理中人力资源部门要让员工明确试用期的具体工作内容和考核要求，安置其至相应的工作岗位，安排其部门直接领导分配其具体工作，进行日常管理，并在试用过程中进行工作记录以便为试用期考核提供依据。

试用期期满时，下达期满通知，相关部门进行试用期考核，根据试用期考核结果决定是否转正。对符合要求的员工，经审批通过，办理相关转正手续，成为正式员工。

学习案例

艾佳公司是一家经营食品的零售连锁公司，自1998年创立以来，通过灵活的经营理念、合理的价格和灵活的服务在激烈的市场竞争中占据了一席之地。公司一直以"顾客就是上帝"为经营宗旨，鼓励员工勇于创新。现今公司已有150多家分店、拥有近2000名员工。随着业务的不断拓展，招聘的新员工数量急剧增加，但同时，公司试用期员工的流失比例十分高，不仅影响了正常的经营，还给公司的信誉造成了不良影响。

杨兰是新上任的人力资源部经理，针对员工流失问题展开了一系列调查。其中员工普遍反映的问题有：公司在员工录用面谈时给予的承诺没有得到兑现；员工下班后通常会用较多的时间来参加入职培训，很多有家庭的员工不能及时回家接孩子；培训的内容与公司和工作相关性不大，试用期考核没有明确的内容，使员工考核时无从准备；部门主管也反映招录新员工时没有参与，招录的新员工素质不高，不是部门所需要的。

针对员工反映的问题，杨兰翻阅了员工录用管理的相关文件，发现公司没有标准的入职手续办理流程，没有为各岗位提供明确、系统的入职培训计划，员工的试用期管理缺乏考核标准、转正标准和辞退标准等。

根据当前人员流失现状，杨兰决定重新拟订员工录用管理的相关规程。

讨论题

1. 您认为该公司员工录用管理存在哪些问题？
2. 您认为该通过哪些录用管理手段解决人员流失问题？

本章思考题

1. 在人员录用的过程中应遵循什么样的原则？
2. 影响录用的因素有哪些？
3. 人员录用的基本过程是怎样的？
4. 通知录用如何进行？

第七章

人员配置与离职管理

第一节　人员配置　/112
第二节　离职管理　/118

 **引导案例**

盛网电子有限公司是一家拥有3 000名员工的本土企业,主要研制、生产、销售消费电子类、汽车电子类产品。随着业务领域的拓宽和企业规模的不断扩大,集团公司的业务蒸蒸日上,但是最近公司高层领导却陷入烦恼中,原因是各类人员的流失量很大。

为此总经理要求人力资源部对离职员工进行离职面谈,找出员工离职的主要原因,并制定相关方案。离职面谈在一个会议室里进行,人力资源部经理提问,助理记录,所有离职员工按顺序一个个进来,每个人面谈5分钟。第一个人进来,人力资源部经理就问:你是在哪一个部门的?职位是什么?你来公司多久?你为什么要离职?你对公司有些什么看法?问完就让他出去。第二个人又进来,人力资源部经理又问:你是哪个部门?什么职位?你为什么要离职?你对公司有些什么看法?记录下来。第三个人,第四个……就这样,十几个人的离职面谈2 h就结束了,人力资源部经理根据记录总结出企业员工离职的三大原因:工资太低,个人原因,没有发展前景。可是该企业刚进行的薪酬调查却显示,其薪资在同行业内偏高。这下人力资源部经理疑惑了:员工为什么不愿讲心里话?

案例思考

1. 该公司在进行离职面谈中存在什么问题?
2. 如何有效地进行离职面谈?

第一节 人员配置

一、人员配置的原则

人员配置是组织人力资源管理活动的重要内容之一。人员配置是为了创造组织效能而从事的获取、运用和留任足够质量和数量劳动力队伍的过程。人员配置过程包括招聘、选拔和雇佣这几个关键的要素,同时还包含了人员流动过程中发生的步骤和活动。

人员配置可以帮助组织获得人力资源,而且是最直接、最有效的手段。人员配置的目标就是保证组织人力资源得到充足的供应,使人力资源得到高效的配置,提高人力资源的投资效益。人员配置系统与其他管理职能密切联系和相互作用,共同形成人力资源管理的整体系统。

为实现人员配置的有效性,需遵循以下基本原则:

1. 人员配置的公平原则

公开和择优是公平的基础。公开是要将组织在招聘时空缺的职位种类、数量、应聘者资格与要求、应聘的方法与时间等信息对社会公告,扩大招聘人员的范围,并为应聘者提供一个公平竞争的机会,体现信息公平;择优是通过规范统一的招聘程序、选拔方式和决策流程将应聘者的综合素质与职位的要求进行匹配,选择最适合的人员,体现流程公平。通过公平的竞争能获取组织真正需要的人才。人员配置中的歧视主要表现在受歧视者在受聘机会和条件相同的情况下,不被聘用或是以较低水平的薪酬被聘用。引起歧视的因素主要有:一些不合理的招工条件,如年龄、是否已婚等;大型企业集团人员配置难以摆脱行政干预;一些公司对于人才的理解不够全面,过分注重人员的学历和工作经验,而对于其创新能力、管理能力等没有进行充分评价等。

2. 人员配置的动态原则

无论是组织的发展还是岗位人员的状态都处于不断变化的动态过程中,人力资源在不断的流动中寻求适合自己的位置,组织则在流动中寻找适合组织要求和发展的人才。两者之间从静态设计到动态调节,达到相互适应的状态,由此人员配置便是一种不断满足这种适应性的动态过程。

3. 人员配置的计划原则

组织人力资源规划是实现内部人力资源合理配置的基础性工作,是企业招聘甄选工作的客观依据,不仅包括当前的人员需求与配置,还包括建立起长远的人才储备库。人员配置首先应建立在系统的人力资源规划基础上,然后再进行深入全面的人员存量以及未来供需预测,最后制订出合理的用人计划,包括所需人员的数量、结构、层次、类型、要求和条件,避免人员配置的随意性和无序性,造成人员配置的浪费或紧缺现象。

4. 人员配置的科学原则

人员配置过程中需要通过一些科学的操作程序、评价标准和测评方法,有效地甄别应聘者的实际水平和发展潜力,从而保证招聘与人员配置有效性的实现。科学的程序和方法,表现为招聘配置中的标准化、流程化体系的形成,加强企业人力资源基础建设,用科学、客观的方式,设计和优化人员招聘和配置体系,使整个配置过程达到可预见、可控制和可量化的目的,并在人员配置的各个环节中,避免基于主观经验的散漫、随意的管理方式。

二、人员配置的匹配原理

人岗匹配是人员配置中的基本原理,在传统的招聘配置中,组织通常比较关注个人与岗位的匹配度，但在实践中发现，仅有人岗匹配还不足以使应聘者在进入组织后取得预期的绩效，甚至使其很快流失。研究发现，由于人本思想的不断发展，员工的个人意识不断增强，社会的用工结构不断变化，知识员工比重越来越大，因此人员配置的匹配原理得到了丰富，除了个人与岗位的匹配以外，同时还应关注个人与团队、个人与组织的多元匹配。

1. **个人与岗位匹配**（Person-Job fit）

人岗匹配原理是人员配置的基本原理，指的是人的个人特征与岗位要求的匹配度。其中包含两个内容：一是指个人的特征完全胜任岗位的要求，即所谓人得其职；二是指个人完全具备岗位要求的能力，即所谓职得其人，表现为个人能在岗位上充分发挥能力，能有效完成岗位工作任务。最优不等于最匹配，最匹配的必定是最适合的。评估人岗匹配首先要明确岗位特征和个人特征，为了了解和评价岗位，需要工作分析、岗位评价技术，为了评价个人，需要人才测评技术。人岗匹配具体包括以下三个方面：

（1）气质、性格与岗位的匹配。各种岗位对从业人员的气质、性格都有一些特定的要求，一般而言，外向型的人更适合能充分发挥自己行为能力积极性并与外界有广泛接触的岗位；内向型的人比较适合有计划的、稳定的、不需要与人过多交往的岗位。

（2）能力与岗位的匹配。能力是岗位适应性的首要和基本的因素，需要关注能力类型、水平差异与岗位活动的关系，只有两者保持一致或基本一致，才能发挥能力的优势，既不至于人才高消费，也不至于不能适应需要。

（3）价值观、兴趣与岗位的匹配。价值观表现为个人的取向和类型的差异性。价值观是决定个体满意度的主要因素之一，影响着个人在岗位工作过程中的行为和态度，兴趣则是最好的老师，可以激发个人的动力，发挥个人的效用。

2. **个人与团队匹配**（Person-Group fit）

个人与团队匹配是指个人与其所属的团队或部门人员之间的匹配度。人作为个体，不可能十全十美，而是各有优缺点，即所谓"金无足赤，人无完人"。在现代组织中，很多岗位任务的实现，需要通过团队完成，这就决定了其他成员的工作效率会影响到团队效能，反过来会影响个人绩效，团队之间的配合显得十分重要，需要通过个体间取长补短从而形成整体优势，达到"1+1＞2"的效果，以实现组织目标。因此，人员配置时要考虑个人和原有团队的匹配性。这种匹配需要通过各类互补实现，从而实现一个整体优化的人才结构。

（1）知识互补。若个体在知识领域、知识的深度和广度上实现互补，那么整个团队的知识结构就比较全面、合理。

（2）能力互补。若个体在能力类型、能力大小方面实现互补，那么整个团队的能力就比较全面，在各种能力上都可以形成优势，这种团队的能力结构就比较合理。

（3）性格互补。若每个个体具有不同的性格特点，并具有互补性，比如有人内向，有人外向；有人急躁，有人冷静；有人激烈，有人温和；有人直爽，有人含蓄等，那么，作为一个整体而言，这个团队就易于形成良好的人际关系并有胜任处理各类问题的良好性格结构。

（4）年龄互补。员工的年龄不仅与人的体力、智力有关，也与人的经验和心理有关。一个团队，根据其承担任务的性质和要求，都有一个合适的员工年龄结构，既可以在体力、智力、经验、心理上进行互补，又可以实现人力资源的更新换代，使团队保持持久的活力。

3. 个人与组织匹配（Person-Organization fit）

个人与组织匹配是个人与组织期望之间的匹配度。组织和员工在进行双向选择时，越来越关心彼此深层次的需求。组织有自己的组织战略、文化和价值观，其期望是通过物质和非物质的（包括心理的和情感的）付出，得到个人预期的行为，达成预期的目标；个人也有自己的职业规划、工作动力，其期望是通过体力、脑力包括心理的付出，得到组织物质和非物质（包括心理的和情感的）的补偿。

从组织来讲，希望员工能认同其发展目标、组织文化，接受其价值观的规范，全身心投入组织的工作中；从员工个人而言，希望组织不仅仅给予一份工作，也更希望能提高自己的综合素质、成就需求、工作满意度，最终实现自己的职业目标。个人与组织的匹配有利于员工获得激励，激发员工的工作积极性，推进组织目标的实现。同时有利于组织了解员工需求，辅助其实现个人价值。

个人与组织的匹配需要在招聘过程中相互传递，彼此了解和判断，为双向选择提供依据。在整个招聘过程中，个人和组织对结合所获得的信息进行分析，得出结论，个人觉得组织能给予其预期活动的收获，便会接受职位；同样，组织觉得个人能获得良好的绩效时，便会录用，甚至给予较高的薪酬和个人发展的承诺。

个人与组织匹配强调员工与组织的整体匹配。一方面，个体能够满足特定工作岗位的要求；另一方面，个体内在的特征与组织的基本特征之间保持一致性。研究表明，员工态度（组织承诺、工作满意度）和员工行为（工作绩效、工作任期、组织公民行为）与个人组织匹配呈正相关，员工的离职意向、离职率与个人组织匹配呈负相关。

个人与岗位匹配、个人与团队匹配及个人与组织匹配都能影响员工的工作动机和组织的有效性，但其在侧重点上有所区别，见表7—1。如能清楚地理解其特征，并使这三种匹配形成一个有机的多元结构，将对组织和个人目标的实现起到积极的推动作用。

表 7—1　　　　　　　　　　多元匹配比较

匹配类型	分析水平	动机成分	组织有效性成分
个人—岗位匹配（PJfit）	个人	自我效率	工作熟练程度
个人—团队匹配（PGfit）	团队	社交便利	团队合作、团队增效
个人—组织匹配（POfit）	组织	有效激励	满意程度、工作态度

三、人员配置的类型

人员配置是企业根据其发展战略、人力资源规划，以及人力资源所具有的职位心理欲求和能力等个人具体条件、情况，不断地、经常性地通过一定的方式和手段，有目的、有计划、合理地对人员的职务进行调整变化，通过个人能力和岗位的最佳结合不仅使企业目标得以实现，同时又有助于组织人员职业发展和能力开发的人力资源管理政策和技术。人员配置的主要类型有人员调配和人员晋升。

1. 人员调配

人员调配是指经主管部门决定而改变员工的职位或职务、工作单位或隶属关系的人事变动，包括在企业之间的变动和企业内部的变动。本章着重探讨企业内部不同部门之间，以及部门内部不同职位或职务（如工种）之间的变动。这种变动具有两个特点：经过人力资源部门认定并办理相应手续；较长时间的职位或职务改变。

（1）导致人员调配转换的因素

1）以人事计划、教育计划为目的的人员调配。

2）基于技术革新和新产品开发经营的人员调配转换。

3）伴随晋升的调配转换。

4）通过部门间的人员再分配或将人员调至分公司而进行的调配转换（作为减量经营的一环）。

（2）人员调配程序

1）因工作需要调配。一般而言，凡因工作需要进行的人员调配，应先由人事部门审核决定，再进行直接调配。在调配前，单位领导应向员工本人说明情况，做好协调工作。

2）凡因个人原因要求组织调动的，一般按下列程序进行：

①本人提出申请，填写调动审批表。

②组织审核。

③调出调入单位双方洽商。

④调入单位发出调动通知。

⑤办理调动手续。

（3）进行人员调配的注意事项

1）调配目的明确，调配计划成熟，事前加强对被调配员工的了解，结合员工的"职业生涯计划"，实现组织和员工发展的双赢。

2）对走上新工作岗位和担任新职务的人员，进行及时、适当的任前培训，使其更快胜任。

3）事后加强对调配工作的检查和评估，提高人员调配的管理水平。

2. 人员晋升

人员晋升是指员工在职位上的垂直变动，是一种特殊的人员调配形式，对员工的个人发展和保持企业的活力具有非常重要的意义。

（1）人员晋升的原则

1）德才兼备、选贤任能的原则。德和才不可偏废。应坚持选贤任能，用客观、科学的标准和方法进行考察与选择，通过对人员进行全面考评，把既有良好品行和思想修养，又具备较强管理才能的人才晋升到各级管理和领导岗位，委以重任，大胆使用。韩国最大企业集团——三星集团总裁李秉哲坚持提拔那些"正直不阿，有为有守"的员工，他说："以后能成为社长的社员，其素质并不是由学历决定的，最重要的还是在于诚实的品性。"一些企业在"用能人"的旗号下，重用和晋升一些才高德寡的干部，大搞不正当经营，这无异于饮鸩止渴。

2）机会均等、用人所长的原则。应该使每位员工的面前都有晋升之路。无论是管理岗位还是技术岗位，都设有相应的晋升成长之路。同时，企业中员工的素质构成不同，这就要求选拔晋升人员时，坚持扬长避短，用人所长原则，用其所长，避其所短，使每个人的优势能力得到充分发挥。

3）有系统、有计划的原则。人员晋升调配属于人力资源再配置的一种方式，这一活动过程必然包括选择、分配、组合、使用、培养、储备等一系列环节和工作。这一活动的成功与否取决于各个环节之间的协调。因此在人员晋升过程中，必须坚持系统原则，根据企业发展的总体目标统筹制订人员配置计划体系，将选聘、任用、培训及人才储备等纳入统一的计划体系内，使各个环节之间有机衔接，防止和避免选人、用人与培养的相互脱节，从而促进企业人力资源的系统开发和有效利用。为此，各级管理干部的替补和晋升都应谨慎、有计划地进行。美国一些公司通常依据管理人员替补图或替补表制订各级管理员工的替补计划。当涉及总经理的替补问题时，这种图表的作用可能会变得比较小，因为公司（特别是面临困境的公司）通常会从公司外部选聘替补者。

（2）人员晋升方式

1）选任制。即用选举方式确定任用对象。如车间主任、班组长、工会干部等均可由选举产生。选任制通常的程序是提名、筛选、确定候选人、投票，最后确定任用对象，但所有的程序必须由相应的法律和法规予以保障。

2）委任制。即由董事会或者经理直接指定下属职位的任用制度。这种任用方式的特点是任用程序简单、权力集中，便于统一指挥，同时委任制与调配制是配套的用人制度，便于人尽其才，各得其所。如果没有委任制，调配制也难以执行。

3）聘任制。即用人单位通过契约或合同形式聘任干部和员工的一种任用制度。根据契约或合同，用人单位有聘用和解聘的权利，个人有应聘和拒聘的权利。聘任制不仅在外资企业中被广为采用，而且随着改革的深入，在全民所有制企业中，对于具有专业职称的员工和广大普通员工来说，该方式也越来越多地被采用。专业技术职务聘任制度规定在定编定员的基础上，由行政领导根据其任职资格和实际表现加以聘任，所聘人员有一定任期，在任职期间领取相应的专业技术职务的工资。专业技术职务聘任制度把职务和学位、学历区分开来，同时与定编、任期挂钩，有利于人才的使用和更新。

4）考任制。即通过公开考试、公平竞争、择优录用，广泛地选择优秀人才的任用制度。这种制度的优点是机会均等、公开竞争，便于广揽人才，避免了委任制中的主观因素及选任制中的资历和历史因素造成的偏差，但是，考试成绩的可靠性和有效性还有待研究。理论强不等于实践强，说得好不等于干得好。企业选拔领导干部时可以尝试采取考任制与聘任制相结合的方式。

第二节 离职管理

一、离职管理

员工离职是指员工根据本人意愿，并经用人单位同意，与所在单位解除劳动契约关系的行为。这是建立在员工自愿基础上的，是员工自由择业权利的体现。

员工离职，一方面有利于人才的合理流动，有利于人力资源的合理再配置。另一方面对组织而言，员工离职情况太严重，流动率太高，会有诸多不良影响。

离职管理是指员工离职过程的管理。离职管理的基本流程包括：填写离职单、离职面谈、核准离职申请、业务交接、办公用品及公司财产的移交、监督移交、人员退保、离职生效、资料存档、整合离职原因、离职员工的后续管理。离职管理必须落实到工作的每一个细节中去，并讲求技巧与文字、数据记录。必须重视每一个程序，并有一整套方法去应对，主要有以下几点需要注意：

（1）离职管理是为了通过对员工离职的管理，了解组织管理的状况，并对组织管理的变革提供相关的数据与意见，从中得出结论并指导现行的人力资源管理工作。

（2）每一个环节都必须有相应的表格，并做出严格的文字记录。

（3）规范的离职管理来源于以前各类基础工作，比如办公用品管理、资产管理、股权管理、业务管理、文件资料管理等工作。

（4）规范的离职管理是尽量减少人员流失和规避相关人事纠纷及法律风险的一种方法。人员的流失有时往往是无法挽回的，只有尽量减少损失，如果规范操作，备用金、重要办公用品、公司重要资产、重要的商业客户资料、技术资料等重要资料就可以有效地避免流失。同时按照国家的规定，规范地办理相关的离职流程也是防范风险的一种方法，比如到期离职的提前通知、及时给付补偿金等都是有效的规避法律风险的方法。

二、离职原因分析

控制员工离职率的关键是使管理者能够对影响员工离职的因素做出准确的判断，然后针对这些因素进行改善并处理，从而达到标本兼治的目的。

1. 个人原因

由于个体自身的特殊原因而产生的离职动机。如追求个人物质利益最大化、追求良好人际关系、寻求自我价值实现、职业能力水平与现岗位有差距、个人健康问题等。

2. 组织内部原因

由于组织内部制度或管理上的问题，而产生了离职的动机。如薪酬福利不佳、上级领导管理不善、组织对个人职业生涯关注不够等。

3. 组织外部原因

由于组织外部环境因素，如社会价值观、竞争对手、政策法规、经济、交通等因素而产生的离职动机。如竞争对手的高薪"挖角"促使员工离职。

三、离职面谈

离职面谈通常是指雇员主动提出离职或企业为通告雇员被解雇，企业与雇员进行的谈话。其目的在于从中发现与企业工作有关的信息或事情，以便企业改进其工作。离职面谈通常情况下由企业人力资源管理部门负责实施。

1. 离职面谈的目的

（1）对员工离职的原因有更深入的了解，以减轻离职对其他员工带来的负面心理及对企业形象的不利影响。

（2）揭示出企业在员工管理中存在的问题，采取有针对性的措施加以纠正。

（3）对于有价值的离职员工做最后挽留。

2. 离职面谈的流程

离职面谈通常在人力资源部门得到准确的离职信息后进行安排和处理。离职信息的来源有多条途径，如来自本人、部门经理、公司领导、小道消息和公司外部信息等。从员工本人和员工主管经理处得到确切的离职信息后，人力资源部门就可启动离职面谈的流程。

离职面谈流程包括以下几个环节：

（1）面谈方案准备。离职面谈的基础环节是面谈方案，由人力资源部门负责准备工作。这一环节需要收集全面的信息，确定面谈目标、内容、方式和处理意见等。具体任务为：向员工的主管经理了解情况，并了解和确认主管经理对离职事件结果的期望，与主管经理沟通初步的面谈方案；查询员工的劳动合同情况和附属协议情况（培训协议、保密协议、服务合约等），以及财务借款情况、设备领用情况、工作中涉及款项的应收应付情况等。

（2）和员工面谈沟通并了解相关信息。离职面谈要了解的信息包括：离职人员离职的真实原因，导致离职的主要事件；离职人员对公司当前管理文化的评价；离职人员对公司当前工作环境及内部人际关系的看法；离职人员对所在部门或公司层面需要改进的问题的合理化建议；员工离职后对本岗位后续工作展开的建议及员工离职后的个人职业生涯规划等。

在离职面谈中要注意方式方法，进行平等交流和沟通，注意倾听，做好记录。离职面谈应在轻松、和谐的氛围中进行，以诚意建立信赖的关系，尊重并倾听对方的意见，不随意做出允诺，做好离职面谈重点的记录。

（3）离职信息处理，做出处理决定。根据离职面谈收集到的信息，分析公司的现状，找到改进工作的方向。

1）进行书面总结。将离职面谈的要点及时记录下来。

2）分析离职原因。根据谈话和调查，发现员工离职的真正原因。离职员工通常会在辞职报告中写上一个所谓的原因，而真正的原因只有通过深入的交流，甚至要通过对一些细节和只言片语的分析才能找到。

3）找出问题根源。离职原因通常是一些表面现象或诱发原因，还要挖掘出导致这些现象的根源。如有时薪酬水平低的背后可能是公司的绩效考核机制不合理，或者是管理不善等。

4）研究改进方法。根据问题的实质确定有针对性的解决方法，并得到企业高层管理者的认可和支持。

5）保存谈话资料并定期整理。将离职面谈报告按照规范的格式进行整理并分类保管，经过一段时间后进行批量分析，可以发现一些规律性的问题，有助于观察和预测未来的员工流失状况。

根据了解的具体情况，判断离职的性质是辞退还是辞职，以确定是否保留员工或准予离开。

四、离职手续办理

按照相关法律和公司政策，为离职员工办理离职手续。员工离职一般应按如下程序办理相关手续：

1. 向所在组织人力资源部门提出书面申请。
2. 所在组织按有关规定对申请进行审查，同意离职的给予离职申请表。
3. 组织接到离职申请表后在规定期限内进行审批或转报。
4. 对审批同意离职的，通知所在部门办理移交工作、归还公物等手续。
5. 人力资源部门进行离职面谈。
6. 离职人员向人力资源等部门办理相关手续。

相关链接

表7—2　　　　　某公司离职面谈表

填表日期　　　　　　　　　　　　　　　　年　月　日

离职人姓名		部门		职位	
入职日期		离职日期			

1. 请指出你离职最主要的原因（请在恰当处加"√"号），并加以说明。

□薪金　□工作性质　□工作环境　□工作时间　□福利

□工作量　□健康因素　□晋升机会　□加班

□与公司关系或人际关系　其他：

2. 你认为公司在以下哪些方面需要加以改善（可选择多项）。

□公司政策及工作程序　□部门之间沟通　□上层管理能力

□工资与福利　□发展机会　□工作环境及设施

□教育培训与发展机会　□团队合作精神　其他：

续表

3. 是什么促使你当初选择加入本公司？

4. 在你做出离职决定时，你发现公司在哪些方面与你的想象和期望差距较大？

5. 你最喜欢本公司的哪些方面，最不喜欢本公司的哪些方面？

6. 在你所在的工作岗位上，你面临的最大困难和挑战是什么？

7. 你对公司招聘该岗位的任职者有什么建议？

8. 你认为公司应该采取哪些措施来更有效地吸引和留住人才？

9. 你是否愿意在以后条件成熟的时候再返回公司，为公司继续效力？简单陈述理由。

学习案例

20世纪90年代以前，日本大企业在招录高质量的大学毕业生时比较注重学历，翘首仰望名牌大学的毕业生，采取指定学校制度。大多数非名牌大学的优秀毕业生往往被拒之门外。在这些大企业招录的大学毕业生中，具有工作闯劲和独特个性的人才越来越少。20世纪90年代初，索尼公司在招聘大学生时，率先提出不问毕业学校，只注重实际能力的主张。特别是选拔事业开发型的人才时更是如此，主要看其综合实际能力，就像挑选运动员苗子一样，关键看其是不是具有潜力。这一主张提出后，震惊了日本的大学毕业生就业市场，并迅速得到日本不少大企业的赞同。此后，有特长的应届大学毕业生成为日本各大企业追逐的对象。

为了确保录用到高质量的大学毕业生，日本不少大企业还采取确定高质量人才的标准和实行短期试用制等措施。这些大企业对高质量人才的界定都是从各自行业和本企业的实际出发。例如，日本化工企业对高质量人才的界定分为理想的技术人才和优秀的技术人才两大类。理想的技术人才应当具备：基础能力，包括基础学历、分析力和判断力；业务能力，包括想象力、制订计划能力、整理能力和推进能力；管理能力，包括指导统率力和决断力；良好的性格特征，包括意志坚定、热情饱满、干劲十足、注意力集中、善于协调和值得信赖等。优秀的技术人才应当具备：基础学历和专业学历，主要表现是立足于基础，热衷于开发，在专业领域有良好的才能；丰富的想象力，主要表现是有预见性，头脑灵活，思想广泛、新颖，有创造性，有灵活的适应性，关注广阔的领域，有敏锐的洞察力；工作积极性，主要表现是热情、有开发欲望、有活力、斗志旺盛、勇于挑战、倾注全部精力向新领域进发。

符合录用标准的优秀大学生通过招聘考试后，要想被大企业正式录用，还必须经过1～3个月的试用。试用期间，日本企业一般都安排新毕业的大学生做勤杂工作，以便进一步了解其特长和实际工作能力。试用期结束时，由毕业生所在试用部门对其工作能力、工作态度、时间观念和同事关系等做出书面评价，据此来决定该大学生能否转为正式职工。

日本有些大企业还对专职的大学生采取3～6个月的观察制度，有的企业甚至一年内不给新职工安排固定的专职工作，一个月调换一次工作。这样经过3～6个月时间，调换5～6次工作岗位，主管部门及有关负责人认真研究每个部门对新员工的评价后，对其工作能力等做出综合评价，取其所长再安排相对固定的专职工作。例如，日本化工企业对大学毕业生的能力评价主要包括工作业绩、组织能力和潜在的专业能力三大项。其中，工作业绩的评价大体按以下顺序：一是新技术开发，所占比率为40%；二是新产品开发，所占比率为26.4%；三是生产现场改造，所占比率为14.3%；四是稳定工艺操作，所占比率为5.7%；五是专利申请，所占比率为5.4%；六是新用途开发，所占比率为4.2%；其他，占4.0%。组织能力的评估以积极性和协调性为主，所占比率为积极性39.4%、协调性30.8%、赤诚心6.4%、对上级报告9.1%、与同事的合作14.1%。潜在的专业能力的评价以专业知识和想象力为主，所占比率为专业知识29.5%、想象力的丰富程度28%、独创性19.3%、坚韧性10.2%、预见性9.0%、其他4.0%。

依据综合评价的成绩，日本大多数企业的大学毕业生转正观察期满不久，就初步确定了以后的发展方向。

讨论题

1. 日本大企业如何在实践中逐渐形成了针对大学毕业生的细致的考察方式？
2. 日本大企业的这些做法对我国企业的招聘配置工作具有怎样的借鉴意义？

本章思考题

1. 请阐述人员配置的原理。
2. 人员晋升的意义和方式是什么？
3. 员工离职有哪几方面的原因？
4. 简述离职面谈的流程。

第三篇 培训与开发

第八章

培训需求分析

第一节　培训需求分析概述　/128
第二节　培训需求分析实施　/138

引导案例

案例A：张某是某知名软件公司开发部的高级工程师，自1995年进入公司以来，表现十分出色，每每接到任务总能在规定时间内按要求完成，并时常受到客户方的表扬。但在最近的几个月里情况发生了变化，他不再精神饱满地接受任务了，工作绩效也明显下降。开发部新任经理方某根据经验判断导致张某业绩下降的原因是其知识结构老化，不再胜任现在的工作岗位了。方某立即向人力资源部提交了培训申请。当月，人力资源部就安排张某参加了一个为期一周的关于编程方面的培训、研讨会。一周结束后，张某的状况没有出现任何改变。

后来，人力资源部主动与张某进行了面对面的沟通，发现导致张某工作绩效下降的真正原因是与新任经理的关系不太融洽，认为自己没有得到晋升的机会，而不是因为知识结构的老化。

案例B：小张是××公司总经理的秘书，工作出色。工作3年以后，总经理觉得小张不能一直当总经理秘书，应该让她有所提升。故总经理安排小张到党校参加了为期3个月的脱产"管理培训班"的学习。小张回来后，人力资源部安排小张到行政部报到，职位是行政主管。可是3个月过去了，人力资源部发现不仅小张的绩效比以前有所下降，工作也不积极了。人力资源部主动与小张进行了面对面的沟通，发现导致小张工作绩效下降的原因是工作态度没有转变过来，没能适应岗位的变化。

案例思考

1. 为什么A、B两个案例中的培训均以失败告终呢？
2. 你认为怎样做才能避免类似的情况发生呢？

第一节 培训需求分析概述

一、培训需求分析的概念

企业为什么要培训、培训什么，不能由培训管理者凭空臆断。培训需求反映了企业要求具备的理想状态与现实状态之间的差距，这个差距就是培训需求。当企业出现一些问题，只有通过培训才能解决或才能更好地解决时，培训需求才应运而生。

培训需求分析，就是判断是否需要培训及培训内容的一种活动或过程。培训需求分析对企业的培训工作至关重要，是真正有效地实施培训的前提条件，是使培训工作实施的准确、及时和有效的重要保证。

培训需求分析主要由两部分工作组成，即培训需求调查和调查结果分析。这两个部分既相互联系又相互独立，在时间上有先后之分。

1. **培训需求调查**

培训需求调查即通过一系列的方法和渠道全面、公正、客观地收集与培训主题相关的需求信息。这就要求调查者明确调查对象、调查方法和渠道及调查主题等。与此同时，也可以对培训对象、培训方式、培训时间、培训地点等做一些相关调查。

培训需求调查既可以由企业高层管理者、培训主管等发起，也可以通过部门自我申报等形式来收集需求信息，见表8—1。

表8—1　　　　　　　　　培训需求调查

调查对象	调查方法	调查主题
企业高层管理者	访谈法	组织使命
培训主管	问卷法	理想能力结构
部门主管	访谈法	目前能力结构
员工个人	档案资料法	核心竞争力
	小组讨论法	培训方式
	测验法	
	观察法	
	自我分析法	

2. **调查结果分析**

通过对培训需求的调查，对其信息进行整理、分析，得出有效培训需求的过程就是培训需求分析的过程。具体来讲，培训需求分析是指在需求调查的基础上，由培训主管部门、部门主管人员及员工个人等采取各种方法与技术，对组织内部各部门及其成员的目标绩效与能力结构及现有绩效和能力结构等进行比较分析，以确定是否需要培训、谁需要培训、何时需要培训、需要何种培训等的一种活动或过程。培训需求分析是整个培训有效进行的前提，也是制订培训计划的基础。

二、培训需求分析的作用

培训需求分析是培训的首要工作，是培训计划制订、培训方案设计、培训实施与评估等整个培训工作的基础。因此，必须充分认识培训需求分析的重要性与作用。

1. 确认差距

培训需求分析的基本目标是确认差距，即确认任职者的应有状况同现实状况之间的差距。它包括三个环节：必须对所需要的知识、技能、能力进行分析，即理想的知识、技能、能力的标准或模型是什么；必须对现实实践中所缺少的知识、技能、能力进行分析；必须对理想的或所需要的知识、技能、能力与现有的知识、技能、能力之间的差距进行比较分析。这三个环节应独立有序地进行，以保证分析的有效性。

2. 前瞻性分析

由于市场环境的需要，企业的发展过程是一个动态的、不断变化的过程，当组织发生变革时（不管这种变革涉及技术、程序、人员，还是涉及产品或服务的提供问题），培训计划均要满足这种变化。因此，培训的负责人应该在制订合适的培训计划以前迅速地把握住这种变革。

3. 保证人力资源开发系统的有效性

人力资源开发的过程就是人力资源培训的过程，没有培训人力资源开发就无从谈起。所以在制订培训计划时，就要充分考虑到人力资源开发的需要，为人才储备做好基础性工作。

4. 提供多种解决问题的方法

解决需求差距的方法有很多，有些可能是与培训无关的方法，如人员变动、工资增长、新员工吸收，或者是几个方法的综合等。针对不同的情况可选择不同的培训方法。最好的方法是把几种可供选择的方法综合起来，制订包含多样性的培训策略。

5. 分析培训的价值及成本

当进行完培训需求分析并找到了解决问题的方法后，培训管理人员就能够把成本因素引入到培训需求分析中去。需要回答的问题是"不进行培训的损失与进行培训的成本之差是多少"。如果不进行培训的损失小于培训的成本，则说明当前还不需要或不具备条件进行培训。由于很多项目不能用数字量化，因而做这项工作是比较困难的。但不可只看眼前，要有长远的眼光。

6. 获取内部与外部的多方支持

无论是组织内部还是外部，通过培训需求分析收集了制订培训计划、选择培训方式的大量信息，这无疑是给将要制订的培训计划的实施提供了支持条件。例如，中层管理部门和受影响的工作人员通常支持建立在培训需求分析基础之上的培训计划，因为这些部门和人员参与了培训需求分析过程。

三、培训需求分析的层面

培训需求分析可以从组织、任务和人员三个层面进行分析。

组织分析是指在既定的企业使命、战略条件下决定相应的培训需求，为培训提供可利用的资源及管理者和员工对培训活动的支持。任务分析包括确定重要的任务及需要在培训开发中加以强调的知识、技能和行为方式以帮助员工完成任务。人员分析包括厘清工作绩效不令人满意的原因，是知识、技术、能力的欠缺，还是属于个人动机或工作设计方面的问题；明确适当的培训对象并让培训对象做好培训准备。由于组织分析和培训开发是否适合企业的战略目标与企业是否愿意在培训开发上投入时间和资金的决策相关，因此，组织分析通常要先于任务分析、人员分析进行。任务分析和人员分析通常是同时进行的，这样对于两者都有促进作用。

1. 组织分析

组织层面的分析是通过对组织经营发展战略的分析，确定相应的培训，为培训提供相应的资源及管理者和同事对培训活动的支持。具体来讲，可以从以下几个方面进行。

（1）明确组织战略导向。培训的战略性角色影响着培训的频率和类型及公司培训部门的组建模式。在期望培训能有助于实现经营战略与目标的公司中，培训支出及培训频率一般都要高于随意进行培训或没有战略目标理念的公司。同时，经营战略还会影响培训的类型。例如，实行紧缩投资战略的公司会比实行其他战略的公司更看重诸如新职业介绍和寻找工作技能方面的培训。另外，组织目标和战略规划是评价组织绩效的重要标准，需要充分了解。组织中高效运作的领域应当视为典范，为其他单元实现更有效的运作提供借鉴。而对于那些没有达到组织目标的领域则需要进行更为深入的分析，并采取相应的培训计划或者管理方面的措施。

（2）了解组织氛围。组织氛围对于培训工作有很大的影响。研究表明，同事和管理者对培训的支持在员工参与培训的热情和动力方面具有十分重要的作用。培训效果是否满意的关键在于同事和管理者对参与培训活动是否抱有积极的态度，是否愿意向培训对象提供有关如何在工作中有效利用培训中学到的知识、技能、行为方式的信息，并为培训对象提供在实际工作当中应用培训所学内容的机会。同时，如果同事和管理者不采取支持的态度或行为，那么培训对象就很难将培训的收获运用到实际工作当中。

（3）了解组织资源。可利用的资金数量是决定培训工作的重要因素。知识资源条件，如组织的设施、现有相关资料及组织内部的专业力量也会影响培训工作的开展。可利用的资源数量会在一定程度上限制培训工作的开展，并影响培训需求的优先次序。例如，如果没有教室或会议室，在安排培训活动的日程和场地时就会比较困难，可能需要找一个会议中心，费用比较昂贵，或者只能将活动安排在下班以后。

如果公司是从咨询公司或者供应商那里获得培训项目而不是自行开发，那么选择一个能够提供高质量产品的供应商就非常重要。培训供应商包括咨询人员、咨询公司和研究所。很多外国公司会通过征询建议书来选拔能够提供培训服务的咨询机构和供应商。

为了保证组织分析的有效性，以下是一些常见的咨询问题：

1）组织的使命和战略是什么。
2）培训内容将如何影响员工与客户的关系。
3）这个培训项目如何与经营战略需求保持一致。
4）组织资源是否应该投入这个培训项目中。
5）为了使得培训成功，应该从管理者和同事那里获得什么信息。
6）哪些组织资源是培训活动的重要组成部分。
7）企业是否拥有能够帮助自己开发培训项目并保证培训项目能够满足公司经营需求的专家吗？
8）员工认为培训项目对自己来说是一个机会、奖励、惩罚，还是时间上的浪费。

2. 任务分析

任务分析是在特定工作岗位的层次上进行的，主要包括查看工作描述和工作规范，确定某个工作的业绩产出标准，要达到此产出标准所必须完成的任务及完成这些任务所需的知识、技能、行为、态度等，所有以上任务分析最终的结果决定了培训的内容。

在进行任务分析时，必须明确两个主要因素，即任务的重要性与水平。重要性关系到某项工作的具体任务、行为及这些行为发生的频率，某项任务发生的频率越高，说明此任务对于整个工作的重要性越高。水平则是对员工完成这些任务的能力要求，这在一定程度上反映了从事此项任务的门槛高度。这两个因素构成了任务分析的主体，图8—1为任务的重要性—水平组合与培训重要性的关系。

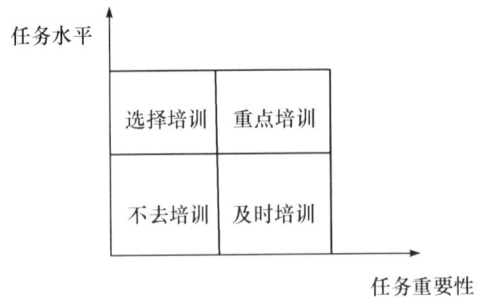

图8—1 任务重要性—水平组合与培训重要性的关系

任务分析的最终成果就是对任务活动的详细描述,主要内容包括员工执行的任务和完成任务所需的知识、技能、能力和其他素质,即 KSAO。其中 K(knowledge)是指执行工作任务需要的具体信息、专业知识、岗位知识;S(skill)是指在工作中运用某种工具或操作某种设备及完成某项工作任务的熟练程度,包括实际的工作技巧和经验;A(ability)包括人的能力和素质,如空间感、反应速度、耐久力、逻辑思维能力、学习能力、观察能力、解决问题的能力、基本的表达能力等内容;O(others)主要是指有效完成某一工作需要的其他个性特质,包括对员工的工作要求、工作态度、人格个性及其他特殊要求。

相关链接

表 8—2　　　　　任务描述示例

任务描述	任务等级	
	重要性(发生频率)	水平(资格要求)
见到顾客要微笑着说"您好!"	0 1 2 3 4 5	0 1 2 3 4 5
及时给顾客倒水,递给菜单	0 1 2 3 4 5	0 1 2 3 4 5
耐心地帮顾客点完菜,适时地推荐本店特色菜	0 1 2 3 4 5	0 1 2 3 4 5
随时听候客人的服务要求,并及时满足客人要求	0 1 2 3 4 5	0 1 2 3 4 5
准确地帮助客人结账,开出发票,送客人出门,并说"欢迎再次光临"	0 1 2 3 4 5	0 1 2 3 4 5
处理一些与顾客有关的临时事件,如茶水打翻等	0 1 2 3 4 5	0 1 2 3 4 5

任务分析可以从以下几个步骤入手:

第一,确定要分析的工作岗位。

第二,列出所要执行任务的基本清单。清单的获取可以通过多种渠道完成,例如,访问并观察熟练员工和其经理;与其他进行过任务分析的人员讨论。

第三,采用书面调查等访问形式来获取信息。为了确保任务基本清单的可靠性和有效性,可以请一组专门项目专家(在职人员、经理等)以开会或者接受书面调查的形式回答有关工作任务的问题。可以从以下角度来提问:执行该任务的频率如何?完成各项任务需要多长时间?该任务对于完成整个工作有多重要?学会完成此任务有多困难?

相关链接

任务调查问卷的范例

姓名　日期　岗位

请从以下几个方面给每一项任务（见表8—3）打分，包括任务对工作绩效的重要性、执行频率及执行任务的难度（任务所处的水平）。在评分时请参照以下尺度。

重要性
4＝任务对工作绩效至关重要
3＝任务对工作绩效重要但并非至关重要
2＝任务对工作绩效比较重要
1＝任务对工作绩效不重要
0＝没有执行过这项任务

执行频率
4＝每天执行一次任务
3＝每周执行一次任务
2＝几个月执行一次任务
1＝1~2年执行一次任务
0＝没有执行过这项任务

难度
4＝有效执行这项任务需要有丰富的工作经验或培训经历（12~18个月或更长）
3＝有效执行这项任务需要有少量的工作经验或培训经历（6~12个月）
2＝有效执行这项任务需要有短期的培训经历或工作经验（1~6个月）
1＝有效执行这项任务不需要特定的培训经历或工作经验
0＝没有执行过这项任务

表8—3　　　　　　　　　　任务表

任务	重要性	执行频率	难度
1. 维修设备、工具和安全系统	3	4	3
2. 监督员工工作绩效	4	4	2
3. 为员工制订工作日程进度	4	4	3
4. 使用计算机统计软件	2	2	3
5. 应用统计方法监控生产过程中的变化	4	3	4

第四，明确要胜任各项任务所需的知识、技术或能力。通过对以上水平因素的分析，可以得出现有员工的能力结构欠缺什么，应该培训什么，决定了培训内容。

任务分析是一个烦琐、复杂的过程，因此，为了使得任务分析更为有效，在任务分析过程中，应该注意以下几点：

（1）任务分析不仅要明确应该做什么，还应该清楚现实中员工是怎么做的。

（2）任务分析是一个解构的过程，首先要将工作分解成职责和任务。

（3）收集信息要采用多种方法，这样才能保证所收集信息的完整性、丰富性。

（4）为了使任务分析得更有效，应该多从专门项目专家那里收集信息，专门项目专家包括熟悉该项工作的在职人员、经理人员和雇员。

（5）任务分析过程中，沟通非常重要，良好的沟通有利于完成更为完整、真实的任务分析信息。

（6）在作任务分析时，必须与公司的长期战略、短期规划相结合。

3. 人员分析

人员分析是通过考察员工当前工作绩效与要求工作绩效之间的差距，以确定"谁应该接受培训"和"需要什么培训"。简单地说，人员分析的关键就是找出哪些人员"不愿"，哪些人员"不能"，这样才能有针对性地设计培训方案。

要做好人员分析，首先要确保人员已经做好受训准备。受训准备是指员工是否具有相应的学习课程内容水平，并且可以将其应用于工作的个体特征（能力、态度、信仰和动机）；工作环境是否有利于学习，同时又不会对工作业绩产生太大影响。人员分析时，主要分析个体特征、工作输入、工作输出、工作结果和工作反馈，经分析以后得到相应的培训需求。个体特征（person characteristics）是指员工的知识、技能、能力和态度。工作输入（input）是指指导员工应该做些什么、怎样做和什么时候做，还包括那些提供给员工以利于其完成工作的资源。工作输出（output）是指工作绩效水平。工作结果（consequences）是指员工由于业绩良好而得到的奖励。工作反馈（feedback）是指员工在执行工作时收到的信息。

人员分析也可以从分析员工的绩效入手，如图8—2所示，其流程可以分为以下四个步骤：

（1）进行全面准确的绩效评估或通过其他渠道获取这方面的资料。

（2）确认员工行为、特质与理想的绩效标准之间的差距。

（3）确认差距来源，可能涉及整合组织分析、任务分析和人员分析方面的资料。

（4）选择恰当的干预措施，以消除差距。这些措施可以是特定的培训开发项目，也可以是其他人力资源管理政策。

相对于组织分析和任务分析，人员分析可以采取的方法更为广泛，如观察工作样本、访谈法、问卷调查法、测验（工作知识、技能、成就）、态度调查、评定量表、关键事件法、工作日志、情景模拟、评价中心等。

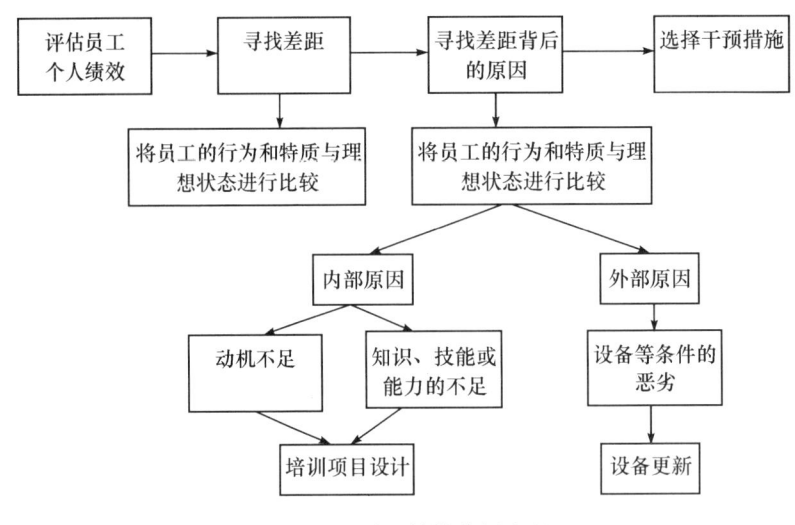

图 8—2 员工绩效分析流程

四、培训需求分析的时机

有些培训需求具有一定的通用性或规律性，同样的情景下会产生或存在类似的培训需求。这些培训需求凭借一定的相关经验和知识，便可预计到。此类培训需求如下：

1. 行业或相似组织中已经出现或经常出现的问题

如安全问题，这些问题中有些是可以通过培训解决的，有许多企业的成功经验可供借鉴。

2. 新员工导向培训

新员工要融入组织，像老员工一样发挥作用，需要熟悉组织环境。新员工导向培训帮助其了解组织的使命、文化、目标、结构、机制和政策，可以缩短其融入组织的过程，从而使其更早、更好地为实现组织目标发挥作用。

3. 新设备或新程序引进

新设备或新程序的引进意味着员工需要掌握一些新的知识和技能，或需要改变旧的行为方式，形成新的工作习惯。培训在这方面通常是大有用武之地的。

4. 员工提升和晋级

此时，员工不仅需要了解新工作的性质、要求和环境条件，而且急需提升能力、知识和技能。此时，提供适当的培训通常是大受欢迎的。

5. 组织重组和变革

如果说新员工导向培训和提升晋级培训是针对少数员工的小规模培训，那么针对组织重组和变革的培训则规模更大，涉及面更广。组织重组和变革是组织全面、深刻的变化，其中蕴含的培训需求量大、面广、种类多。旧观念的化解和新思想的形成，新的政策和运作机制的推出和适应，岗位变化和机构调整等都会使员工和组织产生强烈的培训需求。

五、培训需求分析中的常见误区

有些培训需求具有共性，无须分析就可以把握，从而节约分析资源。有些培训需求分析貌似规范，实则为误区，需要警惕。卡夫曼（R. Kaufman）总结了培训需求分析中的常见误区。

1. 注意力全部集中在个人的绩效差距上

这样的培训需求分析虽然可以帮助组织的培训决策用于解决个别员工的绩效问题，但可能不涉及群体和组织的绩效问题。除了关键人物的核心技能以外，一般而言，群体和组织的绩效对于组织的发展来说更为重要。另外，对于个别员工的绩效问题也许更换人员是一个更好的解决办法，而群体和组织的绩效问题一般更依赖于培训需求分析。

2. 一定要从培训需求分析开始做起

从理论上说，为了保证培训的针对性，培训需求分析阶段是重要而不可逾越的。但在实际的工作中，某一工作是否必要，除了取决于其本身的重要性外，也看其在实际上已得到满足的程度。当一项重要的条件在实际上已经具备时，创造这个条件就不再是工作的重点了。在培训工作中，当培训需求不明确时，培训需求分析是培训工作的首要步骤，但如果培训需求十分明确，那就没有必要在这个环节上浪费资源了。

3. 进行问卷调查

这个方法让较多的员工参与培训的决策，因而具有更多的沟通、倾诉和激励的作用。但对于收集培训需求来说，实践证明其效果不明显。问卷中大量的开放式问题使反馈的意见相当分散，而且与组织运作没有太大的关系。另外，泛泛的问卷调查，在调查内容和对象上缺少事先的精心设计，在调查的过程中缺乏必要的引导，通常导致"走过场"，不能解决问题。

4. 只采集软信息或只采集硬信息

这里的软信息是指多少带有主观随意性的意见和想法；硬信息是指那些可以量化和衡量的，从而较易把握的信息。如果将调查和分析的对象停留在软信息上，忽视绩效、标准、结果等硬指标，会使分析的结果缺乏可行性和可操作性。在实践中还有另一种倾向，即调查分析的注意力总是自觉不自觉地集中在那些容易测量或容易得到的数据、标准等硬信息方面，而忽略了那些难以量化、把握的但对于提高群体和组织绩效却很关键的信息。

这种情况的出现，在一定程度上体现了工作中的畏难心理或者说是工作简单化的一个表现。

第二节 培训需求分析实施

一、培训需求分析的准备

要成功地进行培训需求分析，必须做好充足的准备。主要工作包括以下三方面：

1. 理解组织使命和战略

只有对组织的使命有较深刻的理解，才能使培训需求分析做到有针对性和目标性。组织战略在一定程度上决定了培训的方向、方式和评估的方式。

2. 了解组织的整体能力结构和绩效状况

组织的员工能力结构与其业务性质相关。因此，培训需求分析必须针对与其业务内容息息相关的内容来进行。例如，对于以技术工人为主的组织，对其进行艺术欣赏培训是无效的。另外，培训组织者必须了解组织员工的整体绩效情况大致处于什么水平，这样才能在培训需求分析时保证其科学性，避免偏颇。

3. 做好分析前动员

从培训需求分析到培训实施，再到培训效果评估，是一个随时与员工沟通的过程。因此，每一步都要做好沟通工作。为了保证培训需求分析得出的结果的真实性与完整性，要做好分析前的动员，让员工了解此培训需求分析的重要性、好处等，这样，培训需求分析才能成功。

二、培训需求的调查

可以用来进行培训需求分析的方法有许多种，在这里主要介绍七种可供选择使用的培训需求分析方法，包括访谈法、问卷调查法、观察法、关键事件法、绩效分析法、头脑风暴法、书面资料研究法。

1. 访谈法

访谈法是通过访谈员与被访谈对象进行面对面的交谈来获得培训需求信息的方法。访谈对象可以是组织的高层管理人员，以便了解组织战略对员工和工作的要求；也可以是有关部门的负责人，以了解具体工作和岗位对员工的有关要求；当然也可以是某些特殊岗位上的员工，一般来说，员工是最了解自己的能力、知识和技能的缺陷所在的人。访谈中提出的问题可以是封闭式的，也可以是开放式的。前者的结果较容易分析整理，后者则能了解到更多更深层次的信息。访谈可以是结构性的，即以标准模式向所有被访谈者提出同样的问题；也可以是非结构性的，即针对不同对象提出不同的开放式的问题。通常是两种方式的结合，以结构性为主，非结构性为辅。

有效的访谈需要一定的技巧。因此，在访谈前，对访谈员进行培训是有意义的。下面几点是做好访谈工作所必须注意的。

（1）确定访谈目的，明确访谈所要了解的关键信息。

（2）准备全面的访谈提纲。这对于启发访谈对象讨论关键信息，避免偏离中心是相当有作用的。

（3）营造融洽、相互信任的访谈氛围。导致访谈对象对访谈无兴趣甚至抵触的原因是很多的。解释可能存在的误会，讲清访谈的目的，承诺访谈内容的去处或保密，先谈论轻松的话题，然后逐渐进入严肃和敏感的话题，对被访谈者的尊重甚至语言的选择，都可以产生营造融洽和相互信任氛围的效果。没有相互信任或者访谈对象有较多的顾虑，都会影响培训需求信息的真实性。

访谈法的好处是双方能够直接产生感情和思想的交流，便于发现问题和调整访谈计划，容易使访谈深入，发现关键信息。访谈法的缺点是：访谈占用较多的人力，成本较高，故只能针对少数对象，组织一般很少推出大规模的访谈计划；因为访谈内容中有较多的开放性和非结构性的问题，所以对收集到的信息很难进行量化分析；访谈的效果对访谈者的访谈能力和技巧的依赖程度较大。

2. 问卷调查法

问卷调查法是以标准化的问卷形式设计一系列的问题，要求调查对象就问题进行打分或是非选择的方法。当调查对象规模较大，而时间和资金又相对有限的情况下，这是一种值得推荐的培训需求分析方法。问卷可以以信函、传真、直接发放的方式让被调查者填写，也可以在进行面谈和电话访谈时由访谈员填写。

问卷调查的质量与问卷的设计关系密切。设计一份好的问卷，一般要遵循这样的程序：列出希望了解事项的清单；封闭式问题和开放式问题等各种题型的选择和比重的确定；对问题进行分类、排序等编辑，使其成文；请他人检查、评价试卷，进行修正或调整；在小范围内使用，做进一步的修改或调整。

问卷调查法的优点主要在于：人均调查的成本低，同一份问卷可以反复使用，甚至可以对不同组织层级的人员使用；对收集到的数据较容易进行分析和统计，这主要是因为问卷是标准化的，而且封闭式的问题占相当的比例。问卷调查法有其固有的缺陷，必须注意。问卷调查法的主要问题是：对问卷设计的要求较高；被调查者很少有发挥的空间，因为被调查者必须按试卷的思路和框架进行回答，更何况试卷中有大量的封闭式问题，这样就很难发现新的和更深层面的信息；低返回率的可能性，当被调查者对问卷内容不感兴趣，或感到答卷成本高（取决于问卷的长度和难度，邮寄、上网的费用和方便程度等），就会出现调查问卷有去无回的情况。

3. 观察法

观察法是观察者以旁观者的角度观察员工工作中的行为，以获取希望得到的信息。观察法要求观察者对被观察者的工作有深入的了解，知道其行为的标准。实施观察法有一定的困难，为了不影响被观察者的工作，使其表现正常，一般应该隐瞒观察者的存在，但这样做也会引起被观察者的反感。采用观察法时沟通很重要，应该让被观察者了解观察者的任务，明白自己的角色，使其自觉配合。观察法的适用范围有限，只适用于那些能够通过观察加以了解的工作，不适用于那些复杂程度高的工作。

4. 关键事件法

关键事件是指那些对组织目标的实现起较大的促进作用或阻碍作用的事件，是工作过程中对组织绩效有重大影响的事件。如系统故障、重要客户的获得或流失、产品的次品率和员工的主动离职率突然上升、重大事故等。关键事件的记录是培训需求分析的重要信息来源。关键事件法的成效在相当的程度上取决于关键事件的记录情况。组织要建立关键事件记录的制度，运用工作日志、主管笔记等手段记录下尽可能正确而全面的关键事件。关键事件记录应该包括关键事件发生的时间、地点、原因，员工的特别有效或失败的行为及其行为的后果，当时员工能控制和支配及不能控制和支配的资源、行为等。通过对这些资料的分析，可以发现员工能力和素质方面的缺陷从而确定培训需求。

5. 绩效分析法

绩效分析法就是对员工的既有绩效和组织期望的绩效进行对照，找出差距。然后分析差距产生的原因，确定培训是否能消除这些原因从而提高绩效水平。

6. 头脑风暴法

头脑风暴法的实质是让有关的人员集中在一起，围绕一个问题，群策群力，互相启发，思想碰撞。在讨论时没有批评、没有反驳，意在引出更多的观点，开拓更广的思路。如企业在推出一个新产品或实施一种新的营销手段前，请有关的人士开会，讨论是否存在培训的必要，有哪些培训需求。会议的成果是大量的观点和意见。这些观点和意见也许互相矛盾，也许不具可行性，甚至是荒唐的，但在会上不做任何结论。会议的目的主要是为会后的分析提供大量的材料。大量的工作在会后，如对各种观点和意见进行论证、分析、比较，以发现真正的培训需求。

7. 书面资料研究法

这里的书面资料可以是组织各部门现存的有关资料,也可以是组织外部的相关资料。前者如员工历年考核的记录、各种培训项目的总结报告、职位说明书等,后者如同行业或相关企业有关培训评估的资料等。由于书面资料是已有的,故收集成本大大低于直接的调查和访问等,因而经常被使用。但是,既有的书面资料很可能滞后于当前状况或不全面,因此仅仅依赖于现存书面资料的培训需求分析是靠不住的,也是不负责任的。书面资料只是培训需求分析的一方面的信息,而不是全部。

最后,运用这些方法分析培训需求时,需要慎重考虑每一种被使用的方法的具体使用效果:其中的一些方法本身可能无法得出"全面客观"的结果;而另一些方法则需要"用到位"才可能产生"全面客观"的结果。

相关链接

表8—4 个人培训需求表

姓名:			学历:	
年龄:			工龄:	
培训课程名称	培训内容	时间	培训方式	备注

表8—5 Excel办公技能培训需求调查表

个人信息			
姓名		年龄	
部门		学历	
工龄		性别	

项目调查:请在您认为最符合的表格中画对钩。其中,"1"代表非常不符合,"5"代表非常符合

项目	1	2	3	4	5
1. 我在工作中经常会用到Excel					
2. Excel给我的工作带来了很大的便利					
3. 在使用Excel时,有很多功能不会用					

续表

项目	1	2	3	4	5
4. 我在工作中需要经常处理数据					
5. 我在工作中需要经常制作表格					
6. 我在工作中需要经常使用函数					
7. 我在工作中经常使用图表分析					
8. 我在工作中急需快捷键					
9. 我在工作中感觉到了Excel技能的欠缺					
10. 我赞成进行Excel办公技能培训					

培训事宜调查

	工作日			周末		
	上午	下午	晚上	上午	下午	晚上
11. 如果要培训的话,我想培训时间在						
12. 您觉得公司还需要组织哪些培训?						

三、培训需求的确认

通过多种渠道获得相关的需求信息后,调查者要整理、分析出调查结果中的有效信息,进而形成初步的培训需求,并需对这些需求进行确认,一般确认方法如下:

1. 绩效面谈确认

绩效面谈确认是针对员工的绩效考核结果和培训需求,同培训对象进行面谈沟通,了解培训对象的意见和要求,确定差距,在此基础上进行对员工个人培训需求的确认。

2. 主题会议确认

主题会议确认一般是针对普遍培训需求进行的,通过对某一具体的培训需求主题进行会议讨论,了解参会人员的意见或者建议,进而完善培训需求,确保培训需求的普遍性和真实性。

3. 正式文件确认

在培训需求达成共识后,通过正式文件的形式对培训需求进行确认,从而方便以后各部门培训的组织实施,减少推诿或扯皮,有效推进培训的落实。

四、培训需求分析报告的撰写

培训需求分析结束后,需要进行培训需求分析报告的撰写。一般来说,培训需求分析报告包括以下主要内容:

1. 培训需求分析实施的背景

即产生培训需求的原因。

2. 开展培训需求分析的目的和性质

撰写者需要说明此活动实施以前是否有过类似的分析。如果有的话,评估者能从以前的分析中发现哪些缺陷与失误。

3. 概述培训需求分析实施的方法和过程

说明分析方法和实施过程可使培训管理者对整个评估活动有一个大概的了解,从而为培训管理者对分析结论的判断提供依据。

4. 培训需求分析信息的陈述或表示,并阐明分析结果

根据获得的信息及采用的方法,得出科学的结论。结果部分与方法论部分是密切相关的,撰写者必须保证两者之间的因果关系,不能出现牵强附会的现象。应包括培训项目、对象、时间、地点和培训方式等内容。

5. 解释、评论培训需求分析结果并提供参考意见

这部分内容涉及的范围较宽泛,例如,在培训需求分析结果中,进行培训的理由有多充分,赞成或反对继续培训的理由是什么,应该采取哪些措施改善培训,能否用其他培训方案更经济地达到同样的结果。撰写者还可以讨论培训的充分性,如培训是否充分地满足了培训对象的多方面需求,满足到什么程度。培训需求分析结果汇总表见表8—6。

表8—6　　　　　　　　培训需求分析结果汇总表

区间	员工特点			培训重点或人力资源管理对策
	态度	技能差距	学习能力	
A	差	小	强	了解员工的真实想法,加强其敬业精神的培训,增强其对企业的认同感
B	好	小	强	应进行进一步的能力开发培训,作为企业重要的后备力量培养
C	差	大	强	视情况而定,是新员工应对其进行培训,是老员工应对其放弃
D	好	大	强	主要对其进行技能方面的培训
E	好	大	弱	可以采用师带徒方式对员工进行最简单的培训

6. 附录

附录包括收集和分析资料用的图表、问卷、部分原始资料等。加附录的目的是让其他

人可以鉴定研究者收集和分析资料的方法是否科学、结论是否合理。

7. 报告提要

报告提要是对报告要点的概括，是为了帮助读者迅速掌握报告要点而写的，要求简明扼要。有的分析报告根据需要也可以把提要置于分析报告的开头。

撰写分析报告时，在内容上要注意主次有别、详略得当，构成有机联系的整体。为此，在撰写前应当认真拟订写作提纲，按照一定的主题及顺序安排内容。

相关链接

某公司需求分析报告

第一部分：培训需求调查的基本情况

一、调查问卷的发放

××公司2012年培训需求调查工作自××月5日开始，至××月18日结束。参与调查人员为××人，参与的部门包括××××部、××部、××部××中心、北京××、上海××、广州××、湖北××和江西××，参与调查的后勤类职务级别为经理级以下员工，销售类职务级别为经理级和业务员级。

调查问卷共分三个大项，为个人工作状态调查、培训需求调查、个人职业发展与具体培训需求信息。其中第一项分为11小项，包括工作中主要的客观障碍，工作中主要的主观障碍，在工作中哪些方面做得很出色，在工作中哪些方面存在不足，对公司2012年整体发展战略熟知度，是否掌握足够的知识和工作方法，工作绩效怎样，能否及时获得准确、具体的工作绩效反馈和改进建议的程度，公司各部门之间的沟通顺畅度，部门员工之间的沟通顺畅度，企业文化和凝聚力满意度；第二项分为11小项，包括哪些培训方式最有效，哪些培训方法最有效，倾向于选择哪些类型的讲师，培训时间安排在什么时候比较合适，选择培训课程的最主要依据，通过培训达到什么目的，心目中的理想培训，在参加公司组织的各类培训时最主要的顾虑，课程的时长，参加过什么课程，参加公司各类培训的积极性；第三项分为2小项，包括哪些课程对当前工作或个人发展最重要，最需要在哪些方面提高。

二、调查问卷的统计

此次问卷统计实际数量为××人，其中销售经理类为××人，业务员类为××人，后勤类为××人，问卷覆盖率为××%。

第二部分:培训需求总结

使用××有限公司2012年培训需求调查问卷表格分别对销售经理、业务员、后勤员工进行培训需求调查,要求每位参与调查的员工填写一份培训需求调查问卷表,并从三个方面对统计结果给出相应的分析,做出合理的总结,下面以销售经理类的培训需求调查为例进行说明。

一、销售经理类

1. 培训需求调查问卷的统计分析结果

第一大项 个人工作状态调查

从表8—7可知,销售经理在工作中遇到的客观障碍主要有相关培训不足、团队配合不够,分别占35.3%、19.6%。据此分析后得出的结论是公司需要开展更多的培训,加强同事之间的沟通和团队协助能力。

表8—7 工作中主要的客观障碍

调查项目	工作中主要的客观障碍							
问卷选项	管理制度欠缺	工作目标不清晰	团队配合不够	内部沟通不畅	相关培训不足	人员关系复杂	整体气氛不好	其他
次数	××	××	××	××	××	××	××	××

从表8—8可知,销售经理在工作中遇到的主观障碍主要有缺少必要的管理和专业技能培训,占62.9%。据此分析后得出的结论是公司需要对销售经理进行必要的管理和技能培训。

表8—8 工作中主要的主观障碍

调查项目	工作中主要的主观障碍				
问卷选项	专业技能滞后于岗位发展的要求	缺少必要的管理和专业技能培训	没有职业规划和发展前景	工作比较被动,缺乏热情	其他
次数	××	××	××	××	××

从表8—9可知,销售经理认为在工作中自己做得出色的方面主要是有具体目标的工作和对内对外的沟通配合,分别占41.9%、39.5%。据此分析得出的结论是基本上在工作中每位销售经理都有其具体的工作任务,内外沟通顺畅。

表8—9　　工作中哪些方面做得很出色

调查项目	在工作中哪些方面做得很出色			
问卷选项	对内对外沟通配合	专业知识与技能	有具体目标的工作	其他
次数	××	××	××	××

从表8—10可知，销售经理在工作中存在的不足主要有交往和拓展能力、个人职业发展定位、管理技能，分别占20.8%、22.9%、29.2%。据此分析得出的结论是销售经理需要提高社交能力，加强职业规划的指导，补充管理技能。

表8—10　　工作中哪些方面存在不足

调查项目	在工作中哪些方面存在不足					
问卷选项	管理技能	专业知识和技术水平	交往和拓展能力	个人职业发展定位	工作方法和素养	其他
次数	××	××	××	××	××	××

第二大项　培训现状调查

从表8—11可知，销售经理认为最有效的培训方式有内部培训、聘请老师到公司内部授课，分别占36.4%、27.3%。据此分析得出的结论是在培训时更多地进行内部培训，或者聘请老师到公司内部授课，这样的方式比较受销售经理欢迎。

表8—11　　哪种培训方式最有效

调查项目	哪种培训方式最有效				
问卷选项	内部培训	外部公开课	聘请老师到公司内部授课	员工自学	其他
次数	××	××	××	××	××

从表8—12可知，销售经理认为最有效的培训方法有案例分析、团队解决问题、现场参观、交流座谈会，分别占24.3%、13.5%、13.5%、13.5%。据此分析得出的结论是在培训时多采用案例分析、团队解决问题、现场参观、交流座谈会的方法，能使培训取得更好的效果。

表8—12　　哪种培训方法最有效

调查项目	哪种培训方法最有效					
问卷选项	讲授	视频	游戏	情境模拟	课堂讨论	团队解决问题	现场参观
次数	××	××	××	××	××	××	××
问卷选项	案例分析	光碟	户外训练	专题研讨会	交流座谈会	其他方式
次数	××	××	××	××	××	××

第三大项　个人职业发展与具体培训需求信息

从表8—13可知,销售经理认为对自己当前工作有帮助或对自己的发展最重要的课程有领导力提升、组织管理、战略管理,分别占17.1%、13.8%、11.4%。据此分析得出的结论是销售经理认为培训时最好设立领导力提升、组织管理、战略管理的课程。

表8—13　　　　　　　哪些课程对当前工作或个人发展最重要

调查项目	培训课程中哪些课程对您胜任当前的工作或对您个人的发展最重要						
问卷选项	领导力提升	组织管理	通用管理技能	战略管理	法律类	统计与审计	IT与信息化
次数	××	××	××	××	××	××	××
问卷选项	项目管理	人力资源管理	财务管理	行政文秘类	个人职业发展类	专业技能类(请详细说明您需要的专业技能内容)	
次数	××	××	××	××	××	××	

从表8—14可知,销售经理认为自己需要提高的方面有知识、技能,分别占18%、18%。据此分析得出的结论是销售经理需要在知识、技能方面进行培训。

表8—14　　　　　　　销售经理最需要在哪些方面有所提高

调查项目	您认为您最需要在哪些方面有所提高				
问卷选项	观念	知识	技能	态度	其他
次数	××	××	××	××	××

2. 总结

从培训需求调查问卷的统计分析结果中总结如下:

(1) 大部分销售经理基本了解公司2012年整体发展战略,在工作中都有很明确的业绩目标,基本满意自己的工作业绩,认为同事之间的沟通和人际关系都比较融洽,但认为自身没有掌握足够的专业知识和方法。希望公司以后多开展相关战略培训,通过培训能够解决工作中的实际问题,提高自身的实战能力,加强同事之间的沟通和团队协助能力。

(2) 公司组织过各种形式的培训,其中内部培训、聘请老师到公司内部授课最为销售经理所熟悉,其参训的积极性很高。以后开设培训课程时,应从销售经理的实际工作需要角度考虑课程定制,开设领导力提升、组织管理、战略管理的课程。培训时，主要安排在双休日，邀请实战派知名企业高管，选拔公司优秀的销售经理或专家，采用案例分析、团队解决问题、现场参观、交流座谈会的方法授课，每门课程时长控制在每天 7 h 为佳。加强培训的组织和宣传工作，对培训效果要进行实时评估，对培训过程要进行实时监控。

(3) 制订出更完善的培训制度和其他公司制度，进行必要的管理和技能培训，加强专业知识的积累和社交能力，提升技术水平，改进工作绩效，提高薪酬水平。

(4) 基于快速培养销售团队的发展目标，在 2012 年公司将面向全国选拔一批优秀销售经理作为内部培训师培养，着手建立成功经验快速复制的机制，并为其制订职业生涯的重点培养计划。

学习案例

W 先生是某国营机械公司新上任的人力资源部部长，在一次研讨会上，他了解到一些企业的培训工作做得有声有色。W 先生回公司后兴致勃勃地向公司提交了一份全员培训计划书，以提升公司员工的整体水平。公司领导很开明，不久就批准了 W 先生的全员培训计划。W 先生深受鼓舞，踌躇满志地对公司全体人员——上至总经理，下至一线生产员工，进行为期一周的脱产计算机培训。为此，公司还专门下拨了十几万元培训费。

全员培训的效果怎样呢？据调查，除了办公室的几名人员和 45 岁以上的几名中层干部有所收获外，其他人员要么收效甚微，要么学而无用，十几万元的培训费只买来了一时的"轰动效应"。一些员工认为，新官上任所点的"这把火"和以前的培训没有什么差别，甚至有些员工称此次培训是 W 先生做给领导看的"政绩工程"，是花单位的钱往自己脸上贴金！而 W 先生对于此番议论感到非常委屈：在一个有着传统意识的老国企，给员工培训一些新知识，怎么效果不理想呢？W 先生百思不得其解："不应该呀，在当今的竞争环境下，每位员工学点计算机知识应该是很有用的呀。"

讨论题

1. 该公司此次培训中存在的主要问题是什么？
2. W 先生该如何解决公司的培训问题呢？

本章思考题

1. 什么是培训需求分析？为什么要进行培训需求分析？

2. 培训需求分析应从哪几个层面展开？
3. 培训需求分析的流程是怎样的？
4. 如何撰写培训需求分析报告？

第九章

培训计划制订

第一节　培训目标设计　/153
第二节　培训计划编制　/156

引导案例

五月花制造公司是一家生产厨具和壁炉设备的小型企业,大约有150名员工,邹俊是这家公司的人力资源经理。这个行业的竞争性很强,五月花公司努力使成本保持在最低的水平上。

在过去的几个月中,公司因为产品不合格问题已经失去了3个主要客户。经过深入的调查,发现次品率为12%,而行业平均水平为6%。公司领导层在一起讨论后认为问题不是出在工程技术上,而是因为操作员工缺少适当的质量控制培训。

为此邹俊设计了一个培训项目,并向所有一线主管发出通知,要求他们检查工作记录,确定哪些员工存在生产质量方面的问题,并安排他们参加培训项目。通知还附有一份讲授课程的大纲。在培训项目方案的最后,邹俊设定了培训目标:将次品率在6个月内降低到6%。培训计划包括课程、讨论、案例研讨和一部分电影。在准备课程时,教员把讲义中的大部分内容印发给每位学员,以便于学员准备每一章的内容。在培训过程中,学员花费了相当多的时间来讨论教材中每章后面的案例。

由于缺少场所,培训被安排在公司的餐厅中举办,时间安排在早餐与午餐之间,也就是餐厅的工作人员清洗早餐餐具和准备午餐的时间。本来每个培训单元应该有大约50名员工参加,但是平均只有30名左右员工出席。在培训过程中,很多主管人员向邹俊强调生产的重要性,有些学员对邹俊抱怨说,那些真正需要在这里参加培训的人已经回到车间去了。

邹俊认为评价这次培训最好的方法是看培训项目结束后,培训的目标是否能够达到。结果,产品的次品率在培训前后没有明显的变化。邹俊对培训没有能够实现预定的目标感到非常失望。

案例思考

1. 邹俊的培训项目目标设计有哪些问题?
2. 你认为邹俊该如何有效制订培训计划?

第一节 培训目标设计

一、培训目标及其构成要素

培训目标是指培训活动的目的和预期效果,具体而言,是关于培训对象在完成培训后应该表现出的行为(行为改变)、行为赖以发生的特定环境条件和组织可以接受的业绩标准。

对于员工培训者来说,目标影响和规定着其期望,是制订员工培训计划的直接依据,有了目标才能进一步确定员工培训的对象、内容、时间、教师、教学方式等具体事项,才能对整个员工培训活动提供方向性的指导。此外,培训目标也是员工培训评估的重要依据之一。对于受训者来说,目标影响和规定着其受训动机、对参加员工培训的规划,并成为其完成员工培训任务的重要动力。

培训目标一般包括以下三个构成要素:

1. **内容要素**

即组织希望员工做什么(绩效)。培训目标的内容要素主要可以分为三大类:知识的传授,即通过培训使员工具备完成职位工作所必需的基本业务知识,了解组织的基本情况;技能的培养,即通过培训使员工掌握完成职业工作所必需的技术和能力,如谈判技术、操作技术、应变能力、沟通能力和分析能力等;态度的转变,即通过培训使员工具备完成职位工作所要求的工作态度,如合作性、积极性、自律性和服务意识等。

2. **标准要素**

组织期望员工以什么样的标准来做这件事情,这种标准应该尽可能界定得具体、清楚、准确。

3. **条件要素**

即在什么条件下要达到规定的标准。

综合以上三个要素,可以为企业管理人员的谈判技术培训确定如下培训目标,即受训者通过培训能够独立地运用相关知识,合理地使用各种资料和信息,在企业规定和允许的时间内完成与合作方的沟通与谈判,并保证为企业带来 15%～20% 的利润。

培训目标可以分为若干层次,从某一培训活动的总体目标到每堂课的具体目标,越往下越具体。

二、确定培训目标的意义

1. 培训目标是确定培训内容与培训方法的基本依据

企业在组织培训活动中常犯的一个错误就是在既定的培训主题之下,把一些相关但价值不大甚至是毫无价值的东西罗列在一起,看似培训了不少内容,其实收效甚微。究其原因就是培训目标不明确,不能基于既定项目目标组织必要的培训素材,选择相应的培训方式。

2. 培训目标是培训活动效果评估的主要依据

企业在培训活动效果评估中存在的问题,在于没有明确、客观的依据可遵循,这是导致企业培训活动效果评估流于形式的主要原因。没有制定明确的培训目标,也就不可能基于培训目标得出相应的评估指标。

3. 确定培训目标有利于引导受训者集中精力完成培训学习的任务

培训目标是组织培训活动的基本意图与期望,带着明确的目的去学习和盲目地学习在效果上存在明显差别。

三、培训目标的确定

1. 培训成果的类别

培训目标所指向或预期的培训成果可以分为认知成果、技能成果、感情成果、绩效成果和投资回报率五大类。

(1) 认知成果。认知成果是用来衡量员工对培训内容中强调的原理、事实、技术、程序或过程的熟悉程度。

(2) 技能成果。技能成果是用来评价员工在技术或技能运用,以及行为方式上的提高程度,包括员工对一定技能的学习获得及在实际工作中的应用两个水平。

(3) 感情成果。感情成果用来衡量员工对培训项目的感性认识,包括个人态度、动机、忍耐力、价值观、顾客定位等在内的情感、心理因素的变化情况,这些因素通常影响或决定个人的行为意向。

(4) 绩效成果。绩效成果是用来衡量员工接受培训后对工作绩效的提高情况,绩效成果通常以受训员工的流动率、事故发生率、成本、产量、质量、顾客服务水平等指标的上升或下降来衡量。

(5) 投资回报率。投资回报率指培训的货币收益与培训成本(包括直接和间接成本)的比较,可用来评价组织培训的效益。

2. 设置培训目标的注意事项

（1）设置培训目标必须和组织的长远目标相吻合，要与组织资源、培训条件相协调，培训目标的制定既要有足够的难度和挑战性，又要切合实际，不宜过多过高；要简明扼要、具体明确、便于操作；具有较完备的体系结构，即在完成员工培训的期望目标下，应有与之相配套的足够的子目标。

相关链接

培训目标范例

以下是 Provident 公司"有效的电话技术"培训项目的目标描述，较好地体现了培训目标明确、具体的要求。

当你完成本课程回到工作岗位后你应该：

1. 快捷应答电话，如果可能，不迟于第二声铃声。
2. 保留一份经常拨打的电话号码名录。
3. 在开始谈话时先表明身份。
4. 随时将电话通讯录和笔放在电话机旁。
5. 接别人电话时要有问必答，热心助人，称呼来电者的姓名，使谈话有人情味。
6. 留下书面信息时，要写上日期、时间、来电者的正确姓名、来电者的电话号码、留言内容及你的姓名。
7. 在转电话之前，先向来电者说明你想做什么，对所有来电一视同仁。
8. 使用礼貌用语，如"你好""请""谢谢"等。

（2）培训目标的正确制定还应考虑员工对接受相应培训的准备情况。不仅要了解员工缺少什么（培训需要），而且要清楚员工具有什么（学习基础，适合接受什么性质和水平的培训），只有确保员工为其做好受训准备，培训目标才能被有效实现。

（3）评价员工对培训的准备情况包括：看其所在工作环境是否有助于学习，且不妨碍工作业绩；看其知识能力、态度、信念等个体特征是否具备了完成相应培训的学习基础，以及把培训内容运用到工作之中的技能和条件；看其学习培训内容的愿望或动机的强烈程度。

3. 编写培训目标的方法

编写培训目标的操作指南如下：

(1) 培训目标是文字、符号、图画或图表的组合，指出了培训对象应该从培训中取得的成果。

(2) 培训目标应该从三个方面来传达培训的意图：

1) 培训对象在掌握了需要学习的内容后应该表现出什么样的行为。

2) 培训对象学会的行为应该在哪些情况下表现出来。

3) 评价学习成果的标准是什么。

(3) 在编写培训目标时需要不断地修改初稿，直到以下的问题有了明确的答案：

1) 组织希望培训对象能够做什么。

2) 组织希望培训对象在哪些特定的情况下表现出这些行为。

3) 组织希望培训对象的作业水平达到什么标准。

第二节　培训计划编制

一、培训计划

培训计划是按照一定的逻辑顺序排列的记录，是从组织的战略出发，在全面、客观的培训需求分析基础上做出的对培训时间、培训地点、培训者、培训对象、培训方式和培训内容等的预先系统设定。

培训计划必须满足组织及员工两方面的需求，兼顾组织资源条件及员工素质基础，并充分考虑人才培养的超前性及培训结果的不确定性。

二、培训计划的分类

1. 长期培训计划

长期培训计划一般是指时间跨度为3～5年的培训计划。时间过长则对有些变数无法做出预测，时间过短就失去了长期培训计划的意义。长期培训计划的重要性在于明确培训的方向性、目标与现实之间的差距和资源的配置，此三项是影响培训最终结果的关键性因素，应引起特别关注。长期培训计划需要明确的事项包括以下几方面：

(1) 组织的长远目标分析。

(2) 个人的长远目标分析。

(3) 外部环境的发展趋势分析。

(4) 目标与现实的差距。

(5) 人力资源开发策略。

(6) 培训策略。

(7) 培训资源配置。

(8) 培训支援的需求。

(9) 培训内容整合。

(10) 培训行动步骤。

(11) 培训效益预测。

(12) 培训效果预测。

2. 中期培训计划

中期培训计划是指时间跨度为 1~3 年的培训计划。中期培训计划起到了承上启下的作用，是长期培训计划的进一步细化，同时又为短期培训计划提供了参照物，因此并不是可有可无的。中期培训计划需要明确的事项包括以下几方面：

(1) 培训中期需求。

(2) 培训中期目标。

(3) 培训策略。

(4) 培训资源分配。

(5) 培训支援的需求。

(6) 培训内容整合。

(7) 培训行动步骤。

(8) 培训效益预测。

(9) 培训效果预测。

3. 短期培训计划

短期培训计划是指时间跨度在 1 年以内的培训计划。在制订短期培训计划时需要着重考虑的两个要素是可操作性和效果。因为没有短期培训计划的点滴落实，组织的中、长期培训计划就会成为空中楼阁。短期培训计划需要明确的事项包括以下几方面：

(1) 培训的目的与目标（Why）。

(2) 培训时间（When）。

(3) 培训地点（Where）。

(4) 培训者（Who）。

(5) 培训对象（Whom）。

(6) 培训方式（How）。

(7) 培训内容（What）。

(8) 培训组织工作的分工和标准。

(9) 培训资源的具体使用。

(10) 培训资源的落实。

(11) 培训效果的评价。

三、培训计划的内容

有人将培训计划的内容概括为"5W1H"原理，用来规划组织培训计划的架构及内容。所谓"5W1H"即 Why（为什么）、Who（谁）、What（内容是什么）、When（时间）、Where（在哪里）、How（如何进行），如果将其所包含的内涵对应到制订的培训计划中来，即要求在培训计划中明确下列要素：

1. 培训的意义

培训者在进行培训前，一定要明确培训的真正意义，并将培训意义与公司的发展、员工的职业生涯紧密地结合起来。这样，培训效果才更有效，针对性也更强。因此，在组织一个培训项目时，要将培训的意义用简洁、明了的语言描述出来，作为培训的纲领。

2. 培训的目标

培训的目标是指培训活动所要达到的目的，从受训者角度进行理解就是指在培训活动结束后应该掌握什么内容。

3. 培训对象

培训对象指的是培训针对的员工，通过对培训对象的界定，避免发生对不适宜对象进行不适宜的培训。在选择培训对象时要考虑两个因素：一是学员接受和掌握培训内容的能力，二是学员的岗位工作是否有机会、有多少机会使用培训给予的知识和技能。

4. 培训负责人

明确培训的负责人和组织者有利于培训工作的顺利开展，能够促使问题得到及时解决，保证培训工作的高质、高效。负责培训的管理者，虽然因组织规模、行业、经营方针、策略的不同而归属于不同的部门，但大体上，规模较大的组织一般都设有负责培训的专职部门，如训练中心等，来对全体员工进行有组织的、系统的持续性训练。

5. 培训内容与形式

在明确了培训的目标和期望达到的学习效果后，接下来就需要确定培训中所应包括的培训内容。培训内容千差万别，一般包括开发员工的专门技术、技能和知识，改变工作态度的组织文化教育，改善工作意愿等，究竟该选择哪个层次的培训内容，应根据各个层次培训内容的特点、培训需求分析和受训人员来选择。

6. 培训预算

培训预算是培训的基本保障,也是领导者审批培训计划的重要因素,培训能否有效实施、预算的合理性是重要的因素。

除此之外,培训的时间、地点、评估方式等也都是培训计划中内容的组成部分。

四、培训计划的制订程序

培训计划的制订程序如图 9—1 所示。

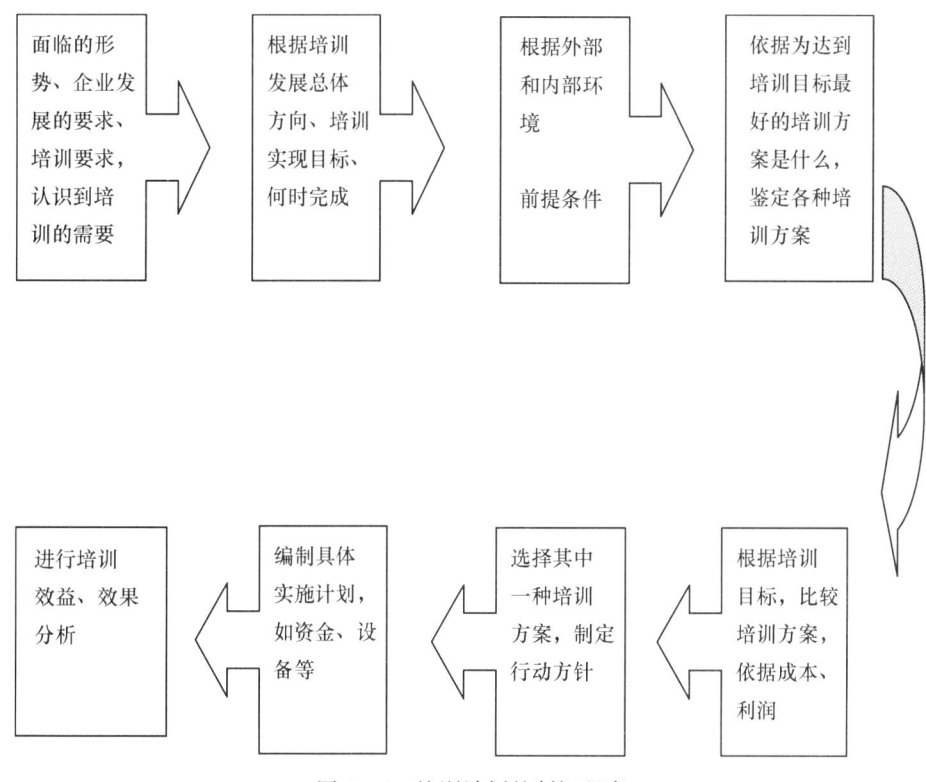

图 9—1 培训计划的制订程序

培训计划在实施过程中可能会遇到一些问题,产生这些问题的原因可能是计划并不完全适合企业的实际情况,也可能是企业的外部环境和内部条件在计划实施过程中发生了变化。因此,要对培训计划进行修改,并不断完善。

相关链接

摩托罗拉大学的培训内容

一、培训课程科目

摩托罗拉大学的培训课程科目很多，总的来说可以分为4类，包括管理、质量、技术、市场与营销。

1. 管理培训

摩托罗拉大学一直推行管理本土化的政策，所以设置了很多管理课程，以培养本土管理人才。

(1) "中国强化管理培训"（CAMP）。这是一个把数年的管理经验浓缩为10个月的培训项目。在中国强化管理项目中，有前途的中国员工被推荐出来，每15名学员为一班，接受5段共10个月的培训。培训主要在课堂上及工作中进行，也包括在中国各省和海外的实习培训。毕业时，学员将接受一系列的技能训练，包括管理、领导才能、交流、行政、认知和技术能力等方面。

(2) LEAD培训项目。为了满足首次加入管理层的一线经理的管理技能培训的需要，摩托罗拉大学与大中华寻呼机部一起设计了LEAD培训项目，课程设置包括课堂培训、岗上培训和工作项目完成，以此来提高学员的管理技能。

(3) 各种短训班。摩托罗拉大学还为公司的各级管理人员提供了时间不等的短训班，例如"全球经理人员讲座"，旨在帮助经理们掌握国际贸易动态。"摩托罗拉经理"是另外一个为期一周的培训，意在把公司的中层经理培训为具有远见卓识和创造性的领导人才。

(4) 各种专业培训班。摩托罗拉大学还在各地开设了各种专业培训班，包括财务、人力资源和公共关系等培训，这些培训都是为了提高管理者的能力和管理技术而设置的。

2. 质量培训

摩托罗拉大学的质量课由基本和深化两部分组成，主要讲述技师控制标准程序和系统。质量培训的一个主要特点是建立"顾客完全满意小组"，这组学生将解决摩托罗拉在工作中碰到的实际问题。这组学生在一起工作，通过使用"摩托罗拉解决问题6步骤"，发扬团队精神，倾力协作，研究并实施具体的解决方案。最好的小组将参加摩托罗拉国家级、地区级及全球级等不同级别的"顾客完全满意竞赛"。由于这些小组每次解决现行的问题，因而这些"顾客完全满意小组"几年之中已经为摩托罗节省了上百万美元。

3. 技术培训

摩托罗拉大学主要提供三类技术培训：给技师和工程师提供专业技术培训；培训员工使用办公室计算机和各种软件工具；派专人到合资公司供应商所在地上门进行技术培训。

4. 市场与营销培训

摩托罗拉大学坚信"任何一个销售摩托罗拉产品的人都必须经过良好的培训"。因此，摩托罗拉大学对全球各地的分销商也经常进行培训。摩托罗拉大学的"泛培训文化"渗透到所有与其业务有关的企业和组织中。

二、培训内容实施的相关因素

1. 培训的对象

根据组织的培训需求分析，不同的需求决定着不同的培训对象与培训内容。经过具体的培训需求分析后，可以根据需求来确定具体的培训内容，也可以确定哪些员工缺乏相关的知识或技能，培训内容与缺乏的知识及技能相吻合者即为本次受训者。虽然一般情况下培训内容决定了大体上的受训者，但并不等于说这些人就是受训者，有些组织还专门为某个或某些员工单独设计培训内容。

在选择受训者时还应从学员的角度看其是否适合受训：一方面，要看这些学员对培训是否感兴趣，若不感兴趣则不宜让其受训，因为如果受训者没有积极性，那么培训效果肯定不会很好；另一方面，要看其个性特点，学员的个性是天生的，即使通过培训能掌握其所需的知识、技能，但仍不适合于该工作，那么该学员需要的是换岗位，而不是需要培训。

从培训内容及受训者两方面考虑，最终确定培训的对象。确定培训对象就是指要对什么人进行培训，哪些人是主要培训对象，哪些人是次要培训对象。此外，事先确定培训对象的数量也很重要。准确地选择培训对象，有助于培训成本的控制，强化培训的目的性，提高培训效果。

2. 培训师

培训师的来源一般来说有两个渠道：一是外部渠道，二是内部渠道。从这两个渠道选择培训师各有利弊，单独依靠这两个渠道的任何一种选择培训师都存在着一定的问题，因此企业应当根据培训的内容、培训的对象等具体情况，来选择恰当的培训师。一般来说，通用性的培训可以从外部选择培训师，而专业性的培训则要从内部选择培训师。现在也有很多企业将这两种方法结合起来使用，具体的做法就是长期从外部聘请相对固定的培训师，这样就在一定程度上弱化了从单一渠道选择培训师的缺点。

3. 培训时间

培训时间是培训计划的一个关键要素。培训时间的选择如果及时合理，就能够保证组织目标和岗位目标的顺利实现，提高劳动生产效率。培训时间过于超前，就可能会在需要时，员工已经忘记了培训内容，影响工作进度；培训时间过于滞后，就会影响组织正常的生产经营活动，使培训失去作用。

一般而言，培训的时间和期限可以根据培训的目的、场地、讲师、受训者能力及上班时间等因素来决定。

4. 培训方法

在各种教育训练方法中，选择哪些方法来实施培训是培训计划的主要内容之一，也是培训成败的关键因素之一。根据培训的项目、内容、方式的不同，所采取的培训技巧也有区别。组织培训的方法有多种，如讲授法、演示法、案例法、讨论法、视听法、角色扮演法等，各种培训方法都有其自身的优缺点。为了提高培训质量，达到培训目的，通常需要将各种方法配合起来，灵活使用。

5. 培训场所及设备的选择

合适的培训场所有助于创建有利的培训条件，建立良好的培训环境，从而增进培训效果。培训地点的选择，最主要的是要考虑培训的方式应当有利于培训的有效实施。例如，如果采取授课法，就应当在教室进行；如果采取讨论法，就应当在会议室进行；而采取游戏法的话，则应选择有活动空间的地方。此外培训地点的选择，还应当考虑到培训的人数、培训的成本等因素。

此外，在培训计划中，还应当清楚地列出培训所需的设备，如座椅、音响、投影机、屏幕、白板和文具等，准备好相应的设备也是培训顺利实施的一个重要保证。

6. 培训考评方式

为了验证培训效果、督促受训人员学习，每一次培训后必须进行考评。同时还要选择一个能较好地测试培训结果的方法进行考评,切不可走形式,失去考评的作用。比如培训后对学员进行闭卷考试。

从时间上讲,考评可分为即时考评和应用考评,即时考评是指培训后马上进行考核,应用考评是指在培训后对工作中应用情况的考评。

7. 培训经费预算

由于培训是需要费用的,因此在培训计划中还需要编制出培训的预算,这里的培训费用一般只计算直接发生的费用,例如,培训地点的场租、培训的教材费、培训者的授课费和培训的设备费等。对培训的费用做出预算,便于获取资金支持以保证培训的顺利实施,同时也是培训评估的一个依据。

学习案例

A公司的培训经理吴风在做2012年的培训总结时惊讶地发现,公司在该年的实际培训项目与年初制订的培训计划相去甚远,变化比例甚至达70%~80%!真是计划不如变化快。如此看来,制订培训计划是做无用功了。

吴风百思不得其解,自己明明在制订培训计划之前做了调研,收集了部门经理及员工的培训需求。可为什么2012年的培训计划在实施中还会有那么大的变化呢?

咨询专家后发现,原来A公司的培训计划是在公司大规划形成之前就已经做好的,而问题恰恰出在这里。

眼看又要制订2013年的培训计划了,到底应该如何做呢?目前,A公司的业务战略已经明确了,是要加强内部管控能力,提升客户服务水平,从管理中要效益。吴风思索着,计划要在2013年开展形式多样的客户拓展类的培训。

讨论题

1. A公司制订的2012年的培训计划为什么会变化那么大?应如何避免这种情况的发生?

2. 你认为吴风2013年的培训计划应该怎么制订?

本章思考题

1. 培训目标的构成要素是什么?

2. 确定培训预算的主要方法有哪些?
3. 制订培训计划的程序是怎样的?
4. 培训计划书通常包括哪些内容?

第十章

培训的组织实施

第一节　培训方法的选择与运用　　/167

第二节　培训师的选择与培训　　　/170

第三节　培训机构的选择　　　　　/176

第四节　培训预算的编制　　　　　/177

 **引导案例**

张君来 A 公司时间并不长,两年前作为公司的招聘主管进入公司,在招聘岗位工作了 1 年,部门负责人调离后,他以诚恳的工作态度和娴熟的专业技能,赢得了王总的青睐,被提升为人力资源部负责人。走马上任之初,王总单独找张君长谈过一次:近几年来,公司急于进行业务拓展,虽员工人数大增,但疏忽了内部管理,再加上前任人力资源部负责人自身能力的关系,致使员工整体素质大不如前。因此,王总希望,张君上任后能够把整个人力资源管理抓起来,首先是用一年时间把员工培训做好。

以下是张君一年来的工作情况:

张君首先走访了各部门同事,特别是各部门负责人和基层的一线员工,听取大家的培训想法和意见。与此同时,张君还组织人力资源部发放培训需求调查表,对公司全体员工进行书面调查。经过两周的访谈和调查,人力资源部分析出了公司全体人员的培训需求,开始着手编写公司培训管理办法。

然后是制订年度培训预算。张君提出,A 公司的培训总预算占上一年总销售额的 1.5%。在公司例会上讨论方案时,各部门负责人表示,培训预算太高。在王总的建议下,将培训预算削减一半,方案才通过了。但针对近年新员工增加比较多,对企业认同感比较低,人力资源部准备请知名培训专家来公司做企业文化培训时,由于费用的原因,只好取消了相关计划。

考虑到培训预算,张君决定自主开发课程,编写教材,并选拔一批业务熟练、表达能力强的人组成内部讲师队伍。由企业内部培训师培训,不涉及教材的版税,只要员工的工资,再加上一些设备、材料的损耗费,培训费用最低。

张君将公司培训分成公司培训和部门培训两个层级。虽然人力资源部把公共类的课程和计划早早地编写完,但其他部门却叫苦不迭,因为初次接手课程编写就要编写那么多。专业培训课程迟迟不能完成,催了几次,才陆续交上来,且其内容和形式大部分都达不到要求。经反复修改,才勉强定稿。但内部讲师却几乎没有人报名参加,由于员工平时工作已经很累,所以没有时间和精力备课,再加上报酬又寥寥无几。最后公司布置了任务,每个部门必须指定一人,讲师才基本到位。

但各部门负责人似乎希望人力资源部能全力承担所有的培训工作,因为其基本都没有完成专业培训计划。自从人力资源部对新入职员工做完入职培训后,其余部门几乎没有再对其专门做其他培训,一部分经验相对较少的员工在试用期内就萌生了离职的念头。

耗时耗力,折腾了一年,公司的培训似乎还是原来的样子,可以说,人力资源部过去一年主抓的员工培训,基本上是失败的。而且财务部还明确指出培训费用太高了。王总也指出公司的制度建设和员工培训与预先设想的培训目标还有相当大的距离。

张君沉思着，这里面到底有什么问题呢？

案例思考

1. 张君在培训师管理中存在哪些问题？
2. 请结合案例谈谈应如何选择培训师。

第一节 培训方法的选择与运用

完美的计划并不一定会得到彻底的执行，计划从制订到实施还有一段距离，组织能力是计划得以顺利实施的保证。

一、培训方法的比较

培训方法有很多，那么企业该如何选择呢？这就需要企业对这些培训方法进行分析和比较，找到适合自己的最佳方法。

一般情况下从学习成果、学习环境、培训成果转化、成本等几个方面对培训方法进行比较和选择。首先要确定希望培训能够达到什么样的学习成果，这些成果包括言语信息、智力技能、认知策略、态度和运动技能。培训方法可能会影响一种或几种学习成果。接下来还要考虑对培训环境的要求、培训成果的转化、培训成本预算和评价培训的效果等因素。确定了培训方法后，紧接着就要考虑这种方法对学习和培训成果转化的有利程度、开发和使用这种方法的成本及其有效性问题。

现将传统的培训方法和应用新技术的培训方法分别进行比较，见表10—1和表10—2。

表10—1　　　　　　　　传统培训方法的比较

		信息传递式			模拟式		在岗培训式			团队建设		
		讲授	研讨	录像	角色扮演	案例分析	游戏	工作轮换	师徒制	继任计划	探险性学习	团队培训	行动学习
学习成果	言语信息	是	是	是	否	是	是	是	是	是	否	否	否
	智力技能	是	是	否	是	否	是	是	是	是	否	是	是
	认知策略	是	是	否	是	否	是	是	是	否	是	是	是

续表

		信息传递式			模拟式		在岗培训式			团队建设		
		讲授	研讨	录像	角色扮演	案例分析	游戏	工作轮换	师徒制	继任计划	探险性学习	团队培训	行动学习
学习成果	态度	是	是	是	是	否	否	是	否	是	是	是	是
	运动技能	否	否	是	否	否	是	是	是	是	否	是	否
学习环境	明确的目标	中	高	低	中	中	高	高	高	是	高	高	高
	实践机会	低	低	低	中	中	中	高	高	高	高	高	中
	有意义的内容	中	中	中	中	中	中	高	高	是	低	高	高
	反馈	低	中	低	中	中	高	高	高	高	中	高	高
	观察并与别人交流	低	中	中	高	高	中	中	中	中	高	高	高
成本	培训转化	低	低	低	中	中	高	高	高	高	低	高	高
	开发成本	中	中	中	中	中	中	高	中	高	高	高	低
	管理成本	低	低	低	中	低	中	高	高	高	中	中	中
效果		对言语信息来讲效果好	对言语信息来讲效果好	一般	一般	一般	一般	好	好	高	差	般	好

表 10—2　　　　　　　　　　　新技术培训方法的比较

		计算机培训	光盘培训	国际互联网	内部网	远程培训	E-Learning	虚拟现实
学习成果	语句信息	是	是	是	是	是	是	是
	智力技能	是	是	是	是	是	是	否
	认知策略	是	是	是	是	是	是	是
	态度	否	是	否	否	否	否	否
	运动技能	否	否	否	否	否	是	是
学习环境	明确的目标	中	高	高	高	中	高	高
	实践机会	中	高	中	中	低	高	高
	有意义的内容	中	高	高	高	中	高	高
	反馈	中	高	中	中	低	高	高
	观察并与他人交流	低	高	中	中	低	低	低
成本	培训转化	中	高	中	中	低	高	高
	开发成本	高	高	高	高	中	高	高
	管理成本	低	低	低	低	低	低	低
	成效	中	高	不确定	不确定	中	不确定	高

表 10—2 主要是针对一些新技术培训方法进行的比较，在人力资源管理实践中，有一些新的方法逐渐流行起来，应用新技术方法的特点是开发费用高，需要资金来购买硬件和软件、开发项目或使用新的媒体等对原有项目进行改进。尽管开发费用十分昂贵，但大大节省了管理费用。应用新技术的培训方法，其优势在于员工可在家或办公室里随时接受培训，可以节省培训开发费用。而且，随着远程教育培训的日益盛行，这些方法将融入更多的学习所需要具备的特征（如实践、反馈等）。与传统方法相比，新技术培训方法适用于如下情况：有充裕的资金；培训对象在不同的地域，且培训的交通费用较高；新技术的日益推广是公司的一项经营战略，新技术可以用于产品制造或服务过程中；员工的时间与培训项目日程安排发生冲突等。

二、培训方法的选择

培训方法的选择在培训过程中至关重要，直接关系到培训工作的成败。因为培训方法的多样性，再加上不同的培训方法有不同的优缺点，所以其应用范围也各不相同。这就使选择培训方法变得比较困难。大量的培训实践表明，选择科学的培训方法必须注意以下几点：

1. 在选择培训方法时，要把培训目标的考量放在第一位

培训组织者要首先确定培训能够产生的学习成果，选择一种或几种最有利于实现培训目标的培训方法，再结合使用已选择的培训方法的成本，做出最佳选择，以最大限度地保证培训成果的转化。

2. 应根据受训者的不同特点来决定需要采用的培训方法

培训的最终目的是达到一定的培训效果，而培训对象通常由于年龄、工龄、资历、国籍、身份（如公司员工与经销商或代理商）等的不同，对于培训内容的接受程度不同，应根据其各自的特点采用适当的培训方法。

对于新员工，需要对组织有全面的感性认识和理性认识，应更多采用实习的方法；对于基层员工，由于文化基础的限制，培训应选择容易理解的、参与性强的，如角色扮演、游戏活动、实践练习等方法；对于跨国公司的员工，因文化背景、国家发展程度的不同，存在一定观念和习惯的差别，应充分考虑以上差异选择合适的培训方法；对于客户，应选择讨论式、活动式的培训方法，让客户在相对轻松的气氛和环境中得到启发，或对企业和产品产生更加全面的认识和信心。

"90 后""80 后"员工是伴随着计算机、网络长大的一代，思想活跃，接受新事物快，对于这些员工应采取更为灵活的培训方式。可利用计算机辅助培训、网络培训、多媒体远程培训等新兴技术，并通过建立 QQ 群、微信群、论坛、博客等，使受训者自主安排参与培训的时间，积极参与讨论，促进培训成果的转化。

除了考虑受训者的个体差异外，还需要区分受训者所在职位的差别，针对不同的职位运用不同的培训方法。比如，对组织来说，一线员工和管理层的员工，所采用的培训方法应该有很大的差异。即使是管理层的培训，也应该分出层次，如对高层管理者、中层管理者和初级管理者进行培训应选择不同的方法。如果在培训方法上分不出层次，针对不同员工进行的培训效果也不好。

3. 培训方法应为培训内容服务

培训方法有很多种，但没有一成不变的方法，应结合培训内容，选择适当的培训方法。例如，对于知识性课程，采用课堂培训法比较合适，因为知识性课程涵盖的内容较多，且理论性较强，课堂培训法更能够体现其逻辑相关性；对于技能性课程，采用角色扮演法更合适，因为其目的是要求学员掌握实际操作能力，通过角色扮演的反复练习使学员本来不会做的事达到应用自如并能够创造性地发挥；对于态度转化课程，采用活动游戏式的方法较为合适；对于管理人员的培训宜用案例分析法；对于通才的培训宜用工作轮换法。

4. 根据培训预算成本进行选择

培训方法的选择依赖于培训经费的支持，预算经费紧张时培训组织者应该选择讲座法，这样既可以节省资源，又可以使培训在比较大的范围内进行。当资金条件比较好时，则可以考虑使用角色扮演、情景模拟等方法。

5. 要考虑不同培训方法的优缺点、使用范围和效果等因素

不同的培训方法在获得知识、改变态度、解决难题、人际沟通、参与许可、知识保持等方面的效果存在差异，选择培训方法时必须权衡利弊。实际上，没有一种培训方法是万能的，也没有一种方法永远是最佳的。对培训组织者来说，重要的是根据培训目的和内容、培训对象、时间、地点的不同，选择不同的方法或者一组最佳的方法组合。在培训方法选择的过程中，培训组织者重点是了解不同方法的优缺点，了解不同方法在应用中应注意的问题。

第二节　培训师的选择与培训

培训师的选择是培训工作取得成功的关键，也是培训准备工作的重中之重。

一、培训师的要求

1. 培训师的特点

培训师一般具有如下特点：

（1）有教学愿望。一个不喜欢帮助他人学习的人肯定不是好的培训师。

（2）知识丰富。培训师必须具有渊博的知识，尤其是在培训内容方面。

（3）表达能力强。表达能力的强弱直接影响着培训双方的交流和沟通，从而直接影响到培训效果的好坏。

（4）耐心。一个好的培训师必须是有耐心、具有包容的性格。

（5）有幽默感。幽默感能够保持受训者的活跃和注意力。

（6）来自受训者的尊敬。这点非常重要，直接影响到培训的最终效果。

（7）培训的热情。如果培训师在承担培训活动时是热情的，这种热情会传递给受训者；相反，培训师缺乏热情也会影响受训者，使其学习情绪不高。

2. 培训师的能力

除了上述特点外，培训师还应该具有以下能力：

（1）观察与捕捉的能力。培训师应该能够及时发现可能隐藏于企业经营与管理中的重大问题，帮助企业管理者与员工解决实际问题，而不仅仅是将过去发生的问题作为案例来讲解。

（2）分析与总结能力。培训师应善于通过观察来捕捉大量的企业信息与课堂信息。就某一事件或现象而言，其表面现象的背后均隐藏着实质性的问题，培训师必须能够对事件或现象进行透彻的分析，找出事件背后的规律性，给学员提出具有指导意义的建议。

（3）策划与组织能力。培训师必须掌握科学的教育规律。第一，要根据培训需求制订具体的教学目标，必须能够帮助学员解决实际工作中遇到的具体问题，以提高学员的实际工作技能；第二，科学设计课程内容，使课程内容与学员的实际工作相联系；第三，策划灵活、多样的授课方式，受训学员一般具有丰富的个人经验，培训授课应采取能够充分利用学员经验的课堂讨论、案例分析、模拟游戏或角色扮演等方式；第四，创造出一种学员感到自己被接受、被尊重、畅所欲言，并得到支持的学习氛围；第五，培训教师要有强有力的课堂控制能力，使课堂气氛活而不散，并具有感染力。

（4）引导与应变能力。培训是一个帮助人学习的过程。在教学过程中，培训师只是学员学习的催化剂或向导，培训师要善于联系生活和工作实际来引导学员学习新的理论知识，提升学员的理论水平。为此，培训师要具备良好的引导能力和高度的应变能力，使自己在教学中始终处于引导地位。

(5) 表达与沟通能力。口头和书面表达能力是衡量教师能力高低的重要尺度，培训师必须能够用准确、简练的语言表达其所要传授的课程内容。同时，培训师还要有良好的沟通能力。培训强调学员的积极参与，培训师与学员要形成互动，只有具备良好沟通能力的培训师才能调动学员的积极性与主动性，才能达到寓教于乐的效果。

(6) 学习与创新能力。未来社会需要富有创新精神的开拓型人才，要造就创新型人才，培训师首先应当具备创新意识和创新能力。一是理论知识的创新，形成自己的理论观点；二是理论应用的创新，把原有的理论应用到新的领域解决新的问题；三是能够对企业实践进行理论分析、总结，使单个实践案例具有一定的指导意义。

二、培训师的类型

根据培训师的知识和经验、培训技能、个人魅力三个维度，以及其一般和好两种表现，可以将培训师从高到低分为八种类型，各种类型在三个维度方面的优劣见表10—3。

表10—3　　　　　　　　　培训师的类型

优劣维度＼类型	卓越型	专业型	技巧型	演讲型	肤浅型	讲师型	敏感型	弱型
知识和经验	好	好	一般	好	一般	好	一般	一般
培训技能	好	好	好	一般	好	一般	一般	一般
个人魅力	好	一般	好	好	一般	一般	好	一般

1. 卓越型培训师

这类培训师既有丰富的理论知识，又有丰富的实践经验；既熟练掌握各种培训技能，又富有个人魅力，因此培训效果极佳。

2. 专业型培训师

这类培训师拥有扎实的理论功底和丰富的实践经验，虽然熟练掌握各种培训技能，但是缺乏个人魅力，因此培训效果较佳。

3. 技巧型培训师

这类培训师既富有个人魅力，也掌握各种培训技能，但缺乏相关知识和经验，因此在培训过程中受训者虽然感觉不错，但实际效果不一定最佳。

4. 演讲型培训师

这类培训师极富个人魅力，又有相当丰富的知识和经验，但是缺乏培训技能。这类培训师授课时通常口若悬河、妙趣横生，但只会运用授课技能，结果是虽掌声雷动，但培训效果欠佳。

5. 肤浅型培训师

这类培训师也称形式型培训师,虽然熟练掌握培训技能,但由于既缺乏个人魅力,又缺乏必要的知识和经验,因此在培训中可能故事不断、笑话连篇,也可能不断引导受训者,但多讨论而无结果,最终使培训走过场,不能获得应有的效果。

6. 讲师型培训师

这类培训师以大学教师居多,虽然有丰富的知识和经验,但既没有受过培训方面的训练,又缺乏个人魅力,结果使受训者一直处于催眠状态,前听后忘,培训效果不佳。

7. 敏感型培训师

这类培训师富有个人魅力,但是缺乏培训技能,缺乏相关知识和经验。该类型培训师的特点是虽然在培训过程中不断提问,请受训者回答,却不作指导,结果使受训者不知所云,培训效果也不理想。

8. 弱型培训师

这类培训师是最差的一类培训师,在个人魅力、培训技能、知识和经验三个维度都处于低水平,不是对着黑板读讲稿,就是让受训者轮流读教材,结果使受训者浪费时间、浪费精力,培训效果极差。

企业在培训时,最好聘请卓越型培训师,假如请不到也可以聘请专业型培训师、技巧型培训师和演讲型培训师。要防止聘请肤浅型培训师、讲师型培训师和敏感型培训师。千万不要聘请弱型培训师。

三、培训师的选择

培训师的来源主要有两个:一是来自组织内部,二是来自组织外部。内部培训师和外部培训师有不同的特点,所以在选择时要注意不同的问题。

1. 内部培训师的选择

内部培训师的来源一般为各级管理人员和各职类职种的业务骨干。来自组织内部的培训师有其特殊的优势:这些培训师能用组织熟悉的语言和事例来解释培训的内容,便于学员接受和理解;由于内部培训师了解组织的文化和战略,深知培训的具体目标,因而提供的培训更具有针对性。

从组织的角度来讲,内部培训师制度是对那些有个人成就需求的员工的有效激励手段,是其职业发展的一个重要途径。因此,建立内部培训师制度,尽可能地发现、培养和使用内部优秀员工,对于组织的发展、培训项目的实施和员工的成长均有重大的意义。内部培训师制度的内容应包括内部培训师的选拔对象、选拔流程、选拔标准、上岗认证、任职资格管理、培训与开发及激励和约束机制等。

企业在使用内部培训师的过程中要协调好兼职培训师与其日常工作之间的关系。这些内部培训师同时也是管理人员或业务骨干，培训工作与其日常工作的冲突是客观存在的。人力资源部门要争取高层领导的支持，与内部培训师所在部门的主管加强沟通与协调，通过制度建设，提高内部培训师的荣誉感，确保内部培训师能够准时到位开展培训工作，避免因内部培训师的时间问题导致培训计划的延期、调整甚至取消。

2. 外部培训师的选择

聘用外部培训师的优势在于：选择余地大，可根据需要选择不同档次的培训师；可带来全新的视角、理念、信息和风格；可提高培训的档次、学员的兴趣和培训的效果。

聘用外部培训师的一个最大问题是组织对其不了解，或了解的时间和精力成本太高。特别是第一次聘用的培训师，风险较大。为此，人力资源部门对于外聘培训师的管理应该有一套规范的制度，从应聘条件到选拔程序，从接受申请、试讲、资格评价、签订合同等都要有章可循。聘用外部培训师的第二个问题是培训师对组织不熟悉，所传授的内容可能不实用，或无法解决组织的实际问题。第三个问题是培训工作中的沟通和协调相对比较困难。当然，还有培训费用高的问题。

（1）寻找卓越型培训师的途径。优秀人才一定是紧缺人才，同样卓越型培训师在市场上也不多见。寻找卓越型培训师主要可以通过以下途径：

1）参加各种培训班。通过参加培训班，可以直接与各类培训师接触，可以观察到各位培训师的风格，从而可以寻找到企业需要的卓越型培训师。

2）去高校旁听。目前，高校还是一个藏龙卧虎之地。可以去高校旁听各门相关课程，从中发掘出一些卓越型培训师。

3）熟人介绍。通过亲朋好友或者同事相互介绍后可以了解一些培训师的水平，从而选择适合本企业的卓越型培训师。

4）专业协会介绍。可以多参加专业协会的活动，尤其是专业协会组织的培训或演讲会，从中也可以寻找到一些卓越型培训师。

5）与培训公司保持接触。培训公司是卓越型培训师最集中的地方，而许多培训公司为了拓展市场，经常会主动与企业接触，因此，企业也应该与多个培训公司保持接触，为我所用，寻找卓越型培训师，达到良好的培训效果。

（2）选择外部培训师的方法

1）让培训师做一次试讲。以全面了解其知识、经验、培训技能和个人魅力等情况。

2）索要一份培训师的简历。简历可以提供培训师受过什么教育、有什么经历、从事过什么工作、主持过哪些培训等信息。

3）面谈。提一些问题，以了解其实际水平。如了解其对培训方法和组织运作机制的熟悉程度，了解其是否知道企业内训与一般教育的区别，怎样达到本次培训的目的和对本次培训活动的态度和看法等。

4）提供一份培训大纲。从大纲中，可以看出培训师对培训内容的熟悉程度，对培训技巧的运用能力及对培训的计划能力等。

四、培训师的培训

1. 内部培训师的培训

企业内，经常要进行的一些培训项目，如追求卓越心态、领导技能、推销技能、新进员工定向培训等，可以通过培训自己企业的培训师来达到培训目标。

要培训内部培训师，首先要寻找合适的培训师候选人。培训师候选人应该具备以下一些基本条件：

（1）喜欢培训工作。

（2）有一定的相关知识。

（3）有一定的实践经验。

（4）善于进行信息沟通。

（5）心态较积极。

（6）善于学习。

（7）善于语言表达。

组织内部的培训师通常缺乏课程设计、授课方式、组织教学等技能，因此，对其培训应集中在教学素质和技能方面。人力资源部门也可以安排有经验的培训师对内部培训师进行培训，或组织其参加一些经过精心选择的、授课技巧较好的培训师开设的公开课。

为了提高内部培训师的授课能力，人力资源部门可以组织内部培训师定期或不定期地进行教学教研活动，如模拟授课或交流教学体会等。比较有效而方便的一种方法是，让企业重点培训的内部培训师承担外聘的资深培训师的助手，在助手为外聘培训师准备企业内部的案例、素材的同时，可以认真学习外聘培训师的授课技能，以期在短期内较明显地提高其授课水平。

2. 外部培训师的培训

对外部培训师的培训主要是为了弥补外部培训师对组织的情况不了解导致的培训针对性差的问题。对外部培训师的培训应集中在介绍组织状况方面，包括公司战略、组织文化、核心价值观、组织的产品和服务、面临的主要问题和挑战等。尤其是关于本培训项目推出的目的和目标，一定要通过反复的沟通使培训师有一个全面、准确、深刻的理解。

为外部培训师配备助手也是一个较好的解决问题的方法。通过助手向外部培训师提供企业的背景资料或主动收集学员的意见并反馈给外部培训师；助手还可以就外部培训师的授课内容和方式提出自己的建议。

第三节　培训机构的选择

企业每年会有大量不同内容的培训，有的培训可以由企业内部的讲师或员工完成，有的培训则是借助于外部培训机构完成。组织是自行开发培训还是另选培训机构，使部分培训职能外包，取决于一些因素。这些因素包括组织自身拥有的人员和专业水平，财务预算的约束和有关的价值观。如果企业缺乏高质量的培训师资或外包培训成本更低，效益更好，组织就倾向于向外购买培训服务。

培训的供应商相当广泛，可以是咨询人员、咨询公司、研究所、培训公司和高校，虽然每家培训机构都有自己的优势，但是并不一定适合每家企业。因而在挑选培训机构的时候，一定要针对企业的实际情况进行挑选。

一、培训机构的选择步骤

一般与培训机构联系的步骤如下：

1. 确定培训目标，收集相关培训机构信息

其收集信息的渠道主要包括专业报纸、杂志、网络和他人推荐。

挑选对象主要包括管理咨询公司、大学、培训公司和管理顾问。

2. 与培训机构初步联系，发出征询建议书，并要求其提供相关培训课程的方案

征询建议书的内容如下：

(1) 概括说明组织所寻求的服务种类。

(2) 所需参考资料的类型和数量。

(3) 接受培训的人数。

(4) 项目资金。

(5) 评价满意度。

(6) 服务水平的标准和流程。

(7) 预期完成培训的时间。

(8) 组织接受建议的截止日期。

组织可以通过邮寄的方式将征询建议书送到潜在的供应商手中，也可以在网上公布。

征询建议书实际上提供了评价供应商的一整套规范标准。同时，也帮助组织筛选掉了一部分供应商。

3. 对于接受征询建议书的可能的培训供应商，通过挑选确定2~3家候选机构，分别进行联系、比较，最终落实培训机构，进一步交流沟通，明确实施方案并执行方案。

二、选择培训机构需要注意的问题

一般来说，考察遴选培训机构时应考虑以下因素：

（1）该公司在设计和传递培训方面有多少和哪些类型的经验。

（2）该公司的人员构成及对员工的任职资格要求。

（3）曾经开发过的培训项目或拥有的客户。

（4）为所提供服务的客户提供的参考资料、授课资料等。

（5）可说明所提供的培训项目是卓有成效的证据。

（6）该公司对本行业、本企业发展状况的了解程度。

（7）培训项目的开发时间。

（8）培训机构在曾经服务过的企业中的口碑如何，如该培训机构以前的客户或专业组织对其声誉、服务和经验的评价等。

（9）培训机构的名气与实际情况是否相符。

（10）提供的培训项目是针对本企业的实际情况还是根据以往给其他组织的培训基本框架来提供服务。

（11）是否了解本企业的实际需要。

（12）外包培训成本与其所提供的服务价值是否对等。

第四节　培训预算的编制

一、培训预算的构成

由于企业特性不同，培训预算分配于哪些项目及分配量如何，并没有统一的模式，企业应根据自身的需要和特点加以确定。一般来说，可将企业培训预算项目划分为以下几个基本方面：

1. 场地费

企业如果拥有自己的培训场所，那么分摊当年的折旧费即可。如果没有自己的培训场所，则需租借，这笔经费在培训预算框架中会占有一定的比重。特别是利用租来的会场时，培训器材及附带设备的租用费使总费用增加很多，这一点需引起注意。

2. 食宿费

在企业的经营机构和业务场所分散在全国各地的情况下，集中培训的食宿费是经费预算中的重要组成部分，在大型的集团性公司中，一般由各分公司或当地的业务机构分摊这部分经费。

3. 培训器材、教材费

随着培训手段和方法日益现代化，培训器材费用与视听教材费用呈不断增长趋势。在确定这部分预算时，必须先考虑限于能预见到的作为提高培训效果的而且不可或缺的手段。

4. 培训相关人员工资及外聘教师讲课费

随着社会经济环境的不断变革，培训实施的领域不断拓展，所涉及的培训科目走向多样化。企业不仅需要有自己的培训基地，更需要利用社会教育机构及外部师资力量，既要支付相关员工的工资报酬，又要支付外聘教师的费用。在确定经费预算时，外聘教师的费用通常是一个被企业培训部门忽略的问题，这部分费用有不断增长的趋势。

一般来说，课程费用的确定包括三个方面：准备费用、指导课程的费用和管理费用。

(1) 准备费用包括打字费、通信费、课程设计费和其他课前准备工作所花去的费用。

(2) 指导课程的费用是直接和培训项目相联系的费用。一般包括培训师的工资、学员的工资、场地费、咨询费、伙食费、住宿费和其他费用。

(3) 管理费用包括对培训中工资进行评估的费用、交通费、雇用费及传单费、手册费、笔纸费、文件夹费和其他办公杂项费用。

5. 交通差旅费

从所属公司或业务场所到培训基地的交通差旅费是一个不可忽视的经费预算项目。

以上是企业培训的主要经费预算项目，企业应根据总预算额及项目的实际需要来确定预算内各项目的经费分配。

以上费用的加总只是培训成本中的直接成本，其实除了这些直接成本以外，企业培训的成本还包括学员来参加培训而耽误工作所花费的机会成本。成本统计专家指出，一位一线工人的工资是其创造的价值的1/3。因而，机会成本的最保守的计算方法就是，将学员培训时间的工资翻一番。此外，如果采用在岗位培训的方法，则会出现生产力浪费。当然，这个费用因岗位工作的水平、性质及所需培训类型的不同而有很大的不同。专家估计，在岗培训时所浪费的生产力是正常生产时的4倍。

二、培训预算的原则

培训费用的花费必须从随机性逐步走向预算管理。从本企业的实际出发，规划合理的培训预算，已经成为很多培训经理的重要课题。

合理制定培训预算应遵循以下原则：

1. 速度原则

传统的培训预算依赖大量的报表进行，通常浪费太多的时间且无法适应现代培训决策的要求。现在培训预算可以用网络工具或一些培训管理系统来替代以前一直使用的报表。这样，既能帮助公司减少日常行政管理费用及管理时间，又能提供比以往报表更丰富的信息，大大缩短培训预算的时间。

2. 准确性原则

为了减少预算时间，传统的思维认为完成培训预算只是培训部门的任务。事实上，只有尽可能在预算程序中吸收更多的人，才能更有效地把握公司业务规划和真正的培训需求，从而保证培训预算切实支持公司战略业务发展和员工个人职业生涯发展。

3. 合作原则

培训主管部门要争取和发动从领导到广大员工的参与和有效合作。为了实现这种合作，培训主管部门要完善公司培训管理体系，并且让培训真正发挥效果、产生效益，得到从领导到员工的广泛认可。

三、培训预算的流程

培训预算的一般操作流程如下：

1. 当公司进行年末总结和下一年度计划时，应该由公司高层领导确定培训预算的投放原则和培训方针，以保证培训预算"名正言顺""钱出有因"。

2. 由专业培训机构或培训人员对方针进行分解、分析，确定初步的年度培训计划。财务人员和培训项目负责人根据设定好的计划分解培训预算的项目。

3. 培训受益部门则根据培训预算项目和年度培训项目拟订本部门下一年的培训预算总额。

4. 培训管理部门收集培训预算审核方案，组织专业管理人员就培训预算的额度、效果、对象、范围等方面进行评估，确定、调整方向并让培训受益部门、培训实施部门进行充分沟通，设定合理培训预算额度。

5. 培训预算方案审定完毕并修改后，报送培训受益部门存档，标志着培训预算已被审核批准。

6. 培训受益部门、培训实施部门根据培训预算方案修改年度培训计划，重新设定培训项目。

7. 培训实施部门制定培训项目实施方案，培训项目按照培训计划安排实施。

四、培训预算的确定方法

1. 比例预算法

比例预算法是指承袭上年度的经费，再加上一定比例的变动。这种预算法核算较为简单，且核算成本低，所以很多企业都采用这一方法。按比例预算的逻辑，假设上年度的每个支出项目均为必要，而且必不可少，因而在下一年度里都有延续的必要，只是需要在其中的人工和项目等成本方面有所调整。

这种方法首先要确定年度培训预算的核算基数。可将企业过去一年的销售收入、利润额、工资总额作为基数。国际大企业的培训预算总额一般占上年总销售收入的1%～3%，最高的达到7%，平均为1.5%，而在国内企业，这个比率一般要比国际大企业低得多。在我国市场竞争比较激烈的行业，如IT、家电行业，有些大企业的培训预算能够占到上年销售额的2%左右。而一般规模在十几亿元的民营企业，其培训预算大概占上年销售收入的0.2%～0.5%。甚至不少企业在0.1%以下。

比例预算法的缺点：每次在做预算时，以上年实际支出为基础，再增加一笔金额，经巧妙掩饰后，作为新计划提交高层领导审批；主持审批的领导，明知预算里有水分，由于没有深入了解情况，只好不问青红皂白地削减，于是开始了一个讨价还价的过程；这种削减培训预算的做法使有经验的预算人员在申报预算时通常使其大大超过实际需要，以便被领导削减后还能满足培训需要，而那些老老实实的预算者则叫苦不迭，只好等明年改变策略；预算终于确定下来了，但几乎人人都不满意，通常是钱花了不少，效果却不明显。

2. 零基预算法

所谓零基预算法就是在每个预算年度开始时，将所有还在进行的管理活动都看成重新开始，即以零为基础，根据组织目标重新审查每项活动对实现组织目标的意义和效果，并在成本收益分析基础上，重新排出各项管理活动的优先次序。资金和其他资源的分配是以重新排出的优先次序为基础的，而不是采取过去那种外推办法。

零基预算法的优点：有利于管理层对整个活动进行全面审核，避免内部各种随意性培训费用的支出；有利于提高主管人员计划、预算、控制与决策的水平；有利于将组织的长远目标和培训目标及要实现的培训效益三者有机结合起来。

零基预算法的缺点：企业不但要花费大量的人力、物力和时间，而且在安排培训项目的优先次序上难免存在相当程度的主观性。

3. 比较预算法

最通常的做法是参考同行业关于培训预算的数据。首先是同行业企业培训预算的平均数据，人力资源部经理可以与同行业中的同行关于培训预算问题进行一次沟通，相互了解一下对方企业的情况，然后取平均值（由于各企业的规模不同，建议取人均培训预算）。另外，同行业优秀企业培训预算数据也很重要，将平均培训预算与优秀企业培训预算相比，就可以看出培训费用对企业发展的贡献。

4. 人均预算法

人均预算法是指预先确定企业内人均培训预算额，然后再乘以在职人员数量的培训预算确定方法。

5. 需求预算法

需求预算法是指根据企业培训需求确定一定时限内必须开展的培训活动，先分项计算经费，再加总求和的培训预算确定方法。

6. 费用总额法

有些企业实行划定人力资源部门全年的费用总额，费用总额包括招聘费用、培训费用、社会保障费用、体检费用等人力资源部门全年的所有费用。其中培训费用的额度可以由人力资源部门自行分配。事实上，费用总额法通常是建立在以上一种或几种方法基础上的，虽然方法有些死板，但对于中小型企业有效发挥培训效果还是有一定助益的。

以上介绍了6种常见的确定培训预算的方法，每种方法各有优缺点，但无论采用何种培训预算方法，都应考虑培训的需求和提供经费的可能性。培训预算一经确定，便决定了经费使用的基本框架。

五、培训预算的工作要点

做好培训预算必须把握好以下几点：

1. 统计培训对象信息

培训对象不同，培训方式和方法就不同，会直接影响培训预算的多少。因此，统计培训对象信息成为培训预算工作的第一要点。

2. 培训预算的分配

培训对象信息收集完毕后，对培训对象进行区分，划分出中、高层培训人员及其相关名单。培训预算投放比例则要根据公司的发展方针和员工比例合理划分。

虽然在确定培训预算时，可能会采用培训预算平均的方式，但是在进行培训预算的分配时，通常不会人均平摊。有的企业会将70%的培训预算花在30%的员工身上，甚至会将80%的培训预算花在20%的员工身上。

企业一般都会将培训预算向企业高级经理和骨干员工倾斜，这样做是合适的。因为很多企业中80%的效益是20%的员工带来的。另外，若高级经理及骨干员工提高了其管理及技术水平，可以更有效地带动普通员工提高其工作能力。

但是这种培训预算的不平均性，会导致普通员工的不满。所以在公布培训预算分配时，最好以部门或培训项目来分配，人均分配数额仅作为培训预算的一种计算方法考虑。

对于管理类培训，将培训预算重点集中在高层经理，这主要和管理本身的特性有关。因为企业的高层经理是企业管理理念的传播者和管理方法的创新者。对中层管理者和普通员工来说，则更倾向于适应自己上级的管理理念和方法，所以提高高层经理的管理水平对企业整体的管理水平具有决定性的作用。

对于技术类培训，培训预算应该集中在企业骨干技术人员身上。技术培训的投资会使技术骨干获得个人能力的提高，这是对技术骨干最有效的激励。另外，对于技术的扩展性，当技术骨干将自己的所学向其他技术人员进行内部传播时，会带来巨大的效益。

3. 确定内外培训比例

确定培训预算投放比例后，预算进入关键阶段，必须对内外培训比例进行确定。国内企业现有培训体系不健全，大部分企业认同外部培训，却忽略自身"造血功能"的建设与发展，增加了培训成本。事实上，企业内部培训才是企业培训的发展方向。

如果包括企业内部人员的费用，一些企业的培训总预算是这样安排的：30%为内部有关人员的工资、福利及其他费用；30%为企业内部培训；30%为派遣员工参加外部培训；10%作为机动。如果不包括企业内部人员的费用，一些企业的培训总预算是这样安排的：50%为企业内部培训；40%为派遣员工参加外部培训；10%作为机动。

学习案例

随着在西部投资8亿元的新工业园的建立，奥康公司的规模越来越大，员工数量也日益增多。

培训教育作为企业发展战略的一个有机组成部分，在奥康公司已被纳入了制度化的管理。公司颁布的2003年第5号文件就是经全员讨论修改后的培训管理制度，制度中就培训宗旨、原则、方针、组织管理、培训需求分析与计划、培训项目设计、成果转化、效果评估和员工的培训权利与义务，以及该年投入培训的687万元专款使用等都做了明确的规定，使得培训收效显著。

"五训"育人

"五训"指的是军训、岗前培训、在职综合培训、专业技术培训和选择培训。

1. 军训

奥康公司从建厂以来就明文规定，每名新员工上岗之前必须先接受一周严格的军训。员工来自四面八方，每位员工的体质、习惯、兴趣不同，通过军训有利于员工克服害怕吃苦、作风散漫、意志薄弱、集体观念和纪律观念淡薄等缺点；有利于培养员工的爱国、爱厂精神，增强组织纪律性，养成勇敢顽强、坚韧不拔、吃苦耐劳、勇争一流的奥康品德；发扬团结友爱、互相帮助的集体主义精神；锻炼意志、增强体质。

2. 岗前培训

岗前培训意味着员工必须放弃某些理念、价值观念和行为方式，来适应奥康公司的要求和目标，学习新的工作准则和有效的工作行为。在奥康公司，当一名新员工进入公司后，首先由分管行政的副总裁向其介绍公司的信念和期望及公司对员工的要求。其次由培训处进行一般性的指导，在这一过程中，培训处的代表和新员工要讨论一些共同性的问题，包括介绍组织的概念、各种政策与规定、薪酬制度、工作时数和福利等。最后，由新员工的直属上司进行特定性的指导，包括介绍部门的功能、新员工的工作职责、工作地点、安全规定、绩效检查标准及一起合作的同事等。

3. 在职综合培训

为了提高员工素质和适应能力，公司所有管理及行政人员由人力资源部统一安排，每个月接受培训学习的时间不能少于 20 h。主要是在知识、技术、工作态度、熟练技巧、综合素质、人际关系、整体形象等方面。培训主要有教练法——让有经验的员工或直接领导进行训练；助理制——用来培养公司的未来的高级管理人才；工作轮调——让未来的管理人员有计划地熟悉各种职位及由内部资深专业讲师和临时外聘专家教授来公司授课等方式。特别值得一提的是，在奥康公司总部行政大楼二楼培训大厅里，有一个用上等木材制作的特殊讲台——每个月由总裁亲自牵头在台上发表演讲，演讲完毕后接受大家的提问。然后，副总裁、经理、处长和一般员工都轮流上台发表演讲和个人观点，形成了一种相互学习、相互探讨、共同进步的浓郁氛围。

4. 专业技术培训

奥康公司从实际情况出发，将专业技术岗位分为两大方面：一是工程技术人员岗位。工程技术人员肩负着新产品的开发和新科技知识应用的责任，公司将其分为高级、中级和初级技术层进行相关的培训，重点在于掌握与国际同行业相适应的皮鞋潮流知识，以适应国际市场竞争的需要。公司还常年聘请意大利著名设计师来公司担任首席设计师和顾问。二是技术工人岗位。操作工人是企业的主体，其技能的高低、应变能力的强弱决定了产品的质量。因此，对技术工人的培训是以岗位培训为重点，让其精通本工种的操作技术。

5. 选择培训

随着世界范围的贸易往来、资金融通和技术转换的规模日益扩大，全球一体化的时代已来临，奥康公司也在努力打造国际品牌。为了使管理人员与时俱进，公司每年都有计划、有选择地组织骨干员工到外面接受培训。如所有经理级以上干部全部被送到我国台湾健峰管理学院宁波教学点进行为期一周的体验式培训；又如所有处长全部被送到雁荡山进行封闭式的培训，像这样与咨询管理顾问公司合作的培训，在奥康公司每年都有好几次。奥康公司还与温州职业学院进行合作，共同培养人才。在职业学院里有一个班是"奥康班"，班主任是学院的老师，负责日常教学管理；副班主任则由公司人力资源部的领导兼任。在三年学习生涯的每个假期里，每位学员必须来公司进行实践，对公司的各种大型活动他们也同样以员工的身份参加。平时，公司也派经验丰富的专业老师给他们上课。这班学员在正式合格毕业后，就被公司安排到各个岗位上进行实际锻炼和培养。对于高层管理人员，则被分批派送到浙江大学、清华大学、中国企业培训中心等单位进行短期、中期深造。

每次项目培训完毕后，奥康公司都从培训的内容、强度、培训的量、环境、时间及培训活动净收益等方面对培训进行评估，从中找出问题、不足和薄弱环节，以寻求改进的途径和方法。

教育终身化，工作培训学习化，是人类社会发展的大趋势。员工在培训学习中工作，实现个人与工作的真正融合，是企业开创美好未来的必经之路，同样也是奥康公司生命乐章的主旋律。

讨论题

1. 奥康公司的培训采用了哪些培训方法？
2. 奥康公司的培训为什么能取得显著成效？

本章思考题

1. 应如何选择培训方法？
2. 好的培训师应具备哪些能力与特点？
3. 培训师有哪几种类型？应如何甄选培训师？
4. 考察培训机构应注意哪些问题？

第四篇 绩效管理

第十一章

绩效计划

第一节　绩效计划的制订　/189

第二节　绩效目标的设定　/194

第三节　绩效指标的设计　/201

 **引导案例**

亿耐特是一家网上电子商务公司，罗涛是网上购物部订单处理中心的负责人，孙伟刚是网上购物部的经理。网上购物部的主要业务是通过互联网进行日用消费品的销售，主要包括电器、书籍、计算机设备、日用品、化妆品、服装、玩具、箱包、文具等。订单处理中心的主要职责是直接从网上受理消费者的订货信息，并将信息发送给相应的商品部，由商品部组织为消费者发货，同时还需要对订货信息进行分类、存档。订单处理中心现在有5个人。孙伟刚上周刚参加了制订今年经营计划的会议，接下来就要把网上购物部经营计划分解到每个人身上。本周他将要同每位下属人员面对面地进行一次交流，制订本年度的绩效计划。

孙伟刚（以下简称"孙"）：罗涛，你好。我想你也看过了我们公司今年的经营计划，下面，我们需要考虑一下如何进一步发展的问题。我想你们这里是直接接触客户的窗口，你对公司今年的发展有什么建议？

罗涛（以下简称"罗"）：我想我们可能需要进一步提高订单处理的效率，因为网上购物的方式给消费者带来的便利应该体现在时间方面。

孙：是的。我非常同意你的意见，所以下面我们就讨论一下如何提高效率。上一年度，平均每天网上订单的数量为800份，今年我们打算增加商品的品种，预计订单数量会达到2 000份/天。过去我们的用户在提交订单之后5~7天才可以得到商品，今年我们打算将这个时间减少到3天。因为交货的速度是我们与竞争对手竞争的一个关键。

既然我们的总体目标是把客户的等待时间减少到3天，那么你们部门处理订单效率的提高是第一步，也是非常关键的一步。你是怎么考虑的？

罗：我觉得我们可以将总的时间做一下分解，看看哪几部分的时间无法压缩，然后再考虑将可以压缩的时间进行压缩。我觉得如果新的订单处理系统投入运行，处理单位订单的时间可以减少到原来的1/3。

孙：其实我们在做出减少到3天的决定之前就已经进行了测算，认为减少到3天是可能的。那么在你这里能不能确定一下从你们接到客户订单到将确认后的订单发送到商品部的时间应该不超过多长时间？你看定多长时间可行？

罗：我觉得3 h比较合理。

孙：关于提供给商品部信息方面，我也了解了商品部的一些要求，现在就跟你商量一下这些要求从你们的角度可以满足吗？

……

罗：我觉得如果新的订单处理系统投入使用，应该是可以满足的。

孙：看来有必要与技术部进行一次沟通，抓紧完成新的订单处理系统。我想因为系统还需要一段调试，你们能不能和技术部、商品部一起开个会，确定一个行动的进程。

（订单处理部、商品部、技术部很快召集了一次会议，在这次会议之后，订单处理部确定了具体的工作目标和衡量标准。）

孙：你看，这样的目标，你觉得完成有什么困难吗？

罗：主要是几名订单处理人员对新的操作系统还不够熟悉，需要接受培训，最好能尽快安排一次培训。

孙：好，我会让技术部来安排。

罗：我会尽力完成工作目标。

孙：我想一个月之后，我们来讨论一下进展情况，并根据实际情况做进一步调整。

罗：好啊。那么谁来召集这个会议呢？

孙：这也正是我想要与你沟通的，以后我希望你们这几个部门能够自己就存在的问题开会解决，必要的时候让我听一听你们开会。不过，既然现在还没有这样做，那么这一次我先来召集吧。在这次会议之后，我希望你自己将工作目标的衡量标准制定出来，然后与我讨论一次，你看如何？

罗：好。

案例思考

1. 该公司应如何开展网上购物部的绩效计划制订工作？
2. 这次绩效目标沟通存在哪些问题？

第一节 绩效计划的制订

绩效管理是依据企业战略，通过目标分解、绩效评估并将评估结果用于企业的日常管理活动中，以促进组织和个人绩效的持续改进并最终实现组织战略目标的一种管理方式。

绩效管理是通过持续动态的沟通，真正达到提高绩效、实现企业目标、促进员工发展的管理过程。绩效管理的内容包括绩效计划、绩效实施、绩效评估、绩效反馈、绩效改进和绩效评估结果的应用等。

一、绩效计划及其作用

绩效计划是基于公司的发展战略和总目标，通过层层分解，由管理者与员工通过沟通协商共同制定的绩效目标、评估指标和实现绩效实施方案的过程。绩效计划最终落实为订立正式书面协议即绩效计划和评估表，它是双方在明晰责、权、利的基础上签订的一个内部协议，是管理者与员工之间确立的关于绩效标准和绩效目标的契约。

无论对于管理者还是员工而言，绩效目标只是一个美好的愿望和憧憬，要真正实现愿望必须付诸实际的行动。古人云："预则立，不预则废。"计划便是指导行动的最佳指南。从具体的形式来看，作为指导员工行为的绩效计划书，能够使员工在具体的绩效周期内根据组织的目标来确认自己具体的工作目标并制定一系列合理的工作安排。

在绩效管理中，绩效计划的重要作用主要体现在如下几个方面：

1. 绩效计划具有明确的目标性，既是保证组织目标实现的基础，又能为员工提供努力的方向和目标。
2. 绩效计划有利于将组织的目标和员工个人发展结合在一起。
3. 绩效计划能够帮助员工采用适当的工作方法和途径。
4. 绩效计划是管理者和下属的沟通过程，体现了双方的承诺。
5. 绩效计划是员工绩效评估和培训的重要依据。
6. 绩效计划是关于工作目标与标准的契约。

二、绩效计划的主要内容

作为整个绩效管理过程的引导部分，绩效计划通常包括如下的内容：

1. 员工在绩效评估周期内的主要工作内容、工作职责及所要达到的绩效目的和目的本身的重要性。
2. 在绩效周期结束时，员工所应达到的绩效目标与标准。
3. 针对制定的绩效目标，员工应该采取怎么样的行动计划来分阶段、分层次地实现目标及实现目标的具体时间限定。
4. 员工在实现绩效目标的过程中，有可能遇到哪些潜在障碍，员工拥有哪些权限去解决障碍、实现目标。
5. 为了完成绩效目标，员工所必须接受的培训、辅导或帮助。
6. 收集员工工作绩效的方法和途径。

三、绩效计划的相关主体

绩效计划实施的相关主体包括组织人力资源专业人员、管理者和员工个人。三个主体共同协作、努力，共同承担责任和履行义务，在绩效计划的制订和执行过程中发挥各自重要的作用。

1. 组织人力资源专业人员

从绩效管理理论的高度出发对绩效计划的实施进行思考和指导，用掌握的专业知识和技巧，开展的前期为管理者和员工提供绩效计划指导帮助，使其共同认识绩效开展进程及协助绩效跟进和辅导工作。从绩效管理的角度来保证整个绩效管理系统的正常运作，保证绩效管理的目标始终与组织的总体目标一致，从而更好地实现组织的目标。

2. 管理者

因为相对于组织人力资源专业人员，管理者更了解与职位相关的一些信息，作为绩效计划制订的主要负责人会使整个计划更加符合现实的情况，更具有可行性。

3. 员工

员工参与是绩效计划制订的重要形式。提高员工的参与度不仅能够让绩效计划制订得更加合理、提高绩效计划的质量，还能让员工产生更高的服从感和认同感，从而产生更高的绩效水平。员工的参与提高了绩效计划制订过程中的互动性，提高了信息的透明度，让组织的沟通变得更加频繁和有效。

四、绩效计划的制订原则

绩效计划作为绩效管理的一种有效的工具，它能够确保公司总体战略目标的逐步实施，能够确保一个绩效评估周期内总体目标的顺利实现。作为如此重要的管理工具，在制订过程中必须遵守以下原则：

1. 目标导向原则

绩效计划的制订必须与组织和部门的总体目标一致。一方面设定绩效计划的最终目的就是为了保证组织和部门总体发展目标的实现，所以必须以目标为导向，将目标自上而下逐层分解、设计和选择。另一方面绩效计划要以目标为准，随着目标的变化要进行适时地计划调整和变更，使绩效计划能够适应不断变化中的目标要求。

2. 全员参与原则

在绩效计划的设计过程中，只有让员工、管理者和其他相关主体参与到绩效计划的过程中来，才能在沟通交流中更多地激发其主动性、积极性和自主性。沟通互动性的增强不但能够使参与绩效计划制订各方的潜在冲突和利益暴露出来，进而采取有效的手段进行调解和控制，使绩效计划得以顺利实施，还能提升普通员工的自信心，让其感觉被重视，从而为公司创造更加出色的业绩。

3. 流程系统化原则

不论是各层次的计划还是各个时间段的计划，都必须服从系统的原则，即个人绩效计划不仅必须服从部门和组织的战略计划，还必须与企业的资本计划、经营计划、人力资源管理等其他各个管理程序紧密相连。

4. 可行性原则

绩效计划的可行性主要表现在绩效目标和绩效标准上。绩效目标的制定要合理，既要保证制定的目标是员工通过努力可以达到的，员工具有实现目标的能力和可能，又要保证所制定的目标不至于太低，不能让员工觉得工作简单、无挑战性，更不能让公司蒙受损失。而要保证可行性还需要使与工作本身紧密相连的绩效标准科学合理、重点突出、精确可度量，让员工在执行计划时有章可循。只有做到这些，才能保证绩效计划的可行性。

五、绩效计划的制订流程

绩效计划制订的流程分为三个步骤：绩效计划的准备阶段、沟通阶段、审定和确认阶段。

1. 绩效计划的准备阶段

（1）组织信息的准备。主要是对组织目标进行重温和再提高、再认识。管理者有必要准备好充分的组织信息，帮助员工提高对组织目标的认识，从而更容易使员工将个人绩效计划与组织目标结合起来，最终达到系统化的要求。

（2）部门信息的准备。作为枢纽的部门，在绩效计划中扮演着承上启下的角色。一方面组织的目标要层层分解成部门的目标继而层层分解到每位员工，而员工的个人绩效计划又必须与部门乃至组织目标始终保持一致。另一方面在绩效计划面谈之前，准备好充分的部门信息，让员工充分了解部门的动态，对于提高员工绩效是大有裨益的。

（3）员工个人信息的准备。员工个人信息的准备工作在绩效计划准备阶段尤为重要。包括员工所在岗位的工作描述和员工个人的绩效表现（主要是上一年度的绩效表现及评估结果）。准备好与员工相关的个人信息并在绩效计划面谈的时候与员工进行沟通讨论，不仅能够让员工重新认识自己，而且更容易与员工就这一年度绩效努力的方向达成一致。

2. 绩效计划的沟通阶段

绩效计划的沟通，能够使管理者在年度绩效管理的初始阶段就对员工有深入了解，不但可以就上一阶段绩效评估结果进行回顾、讨论和总结经验，还可以对本年度的工作现状、工作变更和工作目标进行合理协商，大大降低了后期出现矛盾、误解的可能性，降低了员工的不满和工作的难度。从某种意义上讲，绩效计划沟通也是一种绩效相关的培训。

3. 绩效计划的审定和确认阶段

在绩效计划审定和确认阶段，直线经理与员工必须就绩效计划的主要内容进行再次的讨论和确定，保证双方能就内容所规定的各个方面达成共识，从而使得部门和员工的努力与公司的发展相协同，促进公司目标的达成。

绩效计划审定时主要关注以下方面：

（1）绩效计划的内容是否包括了员工的主要职责。主要职责是设定绩效计划及评估内容的基本依据，提供查阅、调整绩效计划及评估内容的基本参照信息。

（2）绩效计划指标值的设定是否合理。要确保绩效计划中对工作目标设定的完成效果评价主要按照工作目标设定中设置的评估标准及时间进行判定。

（3）绩效计划中的权重设置是否合理。审视绩效计划及评估内容划分的大类权重，确认它能体现工作的可衡量性及对公司整体绩效的影响程度，并便于查看不同职位类型在大类权重设置上的规律及一致性。

（4）绩效计划的周期是否明确合理。绩效计划及评估表格原则上以年度为周期，根据其职务和应完成的工作目标等具体工作特点设定相应指标、确认周期指定合理，且被员工了解。

相关链接

表11—1　　　　　　　　绩效计划举例（部分）

职位名称：秘书　　　　任职者签名：

上级管理者签名：　　　计划适用时间　　　　至

工作要项	目的	重要性	权重	潜在障碍	绩效目标	可能的业绩评价指标	行动计划
起草报告	提高报告质量	报告的分析质量有助于上级的决策工作	15%	报告的数据收集和分析有一定的难度	起草的报告质量高，对上级工作有很大的帮助	报告的正确率，报告的及时率，上级的满意程度	至9月1日，没有按时起草报告的次数不超过2次，出错不超过5处

续表

工作要项	目的	重要性	权重	潜在障碍	绩效目标	可能的业绩评价指标	行动计划
会议记录	建立完整的会议过程档案	不仅能起提醒作用,更能作为资料保存,为以后的决策提供帮助	10%	缺乏相应的辅助工作,在会议进程太快的情况下来不及记录或记录不够完整	提高记录的速度	3个月内使会议记录速度提高20%并保证95%的完整性和100%的准确率,会议记录的公布速度	每月15日为秘书提供为时3h的速记培训
日常文书工作	提高文书写作的水平	保证公司文件材料的规范化	20%	书面语言表达的不准确会引起很多误会和歧义	提高用语和写作的规范性	在一篇文档中文件的用语不当处不超过3处	8月中旬安排相关培训并于9月初进行测试

第二节　绩效目标的设定

一、绩效目标

绩效目标是在特定时间内，按数量或质量标准对需要实现的结果所进行的陈述。一般来说，绩效目标来源于公司的战略目标、部门目标、所在岗位的工作职责、内部或外部的客户需求等。目标的确定是整个绩效管理的基础，是绩效计划的内容。

1. 绩效目标的来源

绩效目标应该来源于企业战略，从企业的最高层开始层层分解绩效目标。下一级部门根据上一级部门分解的目标及本部门自身的关键绩效指标，制定本部门的绩效目标。然后，部门主管根据下属职位的职位要求和关键绩效指标，将目标的绩效目标层层分解到个人。

（1）绩效目标来源。具体来说，员工个人的绩效目标有以下三个来源：

1）组织的绩效目标。只有将个人的绩效目标与组织的绩效目标紧密相连，才能保证个人的目标符合组织的实际需要和实践要求，才能真正保证组织目标的彻底实现。

2）岗位职责。岗位是员工个体才能表现并得以发挥的载体，决定了员工在组织系统中所扮演的具体角色。建立在明确岗位职责基础上的绩效目标是最切实可行的。

3）内外部客户的需求。在制定绩效目标的时候考虑到内外部客户的需求能够起到锦上添花的效果，更好地实现组织的绩效。

总之，在设定绩效目标的时候，综合考虑以上三个方面，能够较为全面地满足组织的绩效要求，达到良好的绩效结果。

（2）设定绩效目标的注意事项。在设定目标的时候，必须注意以下几点：

1）个人目标与部门、组织的目标要始终保持一致。绩效目标要保持动态性，不能局限于以往的习惯和静态的岗位职能界定。要根据具体的新形势、新环境不断调整和变化，与时俱进。

2）个人目标必须由员工和主管共同讨论完成。这样既能在讨论的互动中让员工觉察到被期望的程度，激发员工的自我反省意识，又可以帮助主管看到每位员工的盲点。

3）不能为了追求目标的全面性而忽略目标的针对性，避免眉毛胡子一把抓。

4）要有预见性。计划赶不上变化，在既定的目标实现过程中必然会出现很多的障碍和变化，要勇于面对并积极应对。

2. 绩效目标要用格式化的形式来表达

绩效目标需要用"绩效标准＋目标值"组成这样一个格式来表示。具体的绩效标准用数量、质量、成本、时间周期或日期及其他标准表示，见表11—2。这里的数量可以是产品的个数、接电话的次数、销售金额等；质量可以是合格品的数量、错误比率、投诉数量等；成本就是财务会计核算用的支出费用额、实际费用预算等；时间就是时期、时点的概念。

表 11—2　　　　　　　　　　绩效目标的绩效标准

数量	成本
产品的数量 处理零件的数量 接听电话的次数 销售额/利润 拜访客户的次数	支出费用的数额 实际费用的预算
质量	时间
合格品的数量 错误比率 投诉数量	期限

对于绩效目标的目标值有两种形式。第一种是结果型，就是员工在特定的条件下必须达到的阶段性成果，是可以用数量来衡量的结果。比如，增加市场占有率、提高销售额等。第二种是行为型，就是在员工完成成果过程中的行为表现必须达到的标准要求。如客户服务、超前创新、积极主动、灵活机动、团队合作等。

3. 绩效目标的确定原则

有了目标才能制定出具体的步骤来实现目标，所以绩效目标的制定显得尤为重要。只有行之有效的目标才能引导正确的行为，否则只能是徒劳无功。所以在目标制定以后，必须按照 SMART 原则来衡量目标的有效性。

（1）S—Specific 目标是明确具体的。相对于绩效标准，绩效目标应该更加明细化和具体化。主要表现在两个方面：其一，由于每位员工的具体情况不同，其所承担的具体岗位职责和具有的具体能力素质必然要求管理者对于不同的员工提出不同的绩效要求。通过具体明细的表述将不同的绩效目标传达给员工，能够更好地引导员工达到绩效期望。其二，目标的明确具体化能够让员工更好地知道应该做什么和要达到什么样的结果。

（2）M—Measurable 目标是可衡量的。绩效目标的设定最好能够采用可衡量的方式进行表示，比如数据或者事实。只有这样，管理者才能够根据计划控制员工的行为，才能进行后期的绩效反馈和绩效辅导。

（3）A—Attainable 目标是可达到的。绩效目标的设定必须是合理和有效的。它的制定必须建立在实际调查的基础上，必须是在部门或者员工的控制范围之内，并且通过部门或员工个体的努力是可以实现和达成的。只有真正的切实可行，才能激发员工更努力地工作和实现目标。

（4）R—Relevant 目标是高度相关的。绩效目标必须与企业和部门的目标高度相关，它是层层分解、自上而下的，具有明显的传递性。

（5）T—Time-based 目标的时限性。绩效目标的实现具有一定的时间限制。绩效目标实现主体必须在规定的时间内完成既定的绩效目标，而合理的时间限制实际上也能看成组织对个体实现目标的一种合理引导，能够帮助员工更好地实现目标。当然在目标一定的情况下，具体的时间限制程度应当根据管理者的要求和员工的工作能力等方面的情况而定。

以上是衡量绩效目标的 SMART 原则，符合上述原则的目标就是一个有效的目标。否则，绩效目标不明确，就会因不同的理解而造成误导，使后续绩效管理的其他各项工作的效果大打折扣。

二、绩效目标分解

在绩效目标分解中，可以把企业的目标分为可控目标和可影响目标两部分。可控目标是部门或人员通过努力可以直接实现的；可影响目标则是人员通过努力，只能影响其中的一部分，而无法全部实现，这类目标通常需要多个部门或多位人员承担。

绩效目标分解具体可以采取三步走的方法来实施。

1. 分解总目标

（1）寻找关键支撑要素。分解企业总目标的核心是寻找战略目标的关键支撑因素。最好采用自上而下的系统思考方法，从最终目的开始，确定实现的路径有哪些，需要具体做哪些事情才能保障其实行。

（2）把要素按重要性排序。企业目标的支撑要素找到之后，根据重要性进行排序，这样就把总目标分解出很多内容。例如，收入增长，出现利润增长的目标客户市场，以及为了创造和保持预期增长所需的人力与投资、相关软硬件设施及配套等，从而形成了企业层级目标体系。该企业的总目标是为了提高利润，需要增加销售额，而增加销售额就必须提高客户满意度、加快企业的产品开发周期，见表11—3。要做到这些，就必须有相关的客户信息、相关人员的支持培训、新的数据库与信息系统等，而组织结构、薪酬激励机制等则从组织和制度上为实现目标提供最终保障。这样，就可以从多个维度定义分解企业的战略目标了。

表11—3　　　　　　　　　战略目标的企业层级分解

战略目标：提高利润率			
绩效标准		目标值	具体措施
收入增长	增加新产品的收入年收入	新产品收入百分比单位客户消费增长率	优质服务、满足客户对优质服务的要求、客户数据库建立、深度营销技能提升
新产品开发	加速新产品开发	提升产品功能性缩短推向市场时间	开拓市场、参与生产设计、CAD推广应用
成本控制	减少企业成本支出	降低管理成本降低采购成本	完善流程、定岗定编、建立集中采购体系
高效的人才队伍	获得和保留战略性人才	提高人员效率，留住关键员工	企业绩效薪酬变革、培训晋升规划

2. 目标分解到部门

（1）部门可控目标分解。部门可控目标是部门可以直接控制的目标，是该部门的关键业绩目标。需要从部门的关键职能入手，把企业总目标分解到各相关部门。比如，将企业销售额目标分解到营销部，生产目标分解到生产部。这些目标是相应部门关键职能所在，是部门可以直接控制的，也是该部门的关键业绩目标。部门可以直接控制的目标，应主要由直线经理承担相应的责任。

（2）部门可影响目标分解。部门可影响目标是需要两个或两个以上部门共同承担的目标。比如，人员流失率目标、质量目标、降低管理成本等，这些目标需要分解给两个甚至多个部门。分解的方法是认真审查各部门职能，看看部门有无此工作内容。比如，产品质量目标，生产部、质量部都有此相应职能，因此，该目标就由这两个部门共同承担。然后，再确定各部门在这个目标中承担什么样的责任。具体来说，就是根据各部门职能的侧重点，确定分配权重。比如，关键人员流失率目标，不仅是人力资源部经理的事情，更是各直线主管的责任。如果企业面临着普遍的人员流失，那么人力资源部要承担主要责任。如果是个别部门的人员流失严重，那么这个部门的负责人就要承担主要责任。这样直线经理才能对整个部门绩效、人员管理全面负责。

（3）部门目标的横向联系。所谓的横向关联就是把目标落实到各部门后，还需要确定各部门目标是否实现了左右关联、方向一致，以及相互支持和配合。

企业级目标制定和分解、部门横向目标协调，可通过高层管理者对战略任务的阐述，通过各级直线经理的参与，使各级管理者对企业的目标方向更加清楚。同时通过了解其他部门对本部门的意见和要求，及时修正自己的目标。而部门目标的分解，则需要上下级双方讨论，充分听取彼此的意见，双方同意后，再签字确认。

相关链接

表11—4　　　　　　　销售部目标分解表

	绩效标准	目标值
销售量	销售量	销售量达到　万件以上
	销售增长率	销售增长率达到　%以上
	销售收入	年度销售收入达到　万元
销售账款管理	及时催款，收回销售账款，减少呆账	坏账率不得超过　%
		销售账款回收率达到　%以上
销售成本	控制销售成本	产品年度销售成本控制在　万元以内
		年度销售成本比上一年度下降　%
客户管理	全力开发新客户，保持老客户	新客户开发率达到　%以上
		老客户保有率达到　%以上
	客户档案规范、完善、分级科学	档案完整有效、更新及时
		客户分级科学、有效、实用
	提高客户满意度	客户满意度不低于　分

3. 目标分解到个人

（1）人员可控目标分解。直线经理要为整个部门的绩效负责，因此，部门可以直接控制的目标应主要由主管承担，如销售额、生产量、技术开发项目数量等。目标分解的过程中，主管需要检查每名人员的职责，然后确定谁与这些目标有关，各自承担的比例是多少。从而做到目标分解上下贯通、不错位。

同时，个人目标是上级目标的进一步细化和延伸，目标分解时，要把这些细化、配套措施都找出来，这样下级的工作才能更有效地支撑上级目标的实现。

另外，目标分解必须把握人员能够控制的范围。比如，利润率目标通常不是营销经理能完全左右的，它牵扯到管理、采购、生产的成本，这些只有总经理才能负责。而销售额、毛利率等则是营销经理可以直接控制的。

（2）人员可影响目标分解。以关键人员流失率这个目标为例，这个目标每个部门都有份，人力资源部的职能主要涉及招人、育人、用人、留人的制度设计和组织实施，因此这个目标主要由人力资源部经理负责。继续往下分解，招人、育人、留人由招聘、培训、绩效、薪酬等各专员对应负责，目标就可以分解到各个人员身上。而各直线经理除了关键目标外，还要承担起人员管理的责任，要培养人（专业培训或传帮带），要对下属考评（绩效面谈、沟通交流），要对部署的绩效负责。

（3）检查目标是否与上级的目标一致。由于目标是从上至下、层层分解形成的。因而，作为企业的一员，个人目标必须与上级的目标一致，在目标制定和执行过程中，要检查员工的目标是否与上级的目标发生偏差。

相关链接

表 11—5　　　　　　　　招聘主管绩效目标表

	绩效标准	目标值	数据来源
招聘计划	招聘计划完成率	%	人力资源部
招聘成本	招聘费用预算控制率	%	财务部
人才储备	关键岗位人员储备率	%	人力资源部
招聘效果	招聘人员适岗率	%	各用人部门
	招聘空缺职位所需平均天数	天	各用人部门 人力资源部
	部门经理满意度评分	分	各部门经理

三、绩效目标确定

1. 绩效目标设计中的职能分工

绩效目标主要分为组织目标、部门目标、个人目标三个层次。根据绩效目标的三个层次，负责绩效目标制定的责任人应包括公司决策层、人力资源部、部门领导和个人。公司决策层应提出企业的战略发展目标和年度发展计划，然后由各部门领导按照企业的战略目标和年度计划制定本部门的绩效目标，最后按照本部门各岗位的工作职责分配到个人。在这个流程中，人力资源部负责牵头组织、收集汇总和制订评估计划。

2. 绩效目标确定流程

让每位员工都了解企业的未来发展方向、公司战略的真正含义和公司期望员工的行为方式。做到员工心中有数，在实施公司的目标任务时，就不会偏离企业战略，在实施个人目标过程中也能自动校正自己的行为使之符合企业规范。

（1）了解。由公司高层向各部门和员工公布工作目标及其重点。

（2）准备。由员工与主管准备本年度绩效目标。

（3）讨论。主管与员工面谈，澄清与区分重要目标。

（4）承诺。员工承诺实现绩效目标的具体行动。

（5）认可。对主管与员工面谈的结果和承诺要书面认可，并备案。

3. 绩效目标承诺

在绩效目标制定之后，还要用书面确定下来。对目标加以书面化以后，不会引起疑虑和争论，而且有利于目标检查和工作评估。此外，还便于目标的修订。

绩效目标书面化一般以绩效合约的形式体现。员工的绩效合约也称为绩效协议，它是直接主管与员工之间对于实现目标的承诺。员工与上级达成绩效协议的内容见表11—6。

表11—6　　　　　　　　员工与上级达成绩效协议的内容

序号	员工与上级达成绩效的内容
1	对员工既定的工作职责进行要求和规定
2	对员工的工作、对公司实现目标的影响进行要求和规定
3	对员工和上级之间应如何共同努力以提高员工的绩效进行要求和规定
4	对工作绩效如何衡量进行要求和规定
5	对如何排除影响绩效的障碍等方面进行明确的规定

绩效目标书面化，一定要落实到专人专项，让员工自己将最终确定的工作目标进行整理，做出正式的书面材料，签字确认。员工确认个人绩效目标及计划由部门经理批准。经批准的目标与计划由人力资源部及直接上级各留存一份。绩效合约的形式见表11—7。

表 11—7　　　　　　　　　　员工年度绩效协议表

受约人姓名		发约人姓名	
受约人职位		发约人职位	
受约人公司/部门		发约人公司/部门	
绩效合同期		2014年1月1日—2014年12月31日	

第一部分　重大事件（权重　　％）

工作目标	标准分	衡量标准	完成情况	完成结果评分
得分小计				

第二部分　岗位 KPI 和其他年度重点工作（权重　　％）

KPI/重点工作	标准分	衡量标准	完成情况	完成结果评分
得分小计				

绩效考核得分		备注	
综合评价意见			
受约人签字		发约人签字	
签字日期		签字日期	

第三节　绩效指标的设计

一、绩效及其影响因素

绩效是组织期望的结果，是组织为实现其目标而展现在不同层面上的有效输出，它包括个人绩效和组织绩效两个方面。

影响绩效的主要因素有员工技能、外部环境、内部条件和激励效应。

1. 员工技能

员工技能是指员工具备的核心能力,是内在的因素,经过培训和开发是可以提高的。

2. 外部环境

外部环境是指组织和个人面临的不为组织所左右的因素,是客观因素,是完全不能控制的。

3. 内部条件

内部条件是指组织和个人开展工作所需的各种资源,也是客观因素,在一定程度上能改变内部条件的制约。

4. 激励效应

激励效应是指组织和个人为达成目标而工作的主动性、积极性,激励效应是主观因素。

在影响绩效的四个因素中,只有激励效应是最具有主动性、能动性的因素,人的主动性、积极性提高了,组织和员工会尽力争取内部资源的支持,同时组织和员工的技能水平将会逐渐得到提高。因此绩效管理就是通过适当的激励机制激发人的主动性、积极性,激发组织和员工争取内部条件的改善,提升技能水平进而提升个人和组织绩效。

二、绩效指标的要素

绩效指标,是目标分解表中需要达到的目标值,是实现目标的一种衡量手段。绩效指标是建立在绩效目标基础之上,是对目标评估内容的衡量或评价。绩效指标通常包括指标名称、指标定义、标志和标度四个要素,见表11—8。

表11—8 绩效指标的四个要素

要素	具体内容
指标名称	对指标内容的总体概括
指标定义	指标内容的操作性定义,用于描述指标的关键可变特征
标志	绩效评估会将员工划分为不同等级,指标中用以区分各个级别的特征规定就是绩效指标的标志
标度	对绩效评估各级别的范围做出规定

三、绩效指标的类型

绩效指标按照不同的角度有多种分类的结果。

1. 根据绩效评估的内容分类

根据绩效评估的内容分,可分为业绩指标、能力指标、态度指标三类。

(1) 业绩指标。工作业绩是工作行为产生的结果。一般情况下包括工作的数量、工作的质量及成本费用三方面。工作的数量是指所完成工作的总量及按期完成的程度;工作的质量是指完成工作的细致程度、准确程度及工作效率;成本费用是指工作在进行中及最后完成工作花费的时间、财、物的总量。

(2) 能力指标。不同的工作岗位对个人的能力要求不同,工作能力指标一方面可以明确该岗位所需要的能力;另一方面可以引导员工不断提高自身的工作能力,以与现在的岗位匹配并向更高层的岗位努力。工作能力一般包括体能、智能及技能。体能是指个人的健康状况;智能是指人们获得知识、运用知识及改造创新的能力,如员工在组织中表现出来的分析能力、记忆能力、理解能力、判断能力、运用能力、创新能力等,表现在人们获取和运用知识解决实际问题的速度与质量;技能是通过学习并坚持练习掌握的技巧,主要体现为一个人解决问题的技能、沟通技能、专业技能等。

(3) 态度指标。不同的工作态度会产生截然不同的工作结果,虽然工作态度不能决定一个人的绩效,但在很大程度上影响工作绩效达到的水平。"工作态度决定工作高度",因此,在每个企业的企业绩效体系中都会有关于工作态度的指标规定。不同的企业,不同的工作岗位,可以使用相同的工作态度指标。

2. 根据绩效评估方式分类

根据绩效评估方式分,可分为定量指标和定性指标。

(1) 定量指标是以统计数据为基础,把统计数据作为主要评估信息,建立评估数学模型,并以数量表示评估结果的绩效指标。定量指标要相对客观、公正,可以摆脱主观因素和个人经验的影响,评估结果更加准确、可靠。但是当所依据的数据不准确时,评估结果就难以客观和准确,而且定量指标缺乏灵活性,不能说明工作的质量,难以表现工作的全部事实。

(2) 定性指标是指无法直接通过数据计算分析评价内容,需对评价对象进行客观描述和分析来反映评价结果的指标。定性指标可以充分发挥人的主观能动性,在绩效评估时综合考虑更多因素,使评价更加全面。但定性指标所反映的被评估者的业绩往往是笼统的、涵盖多方面内容,而评估者是凭着对被评估者业绩的总体感觉给出一个印象分,所以,定性指标的准确性有待考量。

综合考虑定量指标和定性指标的优点和不足,企业在实际运用过程中,会将两者结合起来使用,以达到扬长避短的效果。在数据充足全面的情况下,以定量指标为主、定性指标为辅来设定绩效指标;在数据缺乏或者难以量化的情况下,以定性指标为主、定量指标为辅来设定绩效指标。

3. 根据绩效评估的形态分类

根据绩效评估的形态分，可分为特质指标、行为指标、结果指标。

（1）特质指标指的是个人的性格和能力，如忠实、敬业、吃苦、领导能力、管理能力等。特质指标注重的是什么样的人，而不考虑工作成果，缺乏有效性。

（2）行为指标关注的是工作流程，即工作具体如何执行，适用于程序化的工作方式。

（3）结果指标强调以结果为导向，重点是结果，产出了什么，而不是行为。

4. 根据绩效评估的角度分类

根据绩效评估的角度分类，可分为任务绩效、周边绩效和管理绩效。

（1）任务绩效。当员工在组织关键技术流程中运用与工作有关的技术和知识生产产品或提供服务时，或完成某项特定的任务以支持组织的关键职能发挥时，其表现被视为任务绩效。任务绩效与被评价人员（部门）的工作目标、职责（职能）、工作结果直接相关，包括工作的数量、质量、时效和成本等方面的内容。

（2）周边绩效。周边绩效也称关系绩效，当员工主动地帮助工作中有困难的同事，努力保持与同事之间的良好工作关系，或通过额外的努力而准时完成某项任务时，员工的表现被称为周边绩效，包括了诸如工作主动性、沟通与协调、服务意识、纪律性、个人发展等内容。

（3）管理绩效。对于管理人员而言，管理绩效是整体工作绩效的重要组成部分。从行为科学的角度来看，管理绩效是通过他人出色完成任务，管理人员在工作过程中主要进行计划、决策、指挥与控制、授权与协调等方面的工作。管理者要为下属制定具有挑战性的工作目标，工作过程中应及时跟踪检查、监督与指导，解决工作中的困难，及时提供反馈信息，充分激发员工积极性，协调各种人际关系，化解矛盾冲突，提高团队凝聚力和向心力。包括了诸如决策与授权、计划与组织、指挥与监控、人员与团队管理等内容。

四、绩效指标设计的原则

绩效指标在设计过程中需要遵循八项原则。

1. 客观公正性原则

绩效指标在设计中要避免主观臆断，始终牢记"针对岗位而非针对个人"标准，指标的选取要符合客观实际情况，以岗位职责为依据。

2. 明确具体性原则

绩效指标要明确具体，任何一个指标的描述都应该使用精确、清晰的语言，各个指标的界定和要求要明朗，不能含糊不清，避免造成误解。

3. 可操作性原则

指标设置不宜过高，过高的指标会影响员工的积极性；过低的指标不易区分员工的差异，达不到激励员工的作用。

4. 界限清楚原则

每项指标的内涵和外延都应界定清楚，避免产生歧义。

5. 可比性原则

同一层级、同一职务及同一性质岗位的指标在横向上必须保持一致，便于在绩效考核时分出不同等级。

6. 数量少而精原则

绩效考核指标并不是越多越好，指标越多，成本越大，而且指标越多，会使简单的工作变得复杂。所以，绩效考核指标的数量应当与岗位层级挂钩，层级越低，指标越少。企业一般会采用关键绩效指标的办法，既节约了成本，又实现了对人员的考核。

7. 相对稳定性原则

稳定性是指考核指标一经确定，不得随意更改。缺乏稳定性的绩效指标缺乏权威性，容易失去可信赖性。

8. 差异性和独立性原则

差异性是指各项指标在内容上不同，能明确分清其不同；独立性是指各指标界限清晰，各指标的含义没有重复现象。

五、绩效指标设计的流程

1. 确定评估对象

整个组织架构的人员包括各级管理人员和基层员工，即便是基层员工，由于其工作内容和工作性质的不同，绩效指标的结构也大相径庭。因此，在评估指标设定过程中首先要考虑指标的评估对象。

2. 进行职责分析

职责分析是评估指标设定的基础。通过对不同岗位的工作职责分析，确定其具体的工作内容和工作职责，具体分析完成岗位职责所需要的能力，为制定评估指标提供支持和依据。

3. 绩效指标体系设计

根据职责分析的内容，确定评估指标的大类，主要包括硬指标和软指标。硬指标主要是指通过财务数据进行量化的指标；软指标即非财务数据，是一些主观性的或以定性描述为标准的指标。

4. 绩效指标的提取

指标的提取依据主要是职责分析的内容和通过框架设计确定的硬指标和软指标，通常采用穷举法、头脑风暴法、问卷调查法及人员访谈法等方法提取指标。

5. 绩效指标的筛选和确定

绩效指标提取过程中形成的指标体系非常庞大，还需要结合评估指标设计的四项原则进行分析、筛选和确定。筛选方法可以采用排序法、人员访谈法等。

6. 绩效指标的评估

对指标的评估可以采用专家评估和建立指标评议平台。专家评估是将评估指标交由专家进行审议、修改和补充，使其更具科学性。建立指标评议平台可以使管理人员和员工都参与到指标的优化过程中，使指标更具合理性和可行性。

7. 绩效指标的修正和审核以获得支持

根据绩效指标的评估结果，对绩效指标进行修订和调整。

相关链接

表11—9　某公司人力资源部经理年度绩效评估指标表

	评估指标	权重	评估标准	评估主体
工作业绩 定量指标	销售任务完成率	45%	实际完成销售额÷计划完成销售额×100% 考核标准为100%，每低2%扣该项1分	财务部
	季度销售增长率	10%	与上季度销售业绩相比每增加10%加1分	财务部
	行业应用销售	10%	开发意向性企业成功1个得6分，2个以上得满分，否则为0分	销售经理
定性指标	培训完成率	4%	培训考试低于60分的，每次扣1分	人力资源部
	销售制度执行	4%	前2次违规警告，以后每违规1次扣1分	销售经理
	团队协作	3%	因个人原因而影响团队工作情况出现一次，第一次警告，第二次扣除该项3分	销售经理
工作能力	专业知识	4%	1分：了解公司产品基本知识 2分：熟悉本行业及本公司的产品 3分：熟练掌握本岗位所具备的专业知识，但对其他相关知识了解不多 4分：熟练掌握业务及其他相关知识	销售经理

续表

评估指标		权重	评估标准	评估主体
工作能力	分析判断能力	4%	1分：较弱，不能做出正确的分析与判断 2分：一般，能对问题进行简单分析和判断 3分：较强，能对复杂的问题进行分析和判断，但不能灵活运用到实际工作中 4分：强，能迅速对客观环境做出较为正确的判断，并能灵活运用到实际工作中取得较好的销售业绩	销售经理
	沟通能力	4%	1分：能较清晰表达自己的思想和想法 2分：有一定的说服能力 3分：能有效地化解矛盾 4分：能灵活运用多种谈话技巧和他人沟通	销售经理
工作态度	员工出勤率、日常行为规范	4%	1. 月度员工出勤率达到100%，得满分，迟到一次，扣1分（3次及以内） 2. 月累计迟到三次以上，该项得分为0	人力资源部
	责任感	4%	1分：工作马虎，不能保质、保量地完成工作任务且工作态度极不认真 2分：自觉地完成工作任务，但对工作中的失误有时推卸责任 3分：自觉地完成工作任务，对自己行为负责 4分：除了做好自己的本职工作外，还主动承担公司内部额外的工作	销售经理
	服务意识	4%	客户投诉2次扣1分；以后有1次扣1分	客服部

学习案例

绿丰食品公司是一家年销售额为5亿元、总部设在北方某大城市的合资食品公司，以生产冰激凌、饼干等食品为主，员工总数为700人，外方合作伙伴是一家著名的国际食品公司。过去4年来，该公司的业务一直以平均每年70%以上的速度增长，但同时也面临着激烈的国内与国际竞争的压力，其中最大的压力来自本土企业的低价竞争。如果不降价，该公司产品的平均价格将比本土竞争对手高出40%。为了保持产品的竞争力，该公司打算降低产品价格。然而，如果仅仅采取降低价格的手段，利润率肯定会下降，这是公司不愿看到的。因此，降低现有产品的运营成本就成了该公司在降价之后保持竞争力和维持利润率的一种战略选择。但是，公司的高层也意识到，降低价格不是保持竞争力的长久之计，成功的关键在于加强新产品的开发。如果公司能够持续不断地开发出本地竞争对手不能提供的新产品，那么凭借公司的品牌知名度和顾客忠诚度，仍然能够以较高的价格出售产品，维持以往的利润率。可以说，这家公司的战略目标是清楚的。它要实现两个目标：一是提高运营的效率，具体做法是把现有产品的运营成本降低20%，以抵消降价对利润率的影响；二是建立产品领先优势，为此必须至少把新产品的平均开发周期缩短20%～30%，同时还要保证新产品的销售额占到当年产品销售总额的40%。然而，绿丰食品公司在提出新战略6个月后，不管是降低运营成本还是开发新产品，都没有取得多大的成效。运营成本与上一年同期相比，不仅没有降低，反而上升了。按照计划早该推出的新产品，也迟迟不能推出。

讨论题

1. 该公司的绩效目标在哪些方面出了问题？
2. 一个有效的绩效目标该如何制定呢？

本章思考题

1. 绩效计划制订基本流程是怎样的？
2. 绩效目标分解有哪些层次？
3. 绩效目标设定的原则是什么？
4. 如何进行绩效指标编制？

第十二章

绩效评估实施

第一节　绩效评估方法　　　/211
第二节　绩效评估过程组织　/219

引导案例

严涛加入公司已经两年了,现在已经成为这家制造企业的人力资源部经理。最近他在公司内部推行360度评估法时,遇到了执行上的困难。

提出要实施360度评估法的是董事长。他在与同行的交流中得知这种评估法不仅能够避免在评估中出现人为因素的干扰,而且还能促使员工自觉提高,他便让严涛制定相应的评估系统,并授权他在公司内部推广实施。

严涛也知道原有评估方法有缺陷,由上级对下级进行单向评分,容易出现人为因素干扰而不能反映员工真实的表现。凭借良好的专业知识,又参考了一些资料,严涛很快就编制出了一份360度评估制度及推行方案。按照新的评估制度,被评估人的上级、同级、下级和服务的客户都对他进行评价,使被评估人清楚自己的长处和短处,来达到提高自己的目的。被评估人初步定为公司中层领导和关键员工,普通员工如果有需求,也可以主动提出做360度评估。

按照既定步骤,严涛首先组织6个部门经理和2个总监开会,对新评估方法进行介绍和说明。已经到了开会时间,部门经理和总监才三三两两地来到会议室。严涛一看手表,每次开会没有一次是准时的,这次又延迟了15分钟。除了董事长开会大家还算准时外,其他的会议都是这样。

严涛在会上进行讲解和演示,大家似听非听、似懂非懂地看着严涛。生产部经理边听边拿出要出货的订单盘算着,而财务总监则拿起不停响铃的手机听着说着,还不时地问问旁边的财务经理一些数据。

严涛讲解完毕,希望主管们提出问题和意见,但是大家的回应很含糊,有的说"行",有的则回答"差不多"。会议就这样结束了。按计划,第二天严涛向各部门收取要求填写的最新"职务说明书"时,问题又来了:生产部和采购部提交的"职务说明书",填写的内容与以前一模一样。昨天在会上不是明明白白地说了这些职务的职责有了变化吗?而财务总监则说自己忙还没有做,也不知道要忙到什么时候才有空。于是严涛要求生产部和采购部重新填写,并要求财务总监尽早完成。

等了两天,未见有任何动静,严涛终于忍不住找到了董事长汇报。董事长说:"财务总监也没交?哦,他可能比较忙,你直接追他好了。"

从董事长那里出来,严涛自问:"怎么会这样呢?"可以肯定的是,360度评估法本身是比较科学的,其效果也应当是不错的,但是执行出了问题。

案例思考

1. 为什么公司各部门主管并不热衷于360度评估呢?
2. 严涛应该怎样认识与克服这个困难,将360度评估法顺利推广呢?

第一节 绩效评估方法

绩效评估方法是对员工在工作过程中表现出来的绩效进行评价,并用之判断员工与岗位的要求是否相称的方法。

绩效评估实施方法,一般来说有以下几种:一是相对评价法,包括直接排列法、间隔排列法、配对比较法、人物比较法、强制分配法;二是绝对评价法,包括目标管理法、关键绩效指标法、等级评价法、平衡计分卡、行为锚定法;三是描述法,包括全视角评估法(360度评估法)、关键事件法等。

一、目标管理法

1. 目标管理的定义

目标管理法重视和利用员工对组织的贡献,也是一种潜在有效的评价员工绩效的方法。此方法普遍地运用于对专业人员和主管的评价上。在传统的绩效评估方法中,常常使用员工的个人品质作为评价业绩的指标。另外,评价负责人的作用类似于法官的作用。运用目标管理法,评价过程的关注点从员工的工作态度转移到工作业绩上,评估负责人的作用也从公断人转换成了顾问和促进者,此外,员工的作用也从消极的旁观者转换成了积极的参与者。

目标绩效评估是自上而下进行总目标的分解和责任落实的过程,相应地,绩效评估也应服从总目标和分目标的完成。因此,作为部门和职位的KPI评估,也应从部门对公司整体进行支持、部门员工对部门进行支持的立足点出发。同时公司的领导者和部门的领导者也应对下属的绩效评估负责,不能向下属推卸责任。绩效评估区分了部门评估指标和个人评估指标,也能够从机制上确保上级积极关心和指导下级完成工作任务。

2. 目标管理实施的步骤

(1) 确定企业目标。根据企业的使命、企业战略来确定企业目标,并根据企业目标制订整个组织下一年的工作计划。

(2) 确定部门目标。由各部门领导和各部门的上级共同制定本部门的目标。

（3）讨论部门目标。部门领导就本部门目标与部门下属人员展开讨论（一般是在本部门全体员工参加的会议上），并要求部门人员分别制订自己个人的行动计划。换言之，在这一步骤上需要明确的是，本部门的每一位员工如何才能为实现部门目标做出贡献。

（4）对预期目标的界定（确定个人目标）。部门领导与下属人员共同确定短期的绩效目标。

（5）工作绩效评估。即对工作结果进行审查。部门领导就每一位员工的实际工作成绩，与事前商定的预期目标加以比较。

（6）提供反馈。部门领导定期召开绩效评估会议，与下属人员展开讨论，一起对预期目标的达成和进度进行讨论。

3. 目标管理法的优缺点

（1）优点

1）成本较低。目标管理考核法操作起来比较简单，减少了一些不必要的环节。

2）比较公平。目标管理是在员工与管理者之间达成绩效目标的基础之上开展的考核，考核之前就存在一个客观的标准，这样就增强了员工的公平感。

3）符合绩效管理的目的。目标管理可以强化员工对于达成工作成果的愿望，使员工更好地完成工作任务。

（2）缺点

1）重结果，轻过程。目标管理是以结果为导向的，缺乏对执行过程的监督，这就导致很多员工在工作中过于追求结果的现象出现，甚至一些员工采用不正当手段来达到目标。

2）目标定位不准确。企业在制定目标过程中，往往会出现目标定位不准确的现象。如果目标定得太高，势必打击员工的工作积极性；如果目标定得过低，又失去了目标管理的本意。

3）短期效应。由于目标管理的时效性很强，所以目标设定的时限都很短。一般情况下，以季度和月度目标为主，很少有超过一年的，这就导致了一些短期效应的出现，不利于企业长期目标的达成。

二、行为锚定法

行为锚定等级评价法是以具体描述的特定工作行为是否被体现为基础来确定员工绩效水平的绩效评估方法。行为锚定等级评价法的核心与图表等级评价法一样，其重点不是落在绩效结果上，而是在工作中表现出来的职能性行为上，其假设是职能性行为将会产生有效的工作绩效。

行为锚定等级评价法大多数使用"工作维度"这个术语，表示构成工作的任务和责任的广泛范畴。每种工作一般有多个维度，对每个维度都必须制定独立的评分量表。

相关链接

表 12—1　　　　　　　企业内部培训师授课行为锚定评价

维度	课堂培训教学技能
优秀	7. 内部培训师清晰、正确、简明、生动地回答学员的问题 6. 内部培训师清楚、正确地回答学员的问题 5. 当试图强调某一点时，内部培训师使用实例
中等	4. 内部培训师用清楚、能使人明白的方式授课 3. 内部培训师基本能够让学员明白所教内容 2. 讲课时内部培训师表现出许多令人厌烦的习惯
极差	1. 内部培训师在班上对学员进行不合理的批评

采用行为锚定等级评价法评价绩效，要求评价者认真阅读每一个量表上的内容，通过对员工工作行为与评分量表上相应等级进行比较、炮制、锚定，查找与该等级行为相对应的分值。工作中所有可以确定的维度都可采用这种方法，将查找出的分值与所有的工作维度结合就可得到一个完整的评价。

1. 行为锚定的步骤

行为锚定等级评价法一般是由主管和有关员工共同参加一系列会议后制定出来。它通常有以下三个步骤：

步骤一，主管与有关员工确定工作的相关维度。

步骤二，主管与有关员工为每个工作维度编写出尽可能多的行为锚定。

步骤三，主管与工作承担者对所采用的分值及每一分值的锚定叙述分类达成一致意见。

2. 行为锚定法的优缺点

（1）优点

1) 行为锚定等级评价法通过主管及工作承担者双方的积极参与制定出来，从而增加了该方法被接受的可能性。

2) 锚定由实际完成工作的员工根据其观察和经验制定出来。

3) 行为锚定等级评价可以为某一员工的工作绩效提供具体反馈。

(2) 缺点。行为锚定等级评价法的一个主要的缺点是，其设计需要相当多的时间和工作。此外，运用该方法还需为不同的工作制定不同的表格。

三、关键事件法

关键事件法就是通过观察，记录下有关工作成败的关键性事件，以此对员工进行评估和评价的方法。

当这样一种行为对部门的效益产生无论是积极还是消极的重大影响时，主管都应把它记录下来，这样的事件便称为关键事件。

> **相关链接**
>
> 一个领班对一个部下的工作"协调性"的记录
>
> 有效性行为：虽然今天轮不到李冰加班，但他还是主动留下，帮助其他同事完成了一份计划书，使公司在第二天能顺利地与客户签订合同。
>
> 无效行为：总主管今天来视察，李冰为了表现自己，当众指出了王刚和刘智的错误，导致同事关系紧张。

在评估后期，评价者运用这些记录和其他资料对员工绩效进行评价。用这种方法进行的评估有可能贯穿整个评价阶段，而不仅仅集中在最后几周或几个月。然而，如果一名基层主管要对许多员工进行评价，那么记录这些行为所需要的时间可能会过多。

在运用关键事件法的时候，主管人员将每一位下属员工在工作活动中所表现出来的非同寻常的好行为或非同寻常的不良行为（或事故）记录下来，然后在每6个月左右的时间里，主管人员和其下属人员见一次面，根据所记录的特殊事件讨论后者的工作绩效。

1. 关键事件法的优点

(1) 它为主管向下属人员解释绩效评估结果提供了一些确切的事实证据。

(2) 它可以确保主管在对下属人员的绩效进行考察时，所依据的是员工在整个年度中的表现（因为这些关键事件肯定是在一年中累积下来的），而不是员工在最近一段时间的表现。

(3) 保存一种动态的关键事件记录还可以使主管获得一份关于下属员工是通过何种途径消除不良绩效的具体措施。

关键事件法常常用作等级评价技术的一种补充。它在认定员工特殊的良好表现和劣等表现方面是十分有效的，而且对制定改善不良绩效的规划也是十分方便的。不过，就它本身来说，在对员工进行比较或在做出与之相关的薪资提升决策时，用处不大。

2. 关键事件法的步骤

（1）工作分析。找出使有效行为和无效行为产生区别的因素（如主管、秘书、牙医的工作行为）。有效行为是指这样一种工作行为，当管理者看到它发生时，就会希望所有员工在相似环境中会采取同样的行为。而无效行为则是这样一种工作行为，如果它在特定环境中重复发生或仅发生一次，就会使管理者怀疑员工的个人能力。

（2）进行面谈。即要求被访谈者能对前6~12个月内观察到的具体事件进行回顾，这里强调前6~12个月的原因是确保信息现在能用。而且，要求被访谈者仅仅汇报第一手材料也能够增强信息的客观性和真实程度。

通常，被访者要举出5个有效事件和5个无效事件。访谈者对两种事件都应该予以重视，因为有效事件的反面不一定是无效事件。例如，制定具体目标会使伐木工的生产率提高，但不制定目标也不会导致其破产。

这里规定10个事件是为了使面谈能够在1 h内完成，不至于影响当天的工作。而且，对所有人都仅限于10个事件，可以防止有些夸夸其谈者提供的信息过多而带来误差。

访谈者为了获得全面的样本，至少要面谈30人。

访谈者必须善于收集信息。如果被访谈者说"在解决问题时该员工确实表现出他的首创精神"，访谈者必须进一步问"他具体是怎么表现出他的首创精神的"。

四、360度评估法

360度评估法又称全方位评估法，最早是由英特尔公司提出并加以实施运用的。360度评估法是指从与被评估者发生工作关系的多方主体那里获得被评估者的信息，并以此对被评估者进行全方位、多维度的绩效评估的过程。

被评估者的信息来源，包括上级监督者自上而下的反馈（上级）；下属自下而上的反馈（下属）；平级同事的反馈（同事）；企业内部的协作部门和供应部门的反馈；企业内部和外部客户的反馈（服务对象）及本人的反馈。

1. 360度评估法的考评人员

根据360度评估法的定义及被评估者的信息来源，凡是与被考评者有工作关系的都应当参与到考评当中，即被评估者的上级、下属、同事及服务对象。

（1）上级评估。员工的绩效目标是上级与员工共同制定的，上级通过员工提供的工作成果，对员工的业绩表现最有发言权，但是局限在于上级对员工完成工作的过程不了解，在内部加薪、奖金发放时考虑更多的是部门内部资源的平衡，主观性会比较强。

(2) 下属评估。下属作为被评估者的直接领导对象，对被评估者的领导能力、组织能力和协调能力最为了解，在对被评估者的管理能力进行评估时最为适合。但是也时常会出现下属报复领导者的情况，影响评估结果的公正性。

(3) 同事评估。同事评估可以比较全面地考察被评估者的合作意识、工作态度和工作能力，但同事评估可能会受到关系因素、感情因素及竞争因素的影响。

(4) 客户评估。客户对被评估者的评价是基于被评估者提供的服务，但是客户评价主观性很强。当客户提出的要求被满足时，会给出比较积极的评价，但如果发生牺牲企业利益而满足客户需求的积极评价，显然是违背评价初衷的。

2. 360度评估法使用的注意事项

360度评估法在使用时需要把握其适用范围、优点、缺点、使用难点和对某些问题的弹性处理。

(1) 360度评估法的适用范围

1) 适用于中高层管理人员的考评。
2) 主要是评估被评估者的素质、德行、管理能力等与其发展相关的绩效。
3) 主要用于职业发展，指导对员工的培训、调级、调岗。
4) 让最了解情况的人来做评价，强调客观结果。

(2) 360度评估法的优缺点

1) 优点

①可使组织成员对组织目标和组织绩效进行总结、交流。
②可以强化客户中心的概念。
③可以对被评估者的工作行为、个体特征做出比较全面的判断。
④可以为持续改进工作提供参考依据。
⑤增加了员工的自主性和对工作的控制。

2) 缺点

①对整体绩效中最重要的任务难以涉足。
②容易导致客观性任务绩效指标主观化。
③评估效率太低，不适合大规模评估。
④容易造成人为影响评估的结果，员工可能消极抵制。
⑤评估成本过高，难度较大。

3. 360度评估法的实施流程

360度评估流程主要分为四个阶段，即评估的准备阶段、设计阶段、实施阶段、评估与反馈阶段。

(1) 评估的准备阶段

1) 获得高层领导的支持。获得高层领导的支持是360度评估实施的前提。只有得到高层领导的支持，才能确保360度评估的顺利开展，在出现问题时及时得到解决。

2) 成立评估小组。评估小组由人力资源部牵头负责组织，由被评估者的上级、下属、同事及客户组成评估团队，最后考评结果由人力资源部整理、汇总、分析并反馈。

3) 360度评估工作的宣传。通过宣传，让被考评者扫除心理障碍，避免防御和抵制情绪的产生，让考评者正确认识自己的角色及360度评估的作用，从而尽可能地提供客观真实的信息。

(2) 评估的设计阶段。360度评估法的设计阶段主要是确定评估周期、评估人选、评估对象、评估内容和设计调查工具。360度评估法因为实施和组织成本较大，因此一般是每年一次，时间通常定在每年度末，评估人选及对象是中高层领导者，评估内容涉及被评估人员的任务绩效、管理绩效、周边绩效、态度和能力等方面。

360度评估工具一般采用问卷调查法。问卷的形式分为两种：一种是给评估者提供5分等级或者7分等级的量表（称为等级量表），让评估者选择相应的分值；另一种是评估者写出自己的评价意见（称为开放式问题）。两种方法也可以综合采用。从问卷的内容来看，可以是与被评估者的工作情景密切相关的行为，也可以是比较共性的行为，或者两者的综合。

评估问卷设计的注意事项如下：

第一，确定科学的绩效评估指标体系。科学有效的评估指标体系应根据企业的组织目标、价值观来设计。

第二，评估问卷设计的差异化。不同工作岗位的工作内容、职责及技能要求是不一样的，这就要求设计问卷时在评估指标和内容上应当有所差别。

第三，考虑不同评估者对评估内容的侧重点。不同层面的评估者会从不同角度对被评估者的工作行为进行评估，如上级评估者注重评估被评估者的领导能力、创新能力等，同级评估者主要评估其协调能力。

相关链接

表 12—2　　　　　360 度评估问卷模板

评估项目	评估内容 （按轻重缓急排定工作次序）	评分				备注
		上级考评	同事考评	下级考评	自我考评	
计划控制能力 （20 分）	每月能够制订出明确、具体的工作计划					
	对下属的工作进行跟进、回顾，确保目标的达成					
	能够将计划分解，按照员工的能力进行合理分配					
分析决策能力 （20 分）	决策及时、果断，抓住要害					
	突发事件的处理较为及时、妥善					
	见微知著，能快速采取行动，将不良事件防患于未然					
	有较强的逻辑思维能力和分析问题能力，考虑问题全面					
授权与激励能力 （20 分）	善于激发员工的工作激情与潜能					
	能够根据下属的表现进行及时反馈，做到赏罚分明					
	善于用人所长，有效地分配工作，并给予相应的权利和责任					
	有效地帮助下属设立明确的有挑战性的工作目标，在工作中适时地给予员工鼓励					
沟通协调能力 （20 分）	有效地化解矛盾和冲突					
	与下属沟通其工作目标的能力					
	营造一种让员工畅所欲言的氛围					
	积极听取下属的意见并有效地给予反馈					
团队协作能力 （20 分）	接受和支持团队决定					
	积极促进团队成员的合作					
	主动配合领导、同事及其他相关部门工作					
	能够与上级和下属分享工作成绩，乐于协助同事解决工作中的问题					

注：①本评估采用无记名评价方式，请评估者不要有任何的顾虑。
②请评估者务必客观公正地对上面的内容进行评价，以保证评估结果的可靠性。

（3）评估的实施阶段

1）问卷发放及填写。对问卷的开封、发放要实施标准化的管理。问卷填写采用匿名评估的方式，整个问卷填写时间不宜过长，以 15~30 min 为宜。

2）问卷回收。问卷的回收和加封保密要严格，由相关人员监督执行，避免篡改。

3）统计并报告结果。360度数据统计分析一般采用社会科学统计软件包（SPSS）。评估报告要用数据说话，客观呈现数据结果，内容表述简明易懂。一般情况下，360度评估报告应当包括维度的定义和描述、被评价者核心能力的确定、不同来源评价观点的比较、被评价者的能力综述及最高和最低的得分项目等内容。

（4）评估的评估与反馈阶段。360度评估法的评估与反馈阶段非常重要，意味着360度评估法的落实。360度评估法的评估与反馈是一个双向反馈过程，主管领导应积极地将360度评估统计结果反馈给被评估者，并与被评估者进行面对面的交流，向被评估者解释每一项评价内容的含义，并协助被评估者制订个人发展计划。

第二节　绩效评估过程组织

一、绩效评估主体的选择

绩效评估主体是组织绩效评估人，合格的绩效评估者应了解被评估者职位的性质、工作内容、要求和绩效评估标准，熟悉被评估者的工作表现，最好有近距离观察其工作的机会，同时要公正客观。主体可分为主管评估、自我评估、同事评估和下属评估。不同绩效评估主体的优缺点见表12—3。

表12—3　　　　　　　　　不同绩效评估主体的优缺点

评估主体	优点	缺点
上级	1. 评估结果可以与奖惩等相结合 2. 有机会与下属更好地沟通，了解下属的需求和想法，发现下属的潜力	1. 被评估者心理负担较重 2. 可能存在一定的心理误区，如近因效应、晕轮效应等
同级	1. 比较了解被评估者的真实工作情况 2. 促使同事之间互帮互学，有利于全面提高企业绩效	1. 可能会造成激烈竞争的局面或出现因其他原因扭曲事实的局面 2. 因顾及"朋友关系"或"同事交情"等，影响评估结果的客观性

续表

评估主体	优点	缺点
下属	1. 对上级产生一定程度上的权利制衡效果 2. 帮助上级完善其管理才能	1. 下级员工因顾虑上级的态度及反应而无法真实反映上级的不足之处 2. 下级对上级的工作不可能全部了解，容易产生片面的看法
自我	1. 员工心理压力相对前几种较轻 2. 可以使上级深入了解员工的具体情况，调动员工自我管理的积极性	可能会将自己估计过高，与上级或同事做出的评价差距较大

二、绩效评估周期的确定

根据绩效评估周期的不同，绩效评估可以分为定期评估和不定期评估。

1. 定期评估

定期评估又称为阶段性评估，是按照一定的时间和既定的项目对员工进行评估。

2. 不定期评估

不定期评估又称为平时评估，是指根据需要由评估企业主管部门或主管人员对其下属的日常工作状况所进行的评估。通过不定期的评估，了解员工在日常工作中的能力发挥程度、工作业绩大小、工作努力程度，为定期阶段评估积累资料。

在评估周期的确定上，一般要注意以下几个方面：在评估期内，员工应该已经完成了自己的工作；评估时间的选择，应注意避开员工的工作高峰；不同层次企业人员，评估周期不一。

三、绩效评估培训的实施

绩效评估培训包括对管理人员的培训和对员工的培训。

通过对管理人员的培训，可以加强对绩效评估的认识，学习如何避免在评估中出现的人为误差，掌握绩效评估中需要用到的一些技术和方法。

通过对员工的培训，可以提高员工有关绩效评估的技能，如绩效自评、自我管理等，有助于形成支持业绩的良好文化与氛围，通过绩效管理把员工与组织发展有效地结合在一起。

四、绩效评估结果的评定

1. 发放评估表

由人力资源部发放绩效评估表,见表12—4。

表12—4　　　　　　　　　普通员工年度评估表

姓名:　　　　部门:　　　　岗位:　　　　考评日期:

评价因素	对评价期间工作成绩的评价要点	评价尺度				
		优	良	中	可	差
勤务态度	A. 严格遵守工作制度,有效利用工作时间	14	12	10	8	6
	B. 对新工作持积极态度	14	12	10	8	6
	C. 忠于职守、坚守岗位	14	12	10	8	6
	D. 以协作精神工作,协助上级,配合同事	14	12	10	8	6
受命准备	A. 正确理解工作内容,制订适当的工作计划	14	12	10	8	6
	B. 不需要上级详细的指示和指导	14	12	10	8	6
	C. 及时与同事及协作者取得联系,使工作顺利进行	14	12	10	8	6
	D. 迅速、适当地处理工作中的失败及临时追加任务	14	12	10	8	6
业务活动	A. 以主人公精神与同事同心协力、努力工作	14	12	10	8	6
	B. 正确认识工作目的,正确处理业务	14	12	10	8	6
	C. 积极努力改善工作方法	14	12	10	8	6
	D. 不打乱工作秩序,不妨碍他人工作	14	12	10	8	6
工作效率	A. 工作速度快,不误工期	14	12	10	8	6
	B. 业务处置得当,经常保持良好成绩	14	12	10	8	6
	C. 工作方法合理,时间和经费使用得十分有效	14	12	10	8	6
	D. 工作中没有半途而废、不了了之造成后遗症的现象	14	12	10	8	6
工作成果	A. 工作成果达到预期目的或计划要求	14	12	10	8	6
	B. 及时整理工作成果,为以后的工作创造条件	14	12	10	8	6
	C. 工作总结和汇报准确真实	14	12	10	8	6
	D. 工作熟练程度和技能提高较快	14	12	10	8	6

续表

①通过以上各项的评分，该员工的综合得分是：_____分
②你认为该员工应处于的等级是：（选择其一）□ A　□ B　□ C　□ D
　A. 240 分以上　B. 240～200 分　C. 200～160 分　D. 160 分以下
③评估者意见
评估者签字：_____ 日期：_____年_____月_____日

以下部分为行政人事部及总经理填写	
人力资源部评定	
评语	
评估结果	□ 转正：在_____任_____职 □ 升职至_____任_____ □ 续签劳动合同自_____年_____月_____日至_____年_____月_____日 □ 降职为_____
评语	
	□ 提薪/降薪为_____ □ 辞退 □ 其他 经理签字：　　日期：　年　月　日
总经理核准	
	总经理签字：_____　　日期：___年___月___日

2. 进行评分

（1）对照绩效协议、工作结果和工作表现评分。直接主管以员工的实绩与行为事实为依据，对员工逐项评分并写评语。员工本人依据绩效评估表、工作计划、工作进度汇报表，对自己的各项任务逐项进行自我评估打分。其他相关评估主体依照评估表的各项内容标准进行打分。

相关链接

表 12—5　　　　　　　　　　　员工绩效考评表

	员工甲					员工乙				
	主管	自评	互评1	互评2	互评3	主管	自评	互评1	互评2	互评3
工作数量	180	180	180	180	175	175	175	175	170	170
工作质量	好	好	较好	好	较好	好	较好	较好	好	好
创造性成果	2	2	2	2	2	1	1	1	1	1
职业道德	好	好	好	较好	较好	较好	较好	较好	好	好
事业心	较好	好	好	较好	一般	较好	一般	较好	好	好
纪律性	较好	较好	较好	一般	较好	较好	一般	一般	较好	较好
出勤率	好	好	好	好	好	好	好	好	好	好
积极性	较好	较好	好	较好	一般	一般	一般	好	好	较好
责任心	好	好	较好	较好	一般	较好	一般	较好	较好	较好
协作性	较好	较好	一般	好	较好	较好	好	一般	一般	好

（2）对各种指标进行打分。对于各类指标按标准打分；对于各类定性评估指标，按照关键事件法或行为锚定法等方式进行评估打分，有些需要有关键事件作为依据；对于各类定量评估指标，则直接按照评价标准进行打分。

（3）给下属写评估总结。主管人员需要在评估表上写评语总结，作为一种定性的评价。写评语时请注意以下几点：

1）准确。注重于具体的结果，避免一般性的缺乏实例的描述。

2）公正。在评价员工绩效时采用统一的评价标准，对在相同岗位同一级别的员工采用统一的评价体系。

3）完整。绩效评价应该覆盖整个考评期的活动，不应该使一些岗位好或不好的绩效状况影响对其他岗位的绩效评价和判断。

4）不要使员工感到意外。当出现问题时应该认真面对，并使之得到清楚的表述。绩效目标优先顺序的调整应当事先与员工沟通。

5）当主管人员就下属年度的绩效完成结果进行总结时，应该依据一定的原则进行。要对员工绩效完成情况进行具体描述，避免普遍化，见表12—6。

表 12—6　　　　　　　　　　绩效评估结果总结的原则

对完成情况进行具体描述	避免普遍化
描述他人看到或听到的行动，说明这些行动对他人、自己的工作和公司经营产生的影响 客观事实，有具体的实例 有针对性和描述性 如果可能，量化结果 侧重行动或绩效 可证明	过早得出结论 模糊、范围过广 泛泛而带有假设性（经常准确或不准确地描述深层的目的） 过于定性的描述 结论不明确 常带有一定目的性 加入主观色彩

（4）评估表报人力资源部门。在季度或半年评估时，各业务部或职能部仅向人力资源部递送绩效评估汇总表，评估表存在各业务部和职能部门。年终评估时，应将年度绩效评估表和评估分数汇总表一并交送人力资源部。

学习案例

A公司，成立于20世纪50年代初，经过五十多年的努力，在业内已具有较高的知名度并获得了较大的发展。目前公司有员工1 000人左右。总公司本身没有业务部门，只设一些职能部门；总公司下设若干子公司，分别从事不同的业务。在同行业内的国有企业中，该公司无论在对管理的重视程度上还是在业绩上，都是比较不错的。由于国家政策的变化，该公司面临着众多小企业的挑战。为此公司从前几年开始，一方面参加全国百家现代企业制度试点；另一方面着手从管理上进行突破。

绩效评估工作是公司重点投入的一项工作。公司的高层领导非常重视，人事部具体负责绩效评估制度的制定和实施。人力资源部在原有的评估制度基础上制定出了《中层干部评估办法》。在每年年底正式进行评估之前，人力资源部出台当年的具体评估方案，以使评估达到可操作化程度。

A公司的做法通常是由公司的高层领导与相关的职能部门人员组成评估小组。评估的方式和程序通常包括被评估者填写述职报告、在自己单位内召开全体职工大会进行述职、民意测评（范围涵盖全体职工）、向科级干部甚至全体职工征求意见（访谈）、评估小组进行汇总写出评价意见并征求主管副总的意见后报公司总经理。

评估的内部主要包含三个方面：被评估单位的经营管理情况，包括该单位的财务情况、经营情况、管理目标的实现等方面；被评估者的德、能、勤、绩及管理工作情况；下一步工作打算，重点努力的方向。具体的评估细目侧重于经营指标的完成、政治思想品德，对于能力的定义则比较抽象。各业务部门（子公司）都在年初与总公司对于自己部门的任务指标进行了讨价还价的过程。

对中层干部的评估完成后，公司领导在年终总结会上进行说明，并将具体情况反馈给个人。尽管评估的方案中明确说明评估与人事的升迁、工资的升降等方面挂钩，但最后的结果总是不了了之，没有任何下文。

对于一般员工的评估则由各部门的领导掌握。子公司的领导对于下属业务人员的评估通常是从经营指标的完成情况（该公司中所有子公司的业务员均有经营指标的任务）来进行的；对于非业务人员的评估，无论是总公司还是子公司均由各部门的领导自由进行。通常的做法都是到了年底要分奖金了，部门领导才会对自己的下属做一个笼统的排序。

这种评估方法使得员工的卷入程度较高，颇有点儿声势浩大、轰轰烈烈的感觉。公司在第一年进行操作时，获得了比较大的成功。由于被征求了意见，一般员工觉得受到了重视，感到非常满意。领导觉得该方案得到了大多数人的支持，也觉得满意。但是，被评估者觉得自己的部门与其他部门相比，由于历史条件和现实条件不同，年初所定的指标不同，觉得相互之间无法平衡，心里还是不服。评估者尽管需访谈300人次左右，忙得团团转，但由于大权在握，体会到评估者的权威，还是乐此不疲。

进行到第二年时，大家已经丧失了第一次时的热情。第三年、第四年进行评估时，员工考虑前两年评估的结果出来后，业绩差或好的领导并没有任何区别，自己还得在他手下干活，领导来找他谈话，他也只能敷衍了事。被评估者认为年年都是那套评估方式，没有新意，失去积极性，只不过是领导布置的事情，不得不应付。

讨论题

1. 你认为A公司在对员工进行绩效评估时存在哪些问题？
2. 针对这些问题，请提出你的改进建议。

本章思考题

1. 目标管理法的基本操作步骤有哪些？
2. 关键事件法是如何对员工进行绩效评估的？
3. 不同绩效评估主体在评估中的优缺点有哪些？
4. 绩效结果评定的基本流程是怎样的？

第十三章

绩效反馈与结果运用

第一节　绩效反馈　　　/229
第二节　绩效申诉机制　/237
第三节　绩效结果运用　/242

 **引导案例**

某公司年终绩效考核结束后的一天，在市场部经理办公室门口，市场部经理遇到了本部门的员工小张。接着就发生了下面一幕：

经理："小张，有时间吗？"

小张："什么事情，头儿？"

经理："想和你谈谈，关于你年终绩效的事情。"

小张："现在？要多长时间？"

经理："嗯……就一小会儿，我9点还有个重要的会议。你也知道，年终大家都很忙，我也不想浪费你的时间。可是HR部门总给我们添麻烦，总要求我们这那的。"

小张："……"

经理："那我们就开始吧，我一贯强调效率。"

于是小张就在经理放满文件的办公桌对面，不知所措地坐下来。

经理："小张，今年你的业绩总的来说还过得去，但和其他同事比起来还差了许多。你是我的老部下了，我还是很了解你的，所以我给你的综合评价是3分，怎么样？"

小张："头儿，今年的很多事情你都知道的。我认为我自己还是做得不错的呀，年初安排到我手里的任务我都完成了。另外，我还帮助其他的同事做了很多工作……"

经理："年初是年初，你也知道公司现在的发展速度。在半年前，部门就接到了新的市场任务，我也对大家做了宣布的，结果到了年底，我们的新任务还差一大截没完成，我的压力也很大啊！"

小张："可是你也并没有因此调整我们的目标啊？！"

这时候，秘书直接走进来说："经理，大家都在会议室里等你呢。"

经理："好了好了，小张，写目标计划什么的都是HR部门要求的，他们哪里懂公司的业务！他们只是要求你把表格填得完整、好看，并且还对每个部门分派了指标。其实大家都不容易。再说了，你的工资也不错，你看小王，他的基本工资比你低，工作却比你做得好，所以我想你心理应该平衡了吧。明年你要是做得好，我相信，我会让你满意的。好了，我现在很忙，我们下次再聊。"

小张："可是头儿，去年年底评估的时候……"

经理没有理会小张，匆匆地和秘书离开了自己的办公室。面谈的结果是双方不欢而散，没有什么实质性进展。

案例思考

1. 为什么经理和小张的沟通会不欢而散？
2. 如何有效地进行绩效反馈面谈？

第一节 绩效反馈

一、绩效反馈

绩效反馈，就是评估者与被评估者通过沟通，评估者将评估结果告知被评估者，并向其解释评估结果，使被评估者能够了解自身的绩效水平。

1. 绩效评估结果反馈的意义

（1）评估结果反馈是评估公正的基础。如果绩效评估仅是企业一厢情愿的事情，势必引起员工的不满，员工甚至会猜忌评估结果是否被人调整过。而通过及时有效的反馈，评估者和被评估者双方达成对评估结果一致的看法，便于员工绩效的改进和提升，也有助于维护企业的信誉。

（2）评估结果反馈是绩效改进的前提。通过评估结果的反馈，可以让员工及时了解工作不到位的地方并据此制订绩效改进计划。评估结果的反馈应围绕员工有能力改变的事情进行探讨，反馈应以辅导为重点，目的在于培养员工的能力以提高总体绩效水平。

（3）评估结果反馈是传递组织期望的手段。通过评估结果的反馈，双方可以就下一个评估周期的目标进行协商，管理者也可以借此向员工传递组织对个人的发展期望，为员工的职业规划提供信息。

2. 评估结果反馈的原则

（1）坚持具体全面原则。评估结果的反馈应当做到开门见山，表达此次绩效反馈的目的和内容。对员工存在的问题，应以事实举例为主，而不能使用员工需要绞尽脑汁去思考的语言和描述。对员工评估结果优良的地方，要直接赞扬，鼓励其继续发扬。

（2）坚持互动原则。评估结果的反馈不只是评估者对被评估者的提问和辅导，也包括被评估者向评估者询问、质疑评估结果。评估者有责任采取一些方法调动被评估者的积极性，使其参与到关于评估结果的沟通中来。

（3）坚持对事不对人原则。评估结果的反馈关注的应当是被评估者的工作行为、工作态度、工作方法等，在评估时评估者应做到客观、诚实、专业，不应对被评估者进行人身攻击。

（4）坚持正面引导原则。评估结果反馈的最终目的是通过积极、正面的引导，让被评估人了解不足之处并进行改进。在进行评估结果反馈时要针对不同的员工、不同的评估结果实施正确的反馈策略，不能在反馈之后让员工产生消极怠工的情绪，甚至离职。

3. 评估结果反馈的内容

评估结果反馈是评估人员特别要慎重的一项工作，在内容选取上，既要做到让员工了解工作的不足之处，又要让员工看到自己的发展前景，对企业和所在的岗位充满希望。

评估结果反馈的内容一般包括九个方面，即个人整体的评估结果、工作表现优秀并值得发扬的地方、存在的不足及改进措施、未来的任务目标、目标执行可提供的资源、目标执行的流程、目标实施的激励机制、目标实施中所有来自内部的支持和创造的组织氛围、在目标实施过程中会遇到的外部障碍等。

4. 绩效反馈分类方法

（1）按照反馈方式分类，包括语言沟通反馈、暗示方式反馈、奖惩方式反馈等方法。

1）语言沟通反馈是指评估者将绩效评估通过口头或书面的形式反馈给被评估者，对其良好的绩效加以肯定；对不良业绩者予以批评。

2）暗示方式反馈是指评估者以间接的形式（如上级对下级的亲疏）对被评估者的绩效予以肯定或否定。

3）奖惩方式反馈是指通过货币（如加薪、奖金或罚款）及非货币（如提升、嘉奖或降级）形式对被评估者的绩效进行反馈。

（2）按照反馈中被评估者的参与程度分类，包括指令式、指导式、授权式三种反馈方法。

1）指令式反馈的主要特点是评估者只告诉被评估者：所做的哪些是对的，哪些是错的；应该做什么，下次应该做什么；为什么应该这样做，而不应该那样做。员工的任务是听、学，然后按管理者的要求去做。

2）指导式反馈以教与问相结合为特点。这种方式同时以评估者和被评估者为中心，同时评估者对所反馈的内容更感兴趣。

3）授权式反馈的特点是以问为主、以教为辅，完全以被评估者为中心。评估者主要对被评估者回答的内容感兴趣，而较少发表自己的观点，而且注重帮助被评估者独立地找到解决问题的办法。

（3）按照针对的反馈行为类型分类，包括对正确行为的反馈和对错误行为的反馈。

1）对正确行为的反馈。对正确行为的反馈主要通过表扬来进行，表扬也有一定的技巧可循。表扬要及时且经常，要表扬行为价值并且切中要害，最重要的是避免"社会性懈息"表扬。

在共同完成一项任务时，群体人数越多、个人出力越少的现象称为"社会性懈怠"，如"一个和尚打水喝，两个和尚抬水喝，三个和尚没水喝"。"社会性懈怠"产生的理论是"笨蛋效应"，就是当团队中其他人在偷懒的时候那种被骗的感觉。所以，表扬应该强调个体的表现和贡献，而不是集体荣誉。

2）对错误行为的反馈。对错误行为的反馈要通过正面的批评来进行，"批评"主要有两种方法，即"汉堡原理"和BEST反馈。

① "汉堡原理"。先对被评估者表现积极的地方进行表扬，然后对其需要改进的工作进行批评指正，最后以肯定和支持结束。

② "BEST反馈"。BEST反馈主要有四步。

第一步：B—Behavior description，行为描述。

第二步：E—Express consequence，表达后果。

第三步：S—Solicitinput，表达后果。

第四步：T—Talk about positive outcomes，着眼未来。

二、绩效面谈

1. 绩效面谈的定义

绩效面谈是指管理者要对员工的绩效表现进行打分，确定员工本周期的绩效表现，然后根据结果，与员工做一对一、面对面的绩效沟通，将员工的绩效表现通过正式的渠道反馈给员工，让员工对自己表现好的方面和不好的方面都有一个全面的认识，以便在下一个周期绩效做得更好，达到改善绩效的目的。

2. 绩效面谈的准备

一个成功的绩效面谈来自于事前双方的精心准备。绩效面谈需要由主管人员和员工共同完成，不仅需要主管人员做好准备，而且还需要员工做好相应的准备工作。

（1）主管人员的准备

1）收集并准备面谈资料。主管人员在与被评估者进行面谈时，需要准备以下资料：

①绩效计划。绩效计划是绩效面谈的依据，也是绩效面谈的主要内容，主管人员所罗列的事实必须来自于绩效计划。

②岗位说明书。岗位说明书中明确规定了岗位的职责和工作目标，也是绩效评估时的重要凭据。在绩效面谈时，主管人员要认真阅读被评估者的岗位说明书，做到面谈时有理有据。

③绩效评估表。绩效评估表中明确记载了被评估者的绩效完成情况及等级，通过了解

被评估者的绩效情况,主管人员才能想出以什么样的语言、什么样的方式与被评估者进行面谈。

④被评估者的工作记录。被评估者的工作记录是考评结果的依据之一,主管只有充分了解员工的工作情况,才能理解得到这种绩效结果的原因,在双方对绩效考评结果确认时才能更加理直气壮。

2)拟订面谈计划。面谈计划主要是对面谈内容、地点、时间和人员做出相应的安排。

①进行绩效反馈面谈内容分析,编制面谈表。绩效面谈的主要内容如图13—1所示。

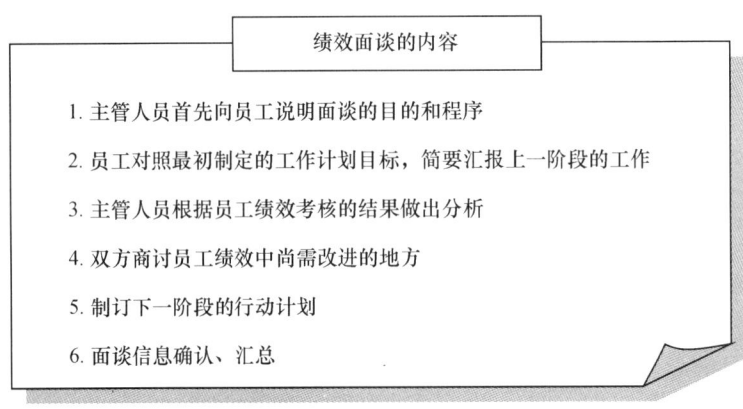

图13—1 绩效面谈的内容

另外,绩效面谈应更注重未来而不是过去,虽然面谈中有很大一部分内容是对过去的工作绩效进行回顾和评估,但其目的是从过去的事实中总结出一些对未来发展有用的东西,从而制订未来的发展计划。

相关链接

表13—1　　　　　　　　绩效面谈表范例

部门		职位		姓名	
考核日期	年　月　日				
工作成功的方面					
工作中需要改善的地方					
是否需要接受一定的培训					
本人认为自己的工作在本部门和全公司中处于什么状况					
本人认为本部门工作最好、最差的是谁,全公司呢					

续表

对考核有什么意见	
希望从公司得到怎样的帮助	
下一步工作目标和绩效改进方向	
面谈人签名	日期
备注	

②面谈地点的选择。应当注意选择中立的、和谐的、安静的合适地点，同时要注意保密，不宜让他人注意进行的过程。例如，对犯有错误、性格外向、喜欢交际的人，可以选择办公室这种严肃的地点；对于希望能够增进双方了解、密切双方关系的面谈，可以选择家中这种亲切、平等的地点；对于性格内向、胆小怕事、敏感多心或者屡教不改的人，应该选择路上或室外这种随便的地点；对于情绪低落、消沉的人，可以选择公园、林荫路等平等、非正式的地点。在座位位置安排上，一般有面对面的谈判式的、合作性的友好式的、支持性的协商式的三种位置安排。在绩效面谈时最好选择能给人友好、亲密的座位安排形式，不过也要结合被考核者的性格特点，有的被评估者可能不喜欢过于近距离的座位安排。

③面谈时间的选择。绩效面谈是一件非常严肃的事情，需要主管人员认真对待，应当选择双方都有空闲、能集中注意力交流的时间段。因此，面谈时间的确定，应由主管人员与被评估者共同商议，而且面谈时间不宜过长且安排不能太紧凑。

3）发放面谈通知书。主管人员应当提前将绩效面谈的通知告诉被评估者，以方便被评估者有时间做各项准备。

（2）被评估者的准备

1）填写自我评价表。主要内容包括对前一段工作绩效的回顾、对个人工作绩效的描述及自我评价。

①回顾绩效。被评估者首先应当对自己在绩效评估期的工作成果进行回忆，看自己达到什么样的绩效层级，做到心中有数。

②工作描述。应当对应着绩效标准描述工作表现，没有完成的绩效是出于什么样的原因，完成的绩效是否还有可能得到更大程度的提高。

③自我评价。自我评价是指在绩效面谈前首先对自己的工作表现进行总体概括，看自己的评价与绩效评估结果的异同。

2) 准备好下一评估周期的发展计划。绩效面谈的重要目的就是根据上一阶段的工作情况提出下一阶段的发展计划，只有个人根据自己的情况制订发展计划，主管人员才可以对症下药，帮助被评估者改进绩效。

3) 准备好个人提出的问题。个人提出的问题应当包括两方面：一方面是针对绩效评估结果，自己可以提出疑问；另一方面是可以提供一些证据和资料证明自己在某些绩效标准上未达成的原因。

4) 提前安排好工作。绩效面谈一般会占用较长时间，被评估者应当提前就手头上较为紧要的工作做好交接，只有这样，才能放心去面谈，避免外界的干扰。

3. 绩效面谈的技巧

绩效面谈中除了要遵循以上原则外，也需要掌握一些技巧。

(1) 双方信任关系的建立。绩效面谈是主管人员和员工之间一个双向交流、沟通的过程。沟通能够顺利进行，最终达成一定的共识并制订出有效的绩效改进计划或方案，双方之间信任关系的建立是前提和基础。

(2) 积极有效的倾听

1) 保持良好的目光接触。良好的目光接触强化了"我在参与"的信息。真诚、友善的目光接触会让被评估者感觉到更多的友好和信任。但也不要直勾勾地盯着对方，要随着话题内容的变换，及时恰当地做出反应。

通常在社交场合凝视对方面部时，社交凝视区域以两眼为上线、唇心为下顶点所形成的倒三角形区域为宜，这样能给人一种平等而轻松的感觉。

2) 适时而恰当的提问方式。适时而恰当地提出问题，一方面可以让被评估者明白评估者确实在认真地倾听，另一方面还可以获取更多新的信息。

提问的问题是灵活多样的，如想要了解被评估者对某一事情的想法，可以问"你对此事有何看法，如果是你，你会打算怎么做"。

3) 适当地给予总结与确认。主管人员所接受的信息可能会与被评估者想传递的信息并不完全一致，通过适当的总结与确认，可以及时地进行信息的确认，防止误解的产生，如"你是说……是这个意思吗"。

(3) 语言表达的技巧

1) 使用开放式问题以寻求更多的信息，开放式问题可以鼓励被评估者就某一问题做出更详尽的回答，如"你认为……"。

2) 对被评估者进行评价时应尽量避免使用极端化的语言。使用极端化的语言，容易造成员工的不满情绪，怀疑主管的公平公正性，会使员工受到打击，怀疑自己，心灰意冷。因此，主管人员应当避免使用极端化的语言，多使用中性化的词语，语气比较平缓。

3) 避免使用针锋相对的语言。这类语言很容易引起双方的争论、僵持，造成关系紧张。

相关链接

一个成功的绩效面谈

吴总：小王，这几天我想就你近来的绩效评估结果和你聊一聊，你什么时候比较方便？

王明：吴总，我星期一、星期二、星期三准备接待公司的一批重要客户，星期四以后事不多，您定吧。

吴总：我星期五也没有其他重要安排，那就星期五？上午9点怎么样？

王明：没问题。

星期五之前，吴总认真准备了面谈可能用到的资料，他侧面向王明的同事了解了王明的个性，并对面谈中可能会遇到的情况做了思考。在这期间，王明也对自己一年的工作情况对照评估结果进行了反思，并草拟了一份工作总结和未来发展计划。

（星期五上午9点，公司小会议室，宽敞明亮，吴总顺手关上了房门，在会议桌头上坐下，王明坐在吴总右侧）

吴总：小王，今天我们打算用1~1.5 h的时间对你在过去半年中的工作情况做一个回顾。在开始之前，我想还是先请你谈一谈你认为我们做绩效评估的目的是什么？

王明：我觉得绩效评估有利于对优秀的员工进行奖励，特别是在年底作为发放奖金的依据。不知我说的对不对，吴总？

吴总：你的理解与我们做绩效评估的真正目的有些偏差，这可能主要是由于我们给大家解释得不够清楚。事实上，我们实行绩效评估，最终是希望在绩效评估后，能通过绩效面谈，将员工的绩效表现——优点和差距反馈给员工，使员工了解在过去一年中工作上的得与失，以明确下一步改进的方向；也提供一个沟通的机会，使领导了解部下工作的实际情况或困难，以确定可以提供哪些帮助。

王明（不好意思地）：吴总，看来我理解得有些狭隘了。

吴总（宽容地笑笑）：这不又取得一致了吗？我们现在逐项讨论一下。你先做一下自我评价，看看我们的看法是否一致。

王明：去年我的主要工作是领导客户服务团队为客户提供服务，但是效果不是很令人满意。我们制定了一系列的标准（双手把文件递给吴总），但满意客户的数量增幅仅为55%，距离我们80%的计划相去甚远。这一项我给自己"合格"。

吴总：事实上我觉得你们的这项举措是很值得鼓励的。虽然结果不是很理想，我想可能是由于你们没有征询客户建议的缘故，但想法和方向都没有问题。我们可以逐步完善，这项我给你"优良"。

王明：谢谢吴总鼓励，我们一定努力。

吴总：下一个。

王明：在为领导和相关人员提供数据方面，我觉得做得还是不错的。我们从未提供不正确的数据，别的部门想得到的数据我们都会送到。这一项我给自己"优秀"。

吴总：你们提供数据的准确性较高，这一点是值得肯定的。但我觉得还有一些有待改善的地方，比如，你们的信息有时滞后。我认为还达不到"优秀"的等级，可以给"优良"。你认为呢？……我想总的给你的评价应该是B+，你觉得呢？

王明：谢谢，我一定会更加努力的。

吴总：下面我们来讨论你今后需要继续保持和需要改进的地方，对此你有什么看法？

王明：我觉得我最大的优点是比较富有创造性，注重对下属的人性化管理，喜欢并用心培养新人。最大的缺点是不太注重向上级及时汇报工作，缺乏有效的沟通。我今后的发展方向是做一个优秀的客服经理，培养一个坚强有力的团队，为公司创造更好的业绩。

吴总：我觉得你还有一个长处，就是懂得如何有效授权，知人善任；但有待改进的是你在授权后缺乏有力和有效的控制。我相信，你是一个有领导潜力的年轻人，你今后一定会成为公司的中坚力量。

王明：好的，谢谢吴总。

第二节 绩效申诉机制

绩效管理结果必须公开公正，这不仅仅是绩效评估工作民主化的反映，也是组织管理科学化的客观要求。很多企业绩效管理工作搞得轰轰烈烈，过程错综复杂，但是对结果公开和出现的投诉问题却处理不当，导致绩效评估前功尽弃。当员工对绩效评估结果不满，认为评估者在评估标准的掌握上不公正，或者是员工认为评估者对评估标准的运用不当、有失公平时，都可通过一定的申诉程序，从制度上处理绩效管理出现的各种问题。

一、绩效申诉的流程

1. 提起投诉

在绩效反馈之后，被评估人对自己的评估成绩有异议的，可以向主管的上级或人力资源部门进行投诉，被评估人要以书面形式或电子邮件的形式正式提起投诉。员工投诉书（见表13—2）必须清楚列明投诉人、被投诉人及确切的投诉理由和证据。

表13—2　　　　员工投诉书

投诉人		部门		岗位	
被投诉人		部门		岗位	
投诉内容			投诉理由		
企管部意见					
间接上级意见					

续表

最终处理结果				
签字	投诉人	人力资源部	间接上级	相关人员

注：在绩效反馈面谈之后，对自己的评价成绩有异议的可以进行业绩投诉。有意见员工可以向主管的上级或人力资源部门进行投诉，接受投诉的部门和上级主管在一周内给予明确答复。投诉者可以查阅公开的量化指标统计结果，并允许重新计算复核，如有错误，进行修改。

2. 投诉受理

人力资源业务主管收到投诉书受理投诉之后，马上通知被评估人的直接领导与间接领导，并同时通知被投诉人所在部门的主管公司领导。投诉流程从受理投诉日起正式开始。投诉流程开始后，原评估流程自动中止，在投诉期间不影响薪酬的调整。

3. 投诉事项查证

人力资源业务主管通过会议、访谈、查阅客观数据资料，对投诉事项进行全面查证工作。在查证过程中，投诉人和被投诉人及相关部门都必须积极配合。从投诉流程开始，投诉查证工作一般有7天的工作限期。

4. 召开投诉处理会议

（1）人力资源业务主管在查证工作结束后，召开投诉处理会议。

（2）会议参加人包括主管公司领导、企业管理与人力资源部门主管、投诉人所在单位主管、投诉人与被投诉人。

（3）会议的主要内容是公布查证结果，做出处理决议。

（4）投诉处理会议一般在投诉流程开始后的第八天召开。

5. 评估成绩调整

（1）对于如实的评估，结果不予更改。

（2）对于不实的评估，要对评估者给予纪律处分。

（3）业绩评估分值的全局性调整，只有在人力资源委员会正式决议通过后，才可以慎重进行。

二、处理绩效评估投诉注意事项

1. 具体分析投诉内容

在处理评估申诉时，要注意尊重员工个人。申诉处理机构应该认真分析员工所提出的问题，找出问题发生的原因。如果是员工的问题，应当以事实为依据，以评估标准为准绳，对员工进行说服和帮助；如果是组织方面的问题，则必须对员工所提出的问题加以改正。

2. 要把处理评估申诉过程作为互动互进的过程

当员工提出评估申诉时，组织应当将其当成一个完善绩效管理体系、促进员工提高绩效的机会，而不要简单地认为员工申诉"是员工有问题"。

3. 处理评估申诉，应当把令申诉者信服的处理结果告诉员工

如果所申诉的问题属于评估体系的问题，应当完善评估体系；如果是评估者的问题，应当将有关问题反馈给评估者，以使其改进；如果确实是员工个人的问题，就应该拿出使员工信服的证据和做出合理的处理结果。

绩效评估完毕后，人力资源部门应该及时地对绩效评估结果进行整理、归档，并进行统计和分析。需要进行的统计和分析的内容如下：

（1）各项结果占总人数的比例是多少，其中优秀人数比例和不合格人数比例各为多少。

（2）不合格人员的主要不合格原因是什么；是工作态度问题，还是工作能力问题。

（3）是否出现员工自评和企业评价差距过大的现象；如果出现，主要原因是什么。

（4）是否有明显的评价误差出现；如果出现，是哪种误差；如何才能预防。

（5）能胜任工作岗位的员工比率占多少。

企业人力资源部门可以根据不同的需要，进行不同的统计和分析。它有助于人力资源部门更科学地制定和实施各项人力资源管理政策，如招聘政策、选拔政策、培训政策等。

三、员工绩效评估结果申诉制度

建立员工绩效评估结果申诉制度是确保考评公正、公平的重要制度性措施。

1. 范围

在被评估者对绩效评估结果有异议的情况下，员工进行申诉，由人力资源部协调处理员工的申诉，并给予员工解决的方案。

2. 控制目标

确保公司人力资源评估的公平、公正和客观，保障员工的合法权益，培养积极向上的公司氛围。

确保评估质量，对有偏差的员工绩效评估及时纠正并追究相关人员责任。

3. 主要控制点

员工直接上级、员工和员工直接上级的上级领导签字确认员工申诉调查结果。

人力资源部作为第三方出具处理意见。

人力资源部人事信息档案管理员根据人力资源部做出的最终处理结果更新该员工的个人绩效评估结果。

4. 特定政策

员工对绩效评估的结果有异议时，可以提出申诉，人力资源部受理申诉后，必须分不同场合向被评估人、评估人和评估人上级领导了解情况，以确保所了解的信息真实客观。

人力资源部应作为独立的第三方分别与评估人和被评估人面谈，协商并寻求解决纠纷的办法。

对于提出过申诉的员工，其档案信息中应包含申诉信息备查。

人力资源部应于员工的下一个员工绩效评估周期结束前解决员工的绩效评估申诉处理。

5. 员工绩效评估结果申诉流程（见表13—3）

表13—3　　　　　　　　　员工绩效评估结果申诉流程

步骤	涉及部门	步骤说明
1	员工	员工对本部门主管绩效评定和评估的结果有异议，向人力资源部提出申诉，将申诉原因和理由记入员工申诉表
2	人力资源部经理	受理员工申诉，向员工直接上级的上级领导、员工直接上级和员工了解情况，进行调查核实，并将调查情况写入员工申诉表中
3	员工、员工直接上级、员工直接上级的上级领导	签字确认员工申诉表调查结果
4	人力资源部经理	根据了解到的实际情况和公司制度，出具第三方解决意见
5	人力资源部经理	与评估人面谈解释原因并在员工申诉表上签署意见
6	人力资源部经理	与员工面谈解释原因并在员工申诉表上签署意见
7	人力资源部人事信息档案管理员	将员工申诉表归入员工绩效评估档案中，在做人事决定时结合员工绩效评估得分综合评价员工绩效

6. 绩效评估申诉表（见表13—4）

表13—4　　　　　　　　　基层员工绩效评估申诉表

申诉人		职位		直接上级	
部门		所属单位		申诉时间	
绩效评估申诉栏					

绩效反馈与结果运用

续表

绩效评估申诉事件：

绩效评估申诉理由：

主管处理意见：

签名：   日期：

人力资源部处理意见：

签名：   日期：

续表

经理处理意见：

签名：　　　　　　　　　　　　　　　　　　　　　　　　　　　　　　　日期：

申诉人签名：　　　　　　　　　　　　　　　　　　　　　　　　　　　　日期：

备注：经理处理意见为最终处理意见。
①申诉人必须在知道评估结果 3 日内提出申述，否则无效。
②申诉人直接将该表交人力资源部。
③本表一式三份，一份由分店人力资源部存档，一份交申诉人主管，一份交申诉人。

第三节　绩效结果运用

绩效评估结果的应用对于绩效管理的成功与否至关重要。绩效评估结果如果不能得到合理利用，那么绩效管理对员工业绩和能力提升的激励作用就会大大削弱。

一、绩效评估结果应用的原则

1. 坚持以人为本，改进和提升员工的绩效，促进员工的职业发展。
2. 能够将员工个人的利益与组织群体的利益紧密联系起来，使员工和组织共荣辱、共成长。
3. 绩效评估作为人力资源管理的程序，评估结果应有利于人力资源的管理和决策。

二、绩效评估结果应用需要防范的问题

1. 绩效评估结果没有及时反馈给被评估者。
2. 绩效评估结果没有应用到与员工利益紧密结合的地方。
3. 绩效评估结果的应用没有针对员工需要培训和改进的地方。

4. 绩效评估结果应用方式单一，应用形式化严重。

三、绩效评估结果应用的范围

当绩效评估完成以后，评估结果不应束之高阁、置之不理，而是要与相应的其他管理环节相衔接。主要有以下几个管理应用：

1. 制订绩效改进计划

绩效改进是绩效管理过程中的一个重要环节。传统绩效评估的目的是通过对员工的工作业绩进行评估，将评估结果作为确定员工薪酬、奖惩、晋升或降级的标准。而现代绩效管理的目的不限如此，员工能力的不断提高及绩效的持续改进和发展才是其根本目的。绩效评估结果反馈给员工后，有利于员工认识自己的工作成效，发现自己工作过程中的短板所在。绩效沟通给员工带来的这种信息会使可能一直蒙在鼓里的员工真正认识到自己的缺点，从而积极主动地改进工作。所以，绩效改进工作的成功与否，是绩效管理过程是否发挥效用的关键。

2. 提供有针对性的培训

这是指根据绩效评估的结果分析来对员工进行度身定制的培训。对于难以靠自学或规范自身行为态度就能改进绩效的员工来说，可能真的在知识、技能或能力方面出现了"瓶颈"，因此企业必须及时认识到这种需求，有针对性地安排一些培训项目，组织员工参加培训或接受再教育，及时弥补员工能力的短板。这样带来的结果是既满足了员工完成工作任务的需要又可以使员工享受免费的学习机会，对企业和员工都是有利的。而培训和再教育也越来越成为吸引优秀员工加盟企业的一项企业为员工提供的福利。

3. 薪酬奖金的分配

企业除了基本工资外，一般都有业绩工资。业绩工资是直接与员工个人业绩挂钩的。这种工资形式在业界很流行，它被形容为"个人奖励与业绩相关的系统，建立在使用各种投入或产出指标对个体进行某种形式的评估或评价"。一般来说，绩效评价越高，所得工资越多。这其实是对员工追求高业绩的一种鼓励与肯定。

4. 进行职务调整

经过多次绩效评估后，员工的业绩始终不见改善，如果确实是员工本身能力不足，不能胜任工作，则管理者将考虑为其调整工作岗位；如果是员工本身态度不端正的问题，经过多次提醒与警告都无济于事，则管理者会考虑将其解雇。这种职务调整在很大程度上是以绩效评估结果为依据的。

5. 进行员工职业生涯规划

根据绩效评价的结果，分别制定员工在培养和发展方面的特定需要，以便最大限度地发展员工的优点，使缺点最小化，从而实现提高培训效率、降低培训成本、适才适所的目标；在实现组织目标的同时，帮助员工发展和执行其职业生涯规划。

6. 进行人力资源规划

为组织提供总体人力资源质量优劣程度的确切情况，获得所有人员晋升和发展潜力的数据，以便为组织的未来发展制定人力资源规划。

7. 正确处理内部员工关系

坦率公平的绩效评价，为员工在提薪、奖惩、晋升、降级、调动、辞退等重要人力资源管理环节提供公平客观的数据，减少人为不确定因素对管理的影响，因而能够保持组织内部员工的相互关系在可靠的基础之上。

绩效管理是一个循环的动态系统，绩效管理系统所包含的几个环节紧密联系、环环相扣，任何一环的脱节都将导致绩效管理的失败，所以在绩效管理过程中应重视每个环节的工作，并将各个环节有效地整合在一起，力求做到完美。

四、绩效改进的管理

1. 绩效改进的定义

绩效改进是指确认工作绩效的不足和差距，查明产生的原因，制订并实施有针对性的改进计划和策略，不断提高竞争优势的过程。即指采取一系列行动提高员工的能力和绩效。绩效改进是绩效评估的后续应用阶段，是连接绩效评估和下一循环计划目标制定的关键环节。

2. 绩效改进的基本步骤

绩效改进的形式多种多样，但其过程大致上可以分为以下几个步骤：

（1）分析员工的绩效考核结果，找出员工在绩效中存在的问题。

（2）针对存在的问题，制定合理的绩效改进方案，并确保其能够有效地实施，如个性化的培训等。

（3）在下一阶段的绩效辅导过程中，落实已经制定的绩效改进方案，尽可能为员工的绩效改进提供知识、技能等方面的帮助。

3. 绩效改进的方法

（1）分析工作绩效差距

1）目标比较法。将考评期内员工的实际工作表现与绩效计划的目标进行对比，寻求工作绩效的差距和不足的方法。

2）水平比较法。将考评期内员工的实际业绩与上一期的工作业绩进行比较，衡量和比较其进步或差距的方法。

3）横向比较法。在各部门或单位间、各员工间进行横向比较。

（2）查明产生差距的原因

1）个人体力条件。性别、年龄、智力、能力、经验、阅历。

2）心理条件。个性、态度、兴趣、动机、价值观、认识论。

3）企业外部环境。资源、市场、客户、对手、机遇、挑战。

4）企业内部环境。资源、组织、文化、人力资源制度。

（3）改进工作绩效的策略

1）预防性策略与制止性策略。预防性策略是在作业前明确告诉员工应该如何行为；制止性策略是跟踪员工的行为，及时发现问题予以纠正。

2）正向激励策略与负向激励策略。正向激励策略主要通过鼓励手段，负向激励策略主要通过惩罚手段。

3）组织变革策略与人事调整策略。针对考核中反映出的问题，及时对组织结构、作业方式、人员配置等方面进行调整。

（4）绩效管理中的矛盾冲突与解决方法

1）员工自我矛盾。员工一方面希望得到真实评价，另一方面又希望得到表扬。

2）主管自我矛盾。过松无法完成改进目的，过严影响关系。

3）组织目标矛盾。组织目标与个人目标冲突。

相关链接

表 13—5　　　　　　　　绩效改进计划表

姓名		性别		年龄	
单位		部门		岗位	

绩效摘要：

杰出的绩效 （按重要性排列）	1.
	2.
	3.
	4.
	5.

续表

需要改进的绩效 （按重要性排列）	1.
	2.
	3.
	4.
	5.

Ⅱ、绩效改进计划：

应采取的行动	完成时间

被考核者签名	直接主管签名	部门主管签名
备注	需到人力资源部备案	

学习案例

由于过去考核结果并没有与收入直接挂钩，中层经理及员工一直都不重视考核结果的应用，绩效面谈也一直流于形式，最后是如果员工对上司的评分没意见，就干脆把绩效面谈这个流程也省掉了。但这一次，却因为李小茹的面谈，让吴静尴尬得差点下不了台。李小茹主动找吴静要求面谈时，吴静是有心理准备的，因为入职4个月的李小茹的绩效评分在最近三个月都不是非常理想，这个月吴静给了她一个最低分。李小茹非常坦诚地问她的上司，这个月她的KPI指标完成情况的确不够理想，也遭到了几个客户的投诉，得了部门的最低分，她心里非常难过。但她希望知道自己如何做，才能避免这种情况。

面对准备充分的李小茹，缺乏绩效面谈准备的吴静显得手足无措，一时无言以对。她只是简单地安慰李小茹，她会考虑下一月度调低对她的考核指标，帮助她把工作做得更好，也会动员其他同事给她提供一些帮助。至于如何调整考核指标、提供什么样的帮助，吴静表示自己正在考虑中。李小茹对吴静的态度感到不满，认为自己在这种情况下非常无助，非常希望自己的直接上司在工作改进上提供指导性的帮助。但吴静的答复对她没有任何价值。她认为，这样下去，自己肯定是第一个被淘汰的员工。她再次直截了当地问吴静，怎样帮助自己改善绩效。

感到异常无助的李小茹，把绩效面谈的情况及结果以邮件的方式告诉了HR经理李若兰，并对公司的绩效考核目的及直接上司的绩效面谈方式提出了质疑。"她显然认为，部门经理对绩效改善的漠不关心，是对她工作不满意的前兆。实际上这是由于部门经理缺乏面谈技巧与准备所造成的一个误解。"李若兰说。吴静的逻辑是，尽管公司一再强调月度考核结果会与年底的奖金及末位淘汰挂钩，但实际起作用的，只是年终的考核结果。李若兰认为，这是吴静的一个误区。"尽管她每次都告诉自己的下属要重视月底的考核，但真等员工重视的时候，自己却毫无准备。"李若兰说。"实际上，绩效管理是一个持续的咨询与指导过程——给员工在绩效方面提供建设性的、目标导向的反馈，包括对一些绩效过低的员工要给予更多的沟通及明确的改善步骤。直接上司在整个考核年度都必须扮演一个教练的角色，而不仅是把绩效管理当成一个年度的评估。"

而吴静对李小茹的投诉非常反感，认为自己已经做出了多个承诺，会帮助她在未来的时间做好工作，李小茹实在犯不着捅到HR那里。李若兰对此非常无奈："后来两人的关系一直处得不太愉快，李小茹的工作绩效也没有起色。"

讨论题

1. 为什么吴静和李小茹会产生矛盾？
2. 如果你是HR经理，你会如何进行绩效反馈？

本章思考题

1. 绩效面谈前需要做哪些准备？
2. 绩效面谈的技巧有哪些？
3. 绩效申诉的流程是怎样的？
4. 绩效结果应用在哪些领域？

第五篇　薪酬管理

第十四章

岗位评价

第一节　岗位评价概述　/252
第二节　岗位评价方法　/254

 **引导案例**

小王在很多人眼里还算幸运的,工作一直都非常顺利。2013年,小王凭借自身的能力顺利地进入了一家小有名气的外企,虽然公司不大,可是小王却非常珍惜这次机会,经常加班加点,有时还把工作带回家中,赢得了公司上下的一致好评。小王心里也很舒坦,虽然工资不算太多,但也不算太少。底薪7 000元,再加上一些奖金,足够小王过上一个相对舒坦的日子了;而且同事之间也是其乐融融、气氛融洽,即使偶尔加班,也加得心甘情愿。

可是同一年进入公司的小李却整天唉声叹气,原来他今年的工作业绩不是很好,而业绩又直接关系到奖金的发放。有一次两人吃饭时聊了起来,小李愁眉苦脸地说:"小王,你今年干得真不错,业绩这么好,奖金肯定也很多吧。不像我这么倒霉,薪水从来不涨,怎么干都是7 900元。"小王一听愣了,原来小李的底薪一直都比自己高出900元,这下,他真的想不通了,不管是能力、学历还是业绩,小李都不如他,可是公司为什么会这么不公平呢?他想也没想就往人力资源部跑去。

案例思考

1. 公司各个岗位的工资标准根据什么来确定?
2. 小王为什么会觉得不公平?公司该怎么解决?

第一节 岗位评价概述

薪酬是企业对员工给企业所做的贡献,包括员工实现的绩效、付出的努力、时间、学识、技能、经验和创造的相应回报。薪酬管理需要遵循对外具有竞争性、对内具有公平性、对员工具有激励性、合法性及经济性等原则。

岗位评价是企业进行薪酬设计的前提和基础。有效地岗位评价有利于解决企业薪酬内部公平性的问题。

一、岗位评价的含义

岗位评价又称职位评估或工作评价,按照一定的客观衡量标准,采用一定的方法,对岗位的性质、责任大小、劳动强度、难易程度、责任大小、任职资格等进行评价的过程。

岗位评价的目的是衡量企业内部每一岗位的价值,并建立各岗位价值间的相对关系。岗位评价的主要依据是工作分析的信息。

二、岗位评价的用途

岗位评价主要是用于设计薪酬结构,而不是用于评价任职员工的绩效。岗位评价的一般思路是:首先,列举某一岗位的要求及该职位对组织的贡献;其次,按职位的重要性对其进行分类。对不同岗位之间的相对价值进行评估,是岗位评价活动最基本的特征。当然,尽管岗位评价的主要目的是确定岗位的相对价值,但它还具有其他一些用途。

1. 确定职位级别的手段

通过岗位评价,明确了岗位之间的相对价值大小,从而可以为岗位分级分等。

2. 薪酬分配的基础

不同的岗位对应相应的薪酬;使岗位与岗位之间建立起一种联系,这种联系组成了企业整个的报酬支付系统;当有新的岗位时,可迅速找到该岗位的报酬标准。

3. 员工确定职业发展和晋升的参照体系

企业内部建立起连续性的岗位等级,这些等级便于员工理解企业的价值标准,规划自己的职业生涯。

三、岗位评价的原则

1. 评价的是岗位而不是岗位中的人(对岗不对人)

在评价过程中要规避因人不同而评价不同。

2. 员工参与岗位评估

让员工积极地参与到岗位评估工作中来,容易让员工对岗位评估的结果产生认同。

3. 岗位评估的结果应该公开

岗位评价的程序和结果要公开,这也是员工积极参与的前提。通过公开,使人们监督评价结果在诸多方面的使用。

4. 要体现公司的战略发展方向

企业因战略发展方向的不同,会相应调整组织结构,必然会涉及工作岗位的价值变动,因而岗位评价要基于企业战略,体现企业的战略发展方向。

四、岗位评价的流程

1. 工作分析

(1)确定企业战略和组织目标。

(2) 选择适当的分析方法进行工作分析。

(3) 确定工作分析的具体方面，通常包括职责、权限、任职资格和工作环境等。

(4) 形成系统、规范化文件，即岗位说明书。

2. 成立岗位评价小组

岗位评价小组是企业进行岗位评价的组织与执行的机构，承担着主要责任，包括岗位评价体系设计、评价方法的选择、做出岗位评价的结论等。

3. 选择岗位评价的方法

根据企业规模的大小、岗位的多少、评估的目的等选择不同的评价方法。如企业规模比较小，岗位比较少，就可以选择排列法；企业规模比较大，岗位设置复杂的企业，就可以选择因素计点法。

4. 信息收集、整理和分析

通过各种评价方法，收集到各个岗位的相关信息，进行汇总、整理和分析，得出各个岗位的相对价值大小。

5. 确定岗位等级

根据汇总的信息，给企业的岗位进行分级分等，编出企业的职位分类图，从而指导和规范企业的岗位管理和薪酬管理工作。

第二节 岗位评价方法

岗位评价的方法有非量化和量化两种。非量化的评价方法是指仅仅从总体上来确定不同岗位之间的相对价值顺序的岗位评价方法；而量化的评价方法则是试图通过一套等级尺度系统来确定一种岗位的价值比另一种岗位的价值高多少或低多少。非量化的评估方法有排序法和分类套级法等；量化的评估方法有要素比较法和要素计点法等。

一、排序法

排序法是最简单的岗位评价方法，通常是依据工作复杂程度等总体指标对每个岗位的相对价值进行排序，通常只是对各部门的岗位进行排列。

1. 排序法的分类

排序法有很多方法，常用的有以下两种：

一是定限排序法。将企业中相对价值最高和最低的岗位选择出来，作为高低界限的标准，然后在此限度内将所有岗位按其性质与难易程度逐一排列。

二是成对排序法。将企业的所有岗位进行两两比较，重要的计分为1，不重要的计分为0。

相关链接

表14—1　　　　　　　　　　　成对排序法举例

岗位	行政管理	前台	司机	人事	培训	会计	出纳	市场调研	广告	序号
行政管理		1	1	0	0	0	1	0	0	3
前台	0		0	0	0	0	0	0	0	0
司机	0	1		0	0	0	0	0	0	1
人事	1	1	1		1	1	1	0	1	7
培训	1	1	1	0		0	1	0	0	4
会计	1	1	1	0	1		1	0	1	6
出纳	0	1	1	0	0	0		0	0	2
市场调研	1	1	1	1	1	1	1		1	8
广告	1	1	1	0	1	0	1	0		5

从表14—1中可以看出，通过排序得到行政管理等九个岗位。其中，市场调研的相对价值最高，前台的相对价值最低。因此，市场调研岗位的薪酬水平应该在九个岗位中最高。

2. 排序法操作步骤

步骤一，获取岗位信息。即进行工作分析，了解岗位的具体职责和岗位承担者所应当具备的能力、技术水平、经验等任职条件。

步骤二，选择报酬要素并对岗位进行分类。通常排序法根据岗位的总体状况对岗位的价值进行排序，但排序依据既可以是单一要素（如工作复杂程度等），也可以是综合考虑多种要素（如工作压力、工作环境等）。

步骤三，对岗位进行排序。最简单的做法是给每个岗位建立一张索引卡片，每张卡片对岗位进行简短的说明，然后把这些卡片按其代表的岗位价值从低到高进行排序。

步骤四，综合排序结果。在通常情况下，岗位评价是由评估委员会共同进行的。因此，在个人的排序结果出来后，对排序结果取平均值，避免个人的主观偏见和误差。

3. 排序法的优缺点

优点在于快速、简单、费用比较低，而且容易和员工进行沟通。排序法也有很多缺点。首先，排序法没有给出测量每项岗位相对于其他岗位价值的标准，只是笼统地将一个岗位与另一个岗位进行比较，在排序方面很难达成共识，尤其是在一些价值差异不是很明显的岗位之间；其次，不同来源和不同工作背景的人不可避免地会在评估过程中夹杂个人的主观意志甚至偏见；再次，最终的排序结果仅仅揭示了岗位的相对重要性，而具体的岗位之间差异是多少，却不能显示出来；最后，岗位的数量太多时，排序法的使用难度很高，一般15种岗位可能是使用排序法的上限，因此，排序法更适用于同一个部门内部的岗位排列。

二、分类套级法

分类套级法是指把岗位按照一系列事先确定好的等级进行分组和归类。它把所有的岗位分成几组。如果每一组包含的岗位相似就称为类；如果每组包含的岗位除了复杂程度相似之外，其他的方面都不同，就称为级。比如说，区域销售经理和一般销售人员由于岗位相似，可以归为一类；而销售部门的销售助理的工作复杂程度与办公室的行政助理相似，则可以归为一级。

分类套级法的主要特征是能够快速地对大量的岗位进行评价，该方法在公共部门和企业中有广泛的运用，尤其是存在于技术类工作的组织中。分类套级法的操作步骤如下：

步骤一，确定合适的岗位等级数量。

步骤二，编写每一岗位等级的定义。通常是对岗位内涵的一种较为宽泛的描述，目的是指明可以被分配到该等级中来的岗位所承担责任的性质、复杂程度及从事该等级中的岗位所需要的技能或者岗位承担者所应当具备的特征。一般包括岗位内容概要、所承担的责任、所需的知识和技能、所接受的指导和监督等。

步骤三，根据岗位等级定义对岗位进行等级分类。即将每一个岗位的工作说明书与相关岗位等级定义进行对照，然后将这些岗位分配到一个与该岗位总体情况最贴切的岗位等级之中。

分类套级法的优点是简单、容易解释、执行起来速度快、对评估者的培训要求少。但是该方法也存在不足之处。首先，岗位等级描述容易出现范围过宽或过窄的情形；其次，该方法可以通过修改或歪曲工作说明书来操作岗位评估结果；最后，该方法与排序法一样很难说明不同等级的岗位之间的价值差距。

三、要素比较法

要素比较法是在要素相互比较的基础上完成岗位评估的，但是它与要素计点法不同的地方就在于，被评估岗位的报酬因素是与企业中作为评价标准的关键性岗位的报酬因素进行比较的。要素比较法包括以下几个步骤：

步骤一，选择适当的报酬要素。报酬要素一般包括技能、脑力、体力、责任、工作条件等因素。

步骤二，选择15～20个关键性岗位。关键性岗位的特点有：对员工和组织是非常重要的；工作要求不尽相同；有稳定的工作内容；在薪酬调查中，可以对关键性岗位进行市场调查。

步骤三，以报酬要素为基础，对关键性岗位进行排序。由委员会成员先将关键性岗位按每一个要素排列等级；然后根据报酬要素确定每一个岗位的工资率，也就是赋予每个要素在岗位工资水平确定的权重；再根据各个要素在工资确定的权重，将关键性岗位排序。

步骤四，建立要素比较标尺。当每个关键性岗位的工资在各要素之间分配后，就会得出要素比较的数据。关键性岗位报酬要素的标准和工资等级中的位置为其他岗位的评估提供了比较的标准。

步骤五，将每个需要评估的岗位与关键性岗位相比较，赋予相应的数值。

要素比较法的优点就在于它是一种精确、量化和系统的方法，其每一步操作都有详细、可靠的说明，可靠性比较高、减少主观性。但是，要素比较法运用起来难度较高、花费时间较多，而且结构复杂、成本较高，在实践中并不常用。

四、要素计点法

先确定付酬因素（如工作环境、岗位所需能力、工作复杂性、工作姿势等），接着将每个要素分等，为每个要素的各等赋予不同的点值。因此，一旦确定了岗位中各要素的等级，只需要把岗位中各要素对应的点值加总，就可得该岗位的总点值。

要素计点法包括以下几个步骤：

步骤一，确定待评岗位的报酬要素。报酬要素应当与总体上的岗位价值具有某种逻辑上的关系，必须是能够清晰界定和衡量的，必须使需要评估的所有岗位具有共通性，必须涵盖组织愿意为之支付报酬的、与岗位要求有关的主要内容，而且报酬要素必须是与被评估岗位相关的，报酬要素之间不能交叉和重叠，报酬要素的数量也要便于管理。在实际操作中，最常见的报酬要素是劳动技能、劳动责任、劳动强度和劳动环境四类。

相关链接

表 14—2　　　　　　　岗位报酬要素等级划分及分值分配

报酬要素类型	要素指标	等级					
		1	2	3	4	5	小计
劳动技能	文化和技术理论知识	6	8	10	12	14	50
	操作技能	12	14	16	18	20	80
	作业复杂程度	3	6	9	12	14	44
	处理预防事故的复杂程度	1	2	3	4	6	16
劳动责任	质量责任	2	4	6	8	10	30
	原材料消耗责任	2	4	6	8	10	30
	经济效益责任	2	4	6	8	10	30
	安全责任	2	4	6	8	10	30
劳动强度	体力劳动强度	12	14	16	18	20	80
	脑力消耗疲劳程度	3	6	9	12	14	44
	作业姿势	2	4	6	8	10	30
	工时利用率和工作班制	1	2	3	4	6	16
劳动环境	气候条件影响	12	14	16	18	20	80
	作业条件危险性	3	6	9	12	14	44
	有毒有害物危害	2	4	6	8	10	30
	噪声危害	1	2	3	4	5	15

步骤二，对每一种报酬要素的各种程度或水平加以界定。每一种报酬要素的等级数量取决于组织内部所有被评估岗位在该报酬要素上的差异程度。

步骤三，确定每一个报酬要素在岗位评估体系中所占的权重或者相对价值。

步骤四，确定每一个报酬要素在内部不同等级或水平上的点值。组织需要为即将使用的岗位评估体系确定一个总点值。如果被评估的岗位数量越多，而且价值差异越大，那么需要使用的总点数就越高。总点值确定之后，组织还必须确定每一个报酬要素在内部不同等级上的点值。

步骤五，运用这些报酬要素对每一个岗位进行岗位评估。

步骤六，将所有被评估岗位根据点值高低排序，建立岗位等级结构。

要素计点法的优点在于它是一种较为详细的、有数字表示的、分析性的方法，它提供了精确的评价标准，不容易受人的主观影响。该方法广泛应用于蓝领和白领岗位。但是，该方法的设计和应用耗费时间，在报酬要素的界定、等级定义和点数权重确定等方面都存在一定的主观性。

五、海氏评价法

海氏评价法又称"指导图表—形状构成法"，是由美国工资设计专家爱德华·海于1951年研究开发出来的。它有效地解决了不同职能部门的不同职务之间相对价值的相互比较和量化的难题，被企业界广泛接受。

海氏评价法实质上是一种要素计点法。在海氏工作评价系统中，所有职务所包含的最主要的付酬要素有三种，每一个付酬要素又分别由数量不等的子要素构成，具体描述见表14—3。

表14—3　　　　　　　　海氏工作评价系统付酬要素描述

付酬要素	付酬要素释义	子要素	子要素释义
技能水平	使工作绩效达到可接受的水平所必需的专门知识及相应的实际动作技能的总和	专业理论知识	对该职务要求从事的职业领域的理论、实际方法与专门知识的理解。该子系统分为八个等级，从基本的（第一级）到权威专门技术的（第八级）
		管理诀窍	为达到要求的绩效水平而具备的计划、组织、执行、控制、评价的能力与技巧。该子系统分为五个等级，从起码的（第一级）到全面的（第五级）
		人际技能	该职务所需要的沟通、协调、激励、培训、关系处理等方面主动而活跃的活动技巧。该子系统分为"基本的""重要的""关键的"三个等级
解决问题的能力	在工作中发现问题，分析诊断问题，提出、权衡与评价对策，做出决策等的能力	思维环境	指定环境对职务行使者的思维限定程度。该子系统分为八个等级，从几乎一切按既定规则办的第一级（高度常规的）到只做了含糊规定的第八级（抽象规定的）
		思维难度	指解决问题时对当事者创造性思维的要求，该子因素分为五个等级，从几乎无须动脑只需按老规矩办的第一级（重复性的）到完全无先例可供借鉴的第五级（无先例的）

续表

付酬要素	付酬要素释义	子要素	子要素释义
承担的职务责任	指职务行使者的行动对工作最终结果可能造成的影响，即承担责任的大小	行动的自由度	职务能在多大程度对其工作进行个人指导与控制，该子因素包含九个等级，从自由度最小的第一级（有规定的）到自由度最大的第九级（一般性无指引的）
		职务对后果形成的作用	该子因素包括四个等级：第一级是后勤性作用，即只在提供信息或偶然性服务上出力；第二级是咨询性作用，即出主意与提供建议；第三级是分摊性作用，即与本企业内其他部门和个人合作，共同行动，责任分摊；第四级是主要作用，即由本人承担主要责任
		职务责任	可能造成的经济性正负后果。该子因素包括四个等级，即微小的、少量的、中级的和大量的，每一级都有相应的金额下限，具体数额要视企业的具体情况而定

用海氏评价法评价出的分数，比直觉性的主观评价要精确和合理一些，只是评价过程非常复杂，并且需聘请专家进行，因此运用这种方法成本很高。获得评分后，具体工资额的确定要参考外界市场。

海氏作为要素计点法的一种，可以从分析方法和比较方法两个维度，对四种评价方法进行比较。其中，岗位排列法、岗位分类法属于定性评估，要素比较法、因素计点法属于定量评估。

相关链接

表 14—4　　　　　岗位评价方法比较

比较方法 \ 分析方法	考虑职位的因素	考虑整个职位
职位与职位比	要素比较法	排序法
职位与某个"度量"比	要素计点法	分类套级法

学习案例

"我们为什么只拿这么点薪酬？"这是伟业公司不少员工发出的疑问。伟业公司现有员工300人，是一家从事各种文化活动策划、设计、组织等业务的公司，在同行业里属于经营效益较好的，因此，公司的平均薪酬水平高于市场水平。那么为什么仍然有员工对自己所得到的薪酬感到困惑和不满意呢？

原来，伟业公司实行的是一套比较简单的薪酬制度。这套制度将职位按照责任大小分成4个等级：员工级、主管级、经理级和高层管理级。每个等级里又分成两个层次，本着向业务部门倾斜的原则，业务开发部和项目管理部这两个部门取其中的较高层次，其他部门取其中的较低层次。于是问题就出现了。

有的部门（如创意设计部）的员工认为，公司大大小小的业务还不是靠创意部的工作才能成功，创意部的贡献理应是很大的，与像行政事务这样的部门相比，创意部的工作技术含量、难度都大得多，但是，就因为创意部员工不是主管，就比他们的主管人员薪酬低，这样太不合理了。主管人员的贡献不一定就比员工大，要看是什么部门的主管和员工。

其实部门主管、经理等管理人员也有意见。有人认为，每个部门的工作量、任务难度是不同的，不应该所有部门都"一刀切"，而应该有些差别。还有的主管人员认为，如果出了问题，他们所承担的责任比员工大得多，所以他们的薪酬与员工的差别应该拉得再大一些。

尽管公司整体薪资水平较高，但近年来企业增资幅度不大，加上受公务员和事业单位大幅度增资的影响，企业存在较大的增资压力。考虑到企业的实际承受能力，公司提出根据20/80法则，实施以加大对重点岗位人员激励为主的增资方案，需要做出伟业公司关键岗位的确认。

关键岗位比例按员工级岗位和主管级岗位各自总数的20%确定，确定的具体步骤如下：

1. 各部门根据确认条件，按本部门人数的40%比例申报岗位。

2. 根据部门申报的岗位进行测评，测评分为两个层次，主管级岗位由测评领导小组成员和公司高层管理者分别测评，权重分别为45%和55%；员工级岗位由测评领导小组和本部门或系统内主管级及以上管理人员分别测评，权重各为50%。测评中要求各层次参与测评的人数不得少于15人。

3. 测评结束后，对各岗位得分情况进行统计排序，以得分高低按规定比例确定候选岗位后提交公司总经理办公会审议后公布。

经以上程序，共确定主管级岗位15个15人，员工级岗位30个36人。岗位确定后，分别按现任关键岗位人员在本岗位的工作年限和上年度考核情况确定岗位津贴，最终平均增幅是原月工资的30%。

关键岗位最终确认实施后，在员工中引起较大反响，部分员工表现出强烈的不满情绪,员工积极性受到了较大影响。

讨论题

1. 岗位评价中存在什么问题?
2. 应该如何有效进行岗位评价?

本章思考题

1. 岗位评价的意义是什么?
2. 岗位评价的基本流程是怎样的?
3. 岗位评价常用的方法有哪些?
4. 要素计点法如何实施?

第十五章

薪酬水平

第一节　薪酬调查　/264
第二节　薪酬水平　/272

 **引导案例**

朗讯的薪酬结构由两部分构成,一部分是保障性薪酬,跟员工的业绩关系不大,只跟其岗位有关;另一部分薪酬跟业绩紧密挂钩。在朗讯非常特别的一点是,朗讯中国所有员工的薪酬都与朗讯全球的业绩有关,这是朗讯在全球执行 GROWS 行为文化的一种体现。朗讯专门有一项奖——LUCENTAWARD,也称全球业绩奖。

朗讯公司在执行薪酬制度时,不仅仅看公司内部的情况,而且将薪酬放到一个系统中考虑。朗讯的薪酬政策有两个考虑:一方面是保持自己的薪酬在市场上有很大的竞争力。为此,朗讯每年委托一个专业的薪酬调查公司进行市场调查,以此来了解人才市场的宏观情形。这是大公司在制定薪酬标准时的通常做法。另一方面是人力成本因素。综合这些考虑之后,人力资源部会根据市场情况给公司提出一个薪酬的原则性建议,指导所有的劳资工作。人力资源部将各种调查汇总后会告诉业务部门总体的市场情况,在这个情况下每个部门有一个预算,主管在预算允许的情况下对员工的待遇做出调整决定。

朗讯在加薪时做到对员工尽可能透明,让每个人知道加薪的原因。加薪时员工的主管会找员工谈,根据当年的业绩,可以加多少薪酬。每年的 12 月 1 日是加薪日,公司加薪的总体方案出台后,人力总监会和各地做薪酬管理的经理进行交流,告诉员工当年薪酬的总体情况,市场调查的结果是什么,今年的变化是什么,加薪的时间进度是什么。公司每年加薪的最主要目的是保证朗讯在人才市场增加一些竞争力。

案例思考

1. 薪酬调查在朗讯公司的薪酬管理中扮演了什么角色?
2. 薪酬水平与什么因素有关?朗讯公司的薪酬水平处于什么水平?

第一节 薪酬调查

企业要提高自身薪酬的市场竞争力,首先需要通过市场薪酬调查获取相关的信息。市场薪酬调查需要遵循调查准备、调查实施和数据分析等模式化的技术规范。

一、薪酬调查的目的

岗位评价的结果确定了岗位之间的相对价值,从而解决了内部公平性问题。接下来应当为每个岗位所获得的点数赋予相应的货币价值。完成这项工作需要做两件事：一是确定岗位点数的市场价值，主要是通过薪酬调查得到薪酬市场线；二是确定岗位点数的组织内价值，即根据组织的薪酬战略和薪酬政策，在薪酬市场线的基础上确定薪酬政策线。因而，在岗位评价之后，薪酬调查是重要的薪酬技术问题。

薪酬调查是指通过各种正常的手段来获取相关企业各职务的薪酬水平及相关信息。对薪酬调查的结果进行统计和分析是企业的薪酬管理决策的有效依据。薪酬调查的目的是充分了解和掌握企业外部的各种薪酬的影响因素，包括劳动力市场上人才竞争与供给状况、各行业的薪资水平及其他企业所设立的薪酬福利保险项目等，以确保企业的薪酬制度对外具有竞争性。

在进行薪酬调查时，要注意以下几点原则：

首先，要在被调查企业自愿的情况下获取薪酬数据。由于薪酬管理政策及薪酬数据在许多企业属于企业的商业秘密，不愿意被其他企业了解，所以，在进行薪酬调查时，要由企业人力资源部门与对方人力资源部门，或企业总经理与对方总经理直接进行联系，本着双方互相交流的精神，协商调查事宜。

其次，调查的资料要准确。由于很多企业对本企业的薪酬情况都守口如瓶，所以，有些薪酬信息很可能是道听途说得来的。这些信息往往不全面，有些甚至是错误的，准确性较差。另外，在取得某岗位的薪酬水平的同时，要比较一下该岗位的岗位职责是否与本企业的岗位职责完全相同，不要因为岗位名称相同就误以为工作内容和工作能力要求也一定相同。

最后，调查的资料要随时更新。随着市场经济的发展和人力资源市场的完善，人力资源的市场变动会越来越频繁，企业的薪酬水平也会随企业的效益和市场中人力资源供需状况的变化而发生变化。所以，薪酬调查的资料要随时注意更新，如果一直沿用以前的调查数据，很可能会做出错误的判断。

二、薪酬调查的范围

薪酬调查的范围可分为内部薪酬调查和外部薪酬调查。

内部薪酬调查是针对企业员工对本企业的薪酬满意状况的调查，是员工满意度调查的重要内容之一。通过薪酬满意度调查，可以掌握员工对企业薪酬内部公平性的认识和看法，并了解员工对未来薪酬的期望。员工薪酬满意度调查的内容包括：员工对本企业的认同因素、对货币薪酬的满意度，以及对整体薪酬水平和结构的认识、接受度等。

外部薪酬调查是针对企业外部市场的薪酬状况进行的调查，实施中要考虑以下问题：

1. 行业选择

薪酬调查的行业选择，首先是要调查企业所在的本行业的情况，其次还要调查与企业有关联的上下游行业，尤其是企业人员流动的方向行业，更应加倍关注。

2. 企业选择

调查时应选择行业里的标杆企业、与自己规模和发展阶段比较接近的企业及该行业成长比较快的企业。

3. 岗位选择

选择关键性岗位。关键性岗位的确定原则与岗位评价的关键性岗位确定原则相同。

4. 时段选择

薪酬支付周期一般为一年，甚至更长。若时段选择不当，则不具有可比性，甚至会误导企业的定位等。

5. 内容选择

薪酬调查的内容，不光要有财务性薪酬，还要了解非财务性薪酬；不但要调查短期薪酬，还要关注长期薪酬。要全面掌握被调查基准岗位的薪酬基本信息。

三、薪酬调查的渠道

1. 企业之间的相互调查

由于我国的薪酬调查系统和服务还没有完善，最可靠和最经济的薪酬调查渠道是企业之间的相互调查。相关企业的人力资源部门可以采取联合调查的形式，共享相互之间的薪酬信息。这种相互调查是一种正式的调查，也是双方受益的调查。调查可以采取座谈会、问卷调查等多种形式。

2. 委托专业机构进行调查

在北京、上海和沿海一些城市均有提供薪酬调查的管理顾问公司或人才服务公司。通过这些专业机构调查会减少人力资源部门的工作量，省去了企业之间协调的费用。但它需要向委托的专业机构支付一定的费用。

3. 从公开的信息中了解

有些企业在发布招聘广告时，会写上薪金待遇，调查人员稍加留意就可以了解这些信息。另外，某些城市的人才交流部门也会定期发布一些岗位的薪酬参考信息，同一岗位的薪酬信息一般分为高、中、低三档。由于其覆盖面广、薪酬范围大，所以，对有些企业并没有意义。

4. 从应聘人员处了解

从其他企业到本企业来的应聘人员也可以了解该企业的薪酬状况。

5. 从政府部门、职介机构进行调查

从政府公开发行的统计年鉴或者统计公报中可以获得职工平均工资。从一些职介机构的行业薪酬调查中可以获得各个行业的一些薪酬数据，可以作为企业制定薪酬的依据。

四、薪酬调查的程序

实施薪酬调查一般来讲分为六个步骤，即确定调查目的，确定基准岗位，确定调查范围和对象，确定调查的内容和项目，选择调查方式，整理、修正和分析调查数据。

1. 确定调查目的

首先弄清楚调查的目的和调查结果的用途，然后再制订调查计划。一般而言，调查的结果可以为以下工作提供参考和依据：整体薪酬水平的调整、薪酬结果的调整、薪酬晋升政策的调整、某具体岗位评估薪酬水平的调整等。

2. 确定基准岗位

薪酬调查要重视选择基准岗位，从外部市场获取有关这些岗位的薪酬信息。之所以要进行这种选择，是基于两方面的考虑：其一，部分岗位可能是组织独有的，对这些岗位进行调查是没有意义的；其二，节约成本。因此，基准岗位必须是组织内具有代表性的岗位，同时也是行业内普遍存在的通用岗位。

进行薪酬调查时，应选择达到目的所必需的尽可能少的企业和岗位。调查越复杂，可能参加调查的企业越少。选择薪酬调查的岗位通常使用基准岗位确定法。

基准岗位通常具有以下特征：

（1）岗位内容众所周知、相对稳定，且得到从事该岗位员工的广泛认可。

（2）这些岗位的供求相对稳定，且不受最近变化的影响。

（3）这些岗位能代表当前所研究的完整的岗位结构。

（4）这些岗位上有相当数量的劳动力被雇用。

一般而言，薪酬调查的对象仅包括基准岗位。在调查中应包括基准岗位的描述，以便使用调查结果的组织能把本组织中的岗位与所调查的岗位相比较。

3. 确定调查的范围和对象

根据调查的目的，可以确定调查的范围。调查的范围的确定需要从以下问题入手：一是需要对哪些企业进行调查；二是需要对哪些岗位评估进行调查；三是需要调查该岗位评估的哪些内容。

确定调查的范围和对象这个问题重点归结为相关劳动力市场的界定。企业的相关劳动力市场就是与本企业员工竞争的其他企业，这些企业包括同一行业的企业和同一地域具有类似岗位的企业。

在选择调查对象时，还要注意对象的规模大小。薪酬调查包括多少企业没有一个统一的规定。采取领先型薪酬策略的大企业一般仅与几个（6~10个）支付高薪酬的竞争对手交换数据；由2~3人负责的小型组织一般仅调查小的竞争对手；咨询公司进行的全国性调查一般超过100家企业。咨询公司为其客户经常承诺特殊分析，根据所选的行业、地理区域或薪酬水平来报告薪酬率（如最高的10%）。

4. 确定调查的内容和项目

调查的内容和项目通常是在调查问卷、调查表中显示的，包括组织信息、岗位基本信息、薪酬要素信息、调查对象基本信息、任职者基本信息、岗位的总体薪酬结构和水平等。

组织资料通常包括财务信息、组织规模和组织结构。主管岗位或更高岗位的调查还要包括详细的财务和报表之间关系的资料，要包括这些附加资料的原因是这些岗位的薪酬与组织财务业绩的关系更为直接。集团公司的规模可以简单地用营业额或收入来衡量。

调查时薪酬的所有基本形式都应包括在总薪酬数据内，以便比较总薪酬的异同，并且准确地评估竞争对手的薪酬情况。例如，越来越多的企业在支付基本工资的同时，还支付各种各样的变动工资。

薪酬调查中最重要的资料是支付给在职者的实际薪酬率。全部工资报酬、工作日长短、最后增资的日期和幅度、红利及激励工资都应包括在内。

5. 选择调查方式

采集薪酬数据常用两种基本的方法：访谈（面谈或电话）和邮寄调查问卷。通常调查的目的和采集数据的详细程度决定方法的选择。特殊研究或对比检验经常使用电话访谈法。邮寄问卷法是最常用的方法。

一般来讲，首先可以进行企业之间的相互调查，与相关企业的人力资源部门进行联系，或者通过行业协会等机构进行联系，促成薪酬调查的开展，或者委托专业机构进行调查。具体的调查方式普遍采用的是问卷法和座谈法（也称面谈法）。如果采取问卷法要提前准备好调查表；如果采取座谈法，要提前拟好问题提纲。

6. 整理、修正和分析调查数据

在进行完调查之后，要对收集到的数据进行整理、修正和分析。

整理、修正数据的第一步通常是核对岗位相匹配的程度。调查数据中会包括岗位描述。尽管岗位描述十分匹配，也并不意味着各个公司认为同一岗位的价值相同，或者是它们的薪酬决策参考的是哪个岗位。如果岗位描述相似但不相同，调查的数据根据相似的匹配程度很集中，那么可以根据匹配程度重新衡量。这种技巧称为调查数据的修正。

在整理中要注意将不同岗位评估和不同调查内容的信息进行分类，并且在整理的过程

中要注意识别是否有错误的信息。最后,根据调查的目的,有针对性地对数据进行分析、修正和调整,形成最终的调查结果。

相关链接

薪酬调查问卷

为了了解本企业的薪酬现状并设计合理公平的薪酬体系,现对公司员工薪酬进行调查,希望您积极配合,认真填写问卷,谢谢您的合作!

调查问卷说明:

1. 本调查问卷共有31个问题,问题采用单项选择方式,简明扼要并易于回答。

2. 请以实名填写此份调查表。

3. 本调查问卷表的密级为A级,任何信息都将严格受到保密,所以您可以放心作答。

4. 请按实际情况填写,否则将影响调查结果。

5. 当有50%的题目不作回答时,本问卷将作无效处理。

您的姓名:　　　性别:　　　年龄:　　　学历程度:　　　月收入:

入职时间:　　　职位(岗位):　　　所在部门:

1. 您的薪酬构成有:(多选)

　A. 基本工资　B. 岗位津贴　C. 绩效奖金　D. 郊区补贴　E. 福利

　F. 加班费　　G. 超工时奖　H. 其他_____

2. 您认为您的基本工资构成是哪几项?(多选)

　A. 基本工资　B. 岗位津贴　C. 绩效奖金　D. 郊区补贴　E. 福利

　F. 加班费　　G. 超工时奖　H. 其他_____

3. 您目前的年薪:

　A. 10 000～20 000元　　B. 20 000～30 000元　　C. 30 000～50 000元

　D. 50 000～100 000元　　E. 100 000元以上

4. 您的工资是否按时发放?

　A. 很准时　　B. 基本按时发放　　C. 有时拖欠　　D. 不准时

5. 公司为您办理了何种社会保险?

　A. 养老保险　B. 医疗保险　C. 失业保险　D. 生育保险

　E. 工伤保险

6. 您每月的绩效奖金占工资总额的百分比为
A. 1%～3%   B. 3%～5%   C. 5%～10%   D. 10%   E. 其他_____%

7. 您每月的加班费占工资总额的百分比为
A. 1%～3%   B. 3%～5%   C. 5%～10%   D. 10%   E. 其他_____%

8. 您每月的工时超产奖占工资总额的百分比为
A. 1%～3%   B. 3%～5%   C. 5%～10%   D. 10%   E. 其他_____%

9. 您认为公司发放薪酬的依据应有以下哪些？（多选）
A. 岗位   B. 技能   C. 绩效   D. 工作年限   E. 学历   F. 工龄
G. 其他

10. 您认为公司现行的薪酬制度中不合理的部分是：（可多选）
A. 基本工资   B. 岗位津贴   C. 绩效奖金   D. 福利
E. 加班费

11. 您对您目前的薪酬水平满意吗？
A. 满意   B. 较满意   C. 一般   D. 不满意   E. 非常不满意

12. 以下关于薪酬与工资的关系，哪个最接近您的观点：
A. 通过工作，我自己感到生活充实并获得合理的薪酬回报
B. 我工作的基本目的就是为了挣一份工资
C. 干什么工作都是次要的，只要有钱赚
D. 给我多少钱，我就干多少活
E. 没有钱，什么也别谈

13. 您的薪酬是否能够满足您及家庭生活的需要？以下哪种关于薪酬与生活的关系最接近你的实际情况：
A. 因为薪酬很高，自己的生活非常富裕
B. 目前的薪酬除维持基本生活外，有一定的节余
C. 我不太确定两者有什么关系
D. 目前的薪酬只能够维持基本的生活开支
E. 因为目前的薪酬太低，自己过得非常贫苦

14. 您认为目前薪酬中最能调动您积极性的因素有
A. 基本工资   B. 岗位津贴   C. 绩效奖金   D. 福利   E. 加班费
F. 长期报酬（股权、红利、利润分享计划等）

15. 您认为公司现行的薪酬制度有无修正的必要?
A. 有必要　　　　　　　　　　　B. 无必要

16. 您认为您的薪酬在同行业中
A. 很高　　B. 偏高　　C. 一般　　D. 偏低　　E. 低很多

17. 您认为您的薪酬在本地区
A. 很高　　B. 偏高　　C. 一般　　D. 偏低　　E. 低很多

18. 您认为您的薪酬与您的付出或工作业绩是否相等?
A. 很对等　　B. 对等　　C. 一般　　D. 较不对等　　E. 很不对等

19. 您认为公司员工工资层级差别合理吗?
A. 很合理　　B. 比较合理　　C. 不确定　　D. 较不合理　　E. 很不合理

20. 如和其他同职位的人相比，自己的工资：
A. 很高　　B. 偏高　　C. 一般　　D. 偏低　　E. 低很多

21. 您认为公司薪酬所倡导的分配机制是：
A. 绝对向勤奋及优秀的员工倾斜　　B. 按劳分配　　C. 不确定
D. 吃大锅饭搞平均主义　　　　　　E. 多劳多得，少劳少得

22. 您对公司经济性福利的看法：
A. 多种经济性福利，且额度合适　　B. 多种经济性福利，且额度过低
C. 不确定　　D. 基本没有经济性福利　　E. 完全没有经济性福利

23. 公司在传统节假日和纪念日有相应的福利发放吗?
A. 绝对有　B. 大部分时间有　C. 不确定　D. 基本没有　E. 完全没有

24. 您对公司公共福利政策及建设的看法是：
A. 做得非常好，极大地激励和鼓舞员工
B. 基本上会有一些正面的改善，但比较被动
C. 不确定
D. 听听而已，没有什么改变
E. 非常敏感，尽量压制

25. 公司有薪假期的设置：
A. 有很多假期，可灵活休假　　B. 多种有薪假期，但休假方式比较呆板
C. 不确定　　D. 只有少数的有薪假期　　E. 完全没有任何有薪假期

26. 在过去的半年中，您觉得公司在薪酬付出与利润积累方面：

A. 控制得非常好，找到了两者的平衡点　　B. 控制得较好

C. 不确定　　D. 较差，两者有些失衡　　E. 明显失衡

27. 在过去一年中，绩效工资的发放：

A. 有科学合理的正式考核制度和考核表格作为依据

B. 有一些简单的考核制度和表格

C. 不确定

D. 没有什么制度和表格，凭感觉考核

E. 完全失控

如果选择 D 或 E，请写明简要理由或感受：

28. 您对目前公司薪酬制度合法性的评价是：

A. 绝对符合法律法规　　B. 基本符合法律法规　　C. 不确定　　D. 完全不符合法律法规

E. 有些地方不符合法律法规，例如：

29. 您觉得目前公司薪酬制度的保密性：

A. 非常强　　B. 比较强　　C. 不确定　　D. 不够保密　　E. 非常公开化

30. 您认为公司您周围员工的辞职：

A. 因为薪酬的不合理直接导致　　B. 和薪酬有一定关系

C. 不确定　　D. 和薪酬关系不大　　E. 和薪酬毫无关系

31. 对于本次调查，您还有那些疑问和建议？

第二节　薪酬水平

　　薪酬水平是指企业支付给不同职位的平均薪酬。薪酬水平高低会直接影响企业在劳动力市场上的竞争力。

　　薪酬水平适合于企业之间的横向比较，过去关注企业间的整体薪酬水平比较，即将一家企业各个职位的薪酬的平均数与同行业企业进行比较，以辨别该企业薪酬水平是高是低。但在市场竞争日益激烈的今天，薪酬水平越来越多地注重于岗位和岗位之间或者不同

企业中同类或类似工作之间的比较。因为企业整体薪酬水平高并不意味着薪酬的外部竞争力大，而整体薪酬水平低也不代表薪酬的外部竞争力小，竞争力大小需由劳动力市场来检验。

另外，企业薪酬设计要满足外部竞争性、内部公平性和合法性。其中内部公平性，也称内部一致性，是指决定企业内某岗位薪酬水平的高低应以该工作的内容，或者以工作所需要的技能的复杂程度为基础，根据各种工作对企业目标实现的相对贡献大小来支付报酬；薪酬的外部竞争性指根据外部劳动力市场价位来确定不同岗位的薪酬水平，是一种"市场推动"。因此，企业建立薪酬制度时"对内相对公平，对外有竞争力"的要求在现实操作中经常产生矛盾。

一、制约薪酬水平的因素

1. 法律的规定

企业在确定员工薪酬水平时，必须先考虑国家和地区有关员工工资收入的规定。如我国各地都以法律法规的形式规定了当地的最低工资标准。

2. 劳动力市场价格

在市场经济条件下，企业的整体薪酬水平的高低和员工薪酬水平的高低，在很大程度上由劳动力市场的供需关系决定。

3. 劳资协商谈判结果

工资集体协商是指职工代表与企业法人代表依法就企业内部工资分配制度、形式、收入水平等进行平等协商，并在协商一致的基础上签订工资协议。我国已颁布了《工资集体协商试行办法》，凡在我国境内的企业依法开展工资集体协商、签订工资协议的，都可使用这个办法。使用该办法订立集体合同的，工资协议应作为集体合同的附件，与集体合同具有同等效力。工资协议对企业与职工具有同等约束力，任何一方不得擅自变更或解除工资协议。

4. 企业效益和支付能力

作为经济性组织，企业要生存发展，从长远看必须保证一定的盈利水平。一方面，员工的薪酬水平高低将影响企业的盈利水平；另一方面，企业盈利也是保证员工薪酬水平及其增长的条件。

5. 岗位的价值

企业中每一类岗位的价值是相对的，并由岗位评价确定。影响岗位价值的因素包括岗位责任的大小、工作的复杂程度、任职资格的要求、工作环境状况等。

6. 员工个人的技能与能力

员工所具有的、与工作相关的技能与能力将根据企业所采用的薪酬制度的不同而有不同程度的考虑。员工个人的技能与能力需经过企业或权威部门的认定才可以用于确定员工与技能和能力相关的薪酬。

7. 部门和个人绩效

员工本人绩效、员工所在部门绩效通常会直接影响员工的工资收入水平。

二、薪酬水平策略的类型

薪酬水平是外部竞争性问题，企业通常通过外部薪酬调查来解决薪酬外部竞争性问题，考虑到当地市场薪酬水平和竞争对手薪酬水平，决定公司的薪酬水平。企业可采取的薪酬水平策略主要有市场领先策略、市场跟随策略、成本导向策略和混合薪酬策略。

1. 市场领先策略

采用这种薪酬策略的企业，薪酬水平在同行业的竞争对手中是处于领先地位的。领先薪酬策略一般基于以下几点考虑：市场处于扩张期，有很多的市场机会和成长空间，对高素质人才需求迫切；企业自身处于高速成长期，薪酬的支付能力比较强；在同行业的市场中处于领导地位等。处于20世纪90年代初的深圳华为采用的就是市场领先的薪酬策略，因为当时的通信行业正处于高速成长期，同时华为也处于飞速发展期。世界著名的思科（CISCO）公司的薪酬策略是：CISCO的整体薪酬水平就像CISCO成长速度一样处于业界领导地位，为保持领导地位，CISCO一年至少做两次薪酬调查，不断更新。

2. 市场跟随策略

采用这种策略的企业，一般都建立或找准了自己的标杆企业，企业的经营与管理模式都向自己的标杆企业看齐，同样薪酬水平跟标杆企业差不多就行了。

3. 成本导向策略

成本导向策略也称落后薪酬水平策略，即企业在制定薪酬水平策略时不考虑市场和竞争对手的薪酬水平，只考虑尽可能地节约企业生产、经营和管理的成本，这种企业的薪酬水平一般比较低。采用这种薪酬水平的企业一般实行的是成本导向战略。

4. 混合薪酬策略

顾名思义，混合薪酬策略就是在企业中针对不同的部门、不同的岗位、不同的人才，采用不同的薪酬策略。比如对于企业核心与关键性人才和岗位的策略采用市场领先薪酬策略，而对一般的人才、普通的岗位采用非领先的薪酬水平策略。这一策略也可称为权变策略。

三、薪酬水平策略的选择

目前，有关薪酬水平的完整资料收集难度大、准确性差、针对性也不强，企业在选择各阶段薪酬水平策略时，一般应以标杆企业（即选定的竞争对手）的薪酬状况为依据确定薪酬水平策略。

1. 创业阶段薪酬水平策略选择

企业在创业阶段，员工人数少、企业利润少，员工这时不会有过高的要求，唯一的愿望是希望企业能够生存下去。国家对处于创业阶段的企业管理也很宽松，各地区都在鼓励创业，所以受政府政策的影响也很小，谈不上最低工资和工资歧视等问题，更没有企业工会的谈判要求。所以，创业阶段的企业可以采用低于标杆企业薪酬水平的薪酬水平滞后策略，尽量降低人工成本，将有限的资金用于扩大生产经营。实际操作中，在处理作为薪酬核心部分的基本薪酬、奖金和福利三个板块时，福利和基本薪酬由于所具有的特性应尽量降低，而奖金应尽量与市场持平，且宜采用长期激励的方式，而不宜短期激励，因为短期激励一是占用企业有限的发展资金，二是起不到相应的效果，反而会使员工过早地关注自身利益。企业应以精神激励为主，鼓励大家"向前看"，且许以相应的承诺。

2. 高速增长阶段薪酬水平策略选择

高速增长阶段是企业最易出现问题的阶段，这时企业已有一定的经济实力，已挖到了第一桶金，有了相当的利润和经济效益，创业者的享乐主义开始滋生，员工也不会再像创业阶段那样不求索取只讲贡献了，正如马克思所说："人们奋斗所争取的一切，都同他们的利益有关。"这时，企业应选择薪酬水平领先策略，支付高于标杆企业的薪酬，以激励员工和吸引所需的大量高素质人才，而高素质人才是高投资形成的，需要更高的投资回报。在实施过程中，基本薪酬由于其所具有的刚性，应与标杆企业薪酬水平持平。奖金因灵活性较大，企业可以采用更高的奖金，并让员工享有较好的福利，从而使企业的薪酬水平高于市场竞争对手。

3. 成熟平稳阶段薪酬水平策略选择

企业度过最容易出问题的"山穷水尽"阶段，迎来的是"柳暗花明"的"春天"。企业处于成熟平稳发展阶段，员工考虑更多的是长远、稳定的工作和由此带来的长期收益，而不像企业高速增长阶段的不确定性给员工收益带来的难以预测的风险性，使员工更注重短期的薪酬收入。所以，成熟平稳阶段的企业，可以选择薪酬水平跟随策略，与市场竞争对手薪酬水平相当，以维持企业员工享受与标杆企业员工同等的待遇。处于企业生命周期成熟平稳阶段的企业，确定了选择薪酬水平跟随策略后，在进行薪酬结构组合管理时，基本薪酬仍然采用与市场持平水平，而奖金绩效激励薪酬可以调整到适当偏低或与市场竞争对手薪酬水平持平状态，保持较高的员工福利薪酬水平，以增加员工的企业认同感和归属感。企业应着重处理好员工薪酬的内部公平性，调动员工的积极性，提高企业生产效率，维持企业健康发展，尽量减少人工成本，创造更多的利润。

  4. 衰退阶段薪酬水平策略选择

  人有生、老、病、死，企业同样有产生、发展、衰退的过程，不同的是不论什么人采取什么办法，都不会长生不老，而企业毕竟是一个人造系统，它同生物体又有所区别，企业可以根据内外环境的变化进行相应的变革，从而避免衰退和死亡，重新焕发青春，做成"百年老店"。衰退阶段的企业，产品滞销，利润下降，企业应遵循事物发展规律，不应再花更大的精力来维持已经无力回天的产品。企业应尽可能让员工知道企业所面临的处境，争取员工的理解和认同，选择薪酬水平滞后策略。奖金仍沿用成熟平稳阶段的薪酬水平，这样会自然地降低企业的奖金支出，从而使企业薪酬水平降低。从长远、大局出发，争取员工自觉地与企业"同舟共济"，接受企业的薪酬水平调整策略，以适应企业经营战略目标的快速转移。

  5. 再造阶段薪酬水平策略选择

  企业的再造可以说是企业的第二次创业，与初次创业不同的是，企业再造阶段已经有相当规模和实力，已经有了第一次创业后的各种积累。为使企业尽快重新焕发青春，在选准了战略转移方向后，相当于其他人力资源管理作用总和的薪酬作用应再一次体现出来。企业应及时调整薪酬水平策略，提高员工薪酬水平，选择薪酬水平领先策略。在恢复员工基本薪酬和福利与市场水平持平的情况下，增大奖金激励薪酬，从企业外部吸引企业再造阶段所急需人才，同时激发老员工的积极性和创造性，以实现企业新的战略目标，保证企业可持续发展。

四、薪酬水平调整的方法

  薪酬水平调整是对工资实际数量的增加或减少。

1. 降低工资水平

  工资增加一般是呈刚性上升的，即工资标准随经济发展和物价水平呈上升趋势，在一般情况下，同一职位的工资只升不降。所以当出现通货膨胀时，必然拉动企业员工工资的上涨。由于企业工资预算总额大大增加，而且造成了实行绩效工资的企业难以运转，因为工资成本大幅度上升，企业难以给绩效优秀者更多的奖励，其结果是绩效优秀者与绩效平平者收入差异微小，激励机制失效。一些经营业绩不佳的企业便在薪酬管理上采取短期和长期两种方式应付难关。

  （1）短期措施。工资冻结、延缓提薪、暂停生活补贴等。

（2）长期措施。解雇一些高级管理人员或让其提前退休；缩短假期、延长工作时间、降低福利标准或者减少福利项目；控制企业非经营性支出；调整奖金计划，将薪酬结构更多地与刺激性奖励联系起来，而不是与固定工资联系在一起。

2. 提高工资水平

（1）奖励性调整。对绩效或贡献突出的员工予以加薪。

（2）生活指数调整。为了补偿物价上涨造成的实际收入水平下降，给全体员工加薪。

（3）效益性调整。因为企业效益上升而给全体员工加薪。

（4）工龄性调整。因为员工增加了在本企业服务的年限而予以加薪。

3. 工资指数化

工资指数化是指工资与物价挂钩。在工资表上，只列出等级工资的指数，实际工资的货币额等于工资指数乘以最低生活费，最低生活费则依物价的变动而变动。工资指数化的目的是为了消除市场经济条件下，物价波动对员工工资水平的影响，对工资制度实行物价补偿的原则，根据物价指数的变动而相应调整工资，使工资的增长高于或至少不低于物价的上涨。

五、薪酬水平外部竞争力的体现

不同的企业因其行业特征、市场环境、薪酬战略、支付能力等因素制约有高低不等的薪酬水平，也在劳动力市场和产品或服务市场上有大小不同的竞争力。薪酬水平的外部竞争力通过以下四个方面体现：

1. 吸引、保留和激励员工

马斯洛在其需求理论中提出人首先要满足生存、安全等较低层次的需求，而对于大多数劳动者而言薪酬是保证其日常生活正常进行的经济基础。有关部门的调查数据显示，绝大多数人在择业时首先看的是薪酬水平。而且，大多数人在择业时由于对企业状况缺乏了解，无法正确预测企业的发展前景，所以通常根据薪酬水平的高低来判断企业的优劣。所以，薪酬水平高的企业更能吸引求职者尤其是优秀人才，而薪酬水平太低将导致优秀员工大量流失，致使企业生产经营、科技开发和市场拓展战略搁浅，企业核心竞争力下降。高薪酬一方面有利于吸引优秀人才，另一方面有利于增强现有员工的满意度和忠诚度，降低员工流动频率。此外，高水平的薪酬还能控制员工的机会主义行为（怠工），从而降低各种相关费用。因为一旦员工工作消极或做出危害企业的行为，就会被企业解雇，那么被解雇的员工将会很难在劳动力市场上找到能够提供相同薪酬的类似岗位，从而能够有效地控制员工的机会主义行为，使员工严格遵守企业的规章制度。

2. 控制劳动力成本

劳动力成本＝雇员人数×平均工资（基本工资＋工资增长＋福利＋津贴＋补贴）

企业总是在追求利润最大化，而控制总成本是实现利润最大化的有效途径。薪酬水平的高低与企业的总成本支出密切相关，尤其是在一些劳动密集型的行业和以低成本作为竞争手段的企业中。在其他条件一定的情况下，薪酬水平越高，提供相同或类似产品、服务的相对成本也越高。较高的产品成本会导致较高的产品定价，在产品差异不大的情况下，理性的消费者会选择较为便宜的产品。

3. 增强企业的实力

通过高水平的薪酬，企业更可能吸引到高质量的人员。如果对这些优秀的人才加以合理的利用，给予其充分施展自己才华的空间，这些人才就会发挥自身的聪明才智，形成一个强大的团队，为企业的发展做出贡献，提高企业在研发、市场等方面的竞争力，不断地自我超越，使企业在同行中处于优势地位。

4. 塑造企业形象

企业薪酬水平受其支付能力的制约，所以支付较高薪酬的企业总能给予人们运营良好的感觉，增加消费者对企业及企业所提供产品或服务的信心和忠诚度，有利于公司在产品市场上的竞争。而且，高薪酬还表明了企业对待人力资源的态度，有利于树立企业在公众中的良好形象。此外，在大多数市场经济国家中，政府在最低薪酬水平等方面都有明文规定。为了确保自身经营的规范性和合法性，企业在确定薪酬水平的时候对这些规定绝对不可以忽视。一旦在这些方面出现对企业形象不利的问题，则对企业在劳动力市场和产品市场上的影响都将会是极为恶劣的。

学习案例

中海油薪酬虚实

建立并实施完善的垄断企业利润上交、资源占用税等多项制度，已成为当务之急。

2011年5月9日有媒体报道称，根据中国海洋石油总公司（以下简称"中海油"）下属上市公司中国海洋石油有限公司（以下简称"海油有限"）2010年报披露，该公司职工年平均薪酬38.67万元，高管均薪460.5万元，位列上市央企高薪榜前列。

一时间，中海油的薪酬问题在网络上引来质疑。对此，海油有限联席公司秘书蒋永智向记者回应说，年报披露的数据是准确的。"上市公司以中高级管理人员为主，薪酬是要相对高一些。38万元是全额的人工成本，与员工拿到手的钱是两个概念。"

38万元年薪虚实

媒体曝出的平均38万元年薪,给外界留下的印象是:中海油不仅是少数高管高薪,内部人人皆有超高收入。

海油有限2010年年报显示,本年度公司支付的雇员成本(包括董事酬金)为398 847万元,权益支付的股份期权费用为21 763.3万元。其中,工资、薪金和雇员福利支出为158 070.4万元,合同方劳务费支出为219 013.3万元。

年报同时还披露:"截至2010年12月31日,公司共有员工4 650名。"据此计算,海油有限人均工资、薪金和雇员福利收入为33.99万元。如果加上部分高管层获得的期权收入,员工平均收入即为38.67万元。

相比另外两大石油公司的年报披露数据,中海油4 650名员工似乎少得太多:中石油约61万元/人,中石化约37万元/人。另外,2010年度,海油有限实现净利润约544亿元,这样庞大的利润,只由4 650名员工创造。

统计数据是否另有"内涵"

面对记者的提问,海油有限联席公司秘书蒋永智确认说,雇员支出和员工总数的数据是准确的,作为一家海外上市公司,年报数据经过了严格的会计审核。

蒋永智告诉记者,38.67万元包括了全额的人工成本,跟员工实际拿到手的工资收入是两个概念。38.67万元中还包括了教育培训费、工会经费、各项社会保险等费用,这一部分所占的比例也较高。

2010年,中国城镇居民全年人均可支配收入19 109元,中海油的均薪水平相当于城镇居民收入的20倍。相比同为能源三巨头之一的中石化,中海油的均薪大约是其4.3倍(以中石化年报数据计算,均薪约为9万元)。

"类似中海油这样效益不错、劳动生产率高的国有企业,其职工工资收入比社会上高一些是可以和应该的。但是,人均38万元与社会平均水平差距明显偏大,按照国家的相关政策当然应该进行必要的调控。"中国劳动学会副会长兼薪酬专业委员会会长苏海南评价说。

苏海南进一步分析指出,作为资源开发型且具有垄断性的国企,其全部收益中既包括全体员工做出的贡献,同时也有非劳动要素的贡献,比如国家资源的垄断占用、政府政策的支持等也是重要组成部分。对这一部分,薪酬分配时需要适当剔除。

谁拿高薪

记者获取的一份内部资料,详细说明了中海油的工资级别划分情况。从高至低,一共分成A、B、C、D、E、F、G七个档次,其中各档再划分为不同级别,一共是13个等级。最高的A2级,其每月工资最低值和最高值分别为17 000元和29 500元;最低的G1级,每月工资最低值和最高值分别为2 200元和3 100元。

记者获取的一份中海油员工工资单,详细列出了普通员工一个月的收入水平。该员工岗位级别为F2级,当月岗位工资2 800元,岗位奖1 680元,加上福利补贴、车改补贴等,应发工资为7 100元,在缴纳养老保险、住房公积金等费用后,实际到手工资为5 100元左右。

据此计算,该名员工包括福利、补贴的实际年薪为8.52万元,离38万元差距较大。另据前述中海油内部员工称,一般在工资之外,还有一部分半年奖和年终奖,这部分跟公司效益、主管领导个人因素有关。普通员工奖金数每年在几千至几万元不等,但"总数不会高到30余万元"。

再回到年报可以发现,中海油高管层与普通员工收入差距较大,拉高了大多数员工的薪酬数字水平。这显示出中海油内部薪酬分配的结构性不均衡。

海油有限2010年报第83页,详细列出了支付给7位高管(3位执行董事、4位非执行董事)的薪酬情况。每位高管的酬金由四部分构成,分别是袍金、薪金津贴及福利、绩效奖金和退休福利计划供款。

其中,袍金最高领取者是公司非执行董事周守为,为92.4万元;其余项最高领取者均为公司副董事长兼首席执行官杨华,分别为260.7万元、200.4万元、8.1万元。7人合计,2010年领取了薪酬1 695.3万元,其中最高年薪领取者杨华,为552万元。这不包括高管层获得的股票期权收益。

对此,苏海南评价说,一般来讲,由于职务和贡献差别,公司高管层与普通员工收入应该有差距,尤其是上市公司对高管层都会有比较高的薪酬激励。其名义薪酬高一些是没有问题的,但其实发薪酬与普通员工之间的薪酬差别则不宜过大,几百万元甚至上千万元的收入差距明显有些不合理。

央企工资改革难点

在中国石油基金论坛研究员冯跃威看来,这不仅仅是中海油一家公司,而是央企普遍存在的制度安排和公司内部治理的问题。薪酬管理制度不完善,会导致央企与社会、央企内部之间的工资差距进一步扩大。

一直以来，国企薪酬改革就是一个难题。

1985年，国务院发出《关于国营企业工资改革问题的通知》，进行了一次重大工资改革，即"工资与工效挂钩"的办法，职工工资同企业经济效益按比例浮动、工资总额同经济效益挂钩。在实行过程中，这一办法逐渐显露出拉大收入差距的弊病。

2010年5月，国资委印发了《中央企业工资总额预算管理暂行办法》，启动了新一轮的工资改革。依据该办法，央企需要以上年实际发放工资总额为基础编制工资总额预算并报批，国资委分行业制定和发布工资增长调控线，对央企工资总额进行管理。

对这项改革，国资委人士对外表示，希望新规则能够"解决央企内部存在的不同职工群体工资结构分配不合理及部分垄断行业工资过高的问题"。

苏海南认为，当前的工资总额管理办法并不能从根本上解决高收入行业与其他行业收入差距扩大的问题，这依然只是一项治标的政策。"只有进一步打破垄断，同时将资源占用、政策倾斜等非劳动要素带来的收益在劳动报酬分配时合理剔除，才是治本之策。"

讨论题

中海油的薪酬水平合理吗？为什么？

本章思考题

1. 薪酬调查的方法有哪些？
2. 薪酬调查的程序是什么？
3. 制约薪酬水平的因素有哪些？
4. 薪酬水平策略有几类？

16

第十六章

薪酬结构设计

第一节　薪酬结构设计概述　/285
第二节　薪酬结构设计　　　/289
第三节　宽带薪酬　　　　　/294

 引导案例

泰斗网络公司是一家网络服务商,成立于2008年,现有员工200多人,许多人都是在某一领域富有专长的专家,80%的技术人员都拥有博士学位,公司新产品年更新率达到30%。是什么样的利益回报有如此巨大的吸引力,使大批优秀人才对泰斗网络公司投入如此大的热情呢?答案就是泰斗网络公司的薪酬水平和薪酬构成。

在泰斗网络公司有三个重要的岗位:项目管理、研发和系统工程。

这三种岗位总体薪酬水平都比较高,年度平均总薪酬都超过10万元。公司高利润在这三种从业人员的薪酬水平上得到充分体现,见表16—1。

表16—1　　　　　　　　各岗位年薪酬总额

岗位名称	薪酬范围/年
研究开发经理	23万～29万元
系统工程经理	15万～20万元
项目管理经理	11万～14万元

从表16—1中可以看出,在薪酬总体水平比较高的基础上,对于不同性质的岗位,薪酬水平也存在一些差距。项目管理人员平均薪酬水平最低,系统工程人员收入相对较高,研发人员的薪酬最高。这也从侧面反映出泰斗网络公司对不同岗位人员的重视程度的差异。这种薪酬差异是由该公司系统集成业的行业特点决定的。

泰斗公司主要靠技术服务和提供解决方案获利,因此岗位技术水平要求的高低对薪酬有直接影响。对于研发人员,他们对企业的贡献在于通过技术研究和技术实践为公司积累技术资本,是保持企业长期、稳定发展的基础,是增强企业市场竞争力的前提。对于系统工程人员,主要通过具体的工程实施和技术支持保证工程项目的顺利执行,但往往使用成熟的技术工具,在技术上没有太多研究突破。至于项目管理人员,工作中已经包含部分行政管理的成分,技术含量最低,因此薪酬水平低于研发和系统工程人员。表16—2揭示了上述三种岗位薪酬构成的成分及其比重。

表16—2　　　　　　　各岗位薪酬构成及其比重

岗位名称	基本现金总额	补贴总额	变动收入总额	福利总额
系统工程经理	71%	2%	18%	9%
研究开发经理	81%	2%	6%	11%
项目管理经理	80%	2%	10%	8%

从薪酬构成比例来讲,不同性质的岗位差异明显。最突出的特点是系统工程人员的固定现金收入比例明显低于项目管理和研发人员,而变动收入比例却最高。这是由各个岗位

所承担的工作任务的不同性质决定的。

系统工程人员的工作任务是完成整个工程的实施，工程周期可能是几周、几个月，甚至跨年度。在实施过程中可能会出现种种问题，从而导致企业受到损失，企业的通用做法是减小系统工程人员的固定收入比例，加大奖励作用的变动收入比例，用来激励员工通过努力保证工程项目的顺利实施，有效降低项目执行的风险性。相反，对于研发和项目管理人员，工作的失败风险性比较小，因此通过增加固定收入的方法起到保留员工的作用。

案例思考

1. 一个岗位的薪酬结构和薪酬水平由什么决定？
2. 该公司三种岗位的薪酬构成，您认为合理吗？

第一节　薪酬结构设计概述

一、薪酬结构设计的含义

薪酬结构是指企业员工之间的各种薪酬比例及其构成，包括企业工资成本在不同员工之间的分配，职务和岗位工资率的确定，员工基本、辅助和浮动工资的比例及基本工资和奖励工资的调整等。即不同员工之间和同一员工不同工资形式之间的组成。

薪酬结构设计是指在一家企业中各项工作的相对价值及其对应的实付薪酬之间保持何种关系。它是企业薪酬政策与管理价值观的集中体现。通过薪酬结构设计，建立企业的薪酬体系，使每一项工作中的工资都对应于其相对价值，因而充分体现了薪酬的内在公平性。

薪酬结构设计还可以用来检验已有的薪酬体系的合理性，为薪酬体系的改革提供依据。很多企业在成立之初，薪酬体系的设计未采用合理的、系统化的设计程序，因而薪酬的确定是无序的、随意的。或者建立之初是有规律的，但随着时间的推移，经历多次升降调整后就变得紊乱了。这时可绘制相应的薪酬结构图，进行分析诊断。图16—1所示为利用薪酬结构设计对企业的薪酬体系进行诊断调整的范例。

其具体步骤如下：

（1）选定岗位评价法对企业的所有职务进行评价，获得反映它们相对价值的分数。

（2）绘制以岗位评价分数为横轴、现有实付工资为纵轴的坐标系，从中找出各种工作

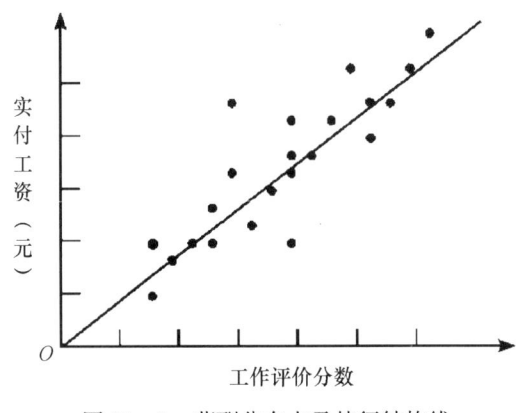

图 16—1　薪酬分布点及特征结构线

的对应点，如图 16—1 中的黑点所示。

（3）利用线性回归技术绘出反映各项工作对应点分布规律的特征结构线。

（4）调整偏离特征结构线的薪酬点。通常的做法是，对那些位于特征结构线以下，所获薪酬少于按其价值应获薪酬的各点所代表的工作，应较频繁或较大幅度予以调高，提升到与特征结构线相当的水平；对那些位于特征结构线以上，所获薪酬多于按其相对价值应获薪酬的各点所代表的工作，则不是简单地调低，而是予以暂时冻结或延期提升，这是由人们心理上难以接受降薪所致，或者采取增大工作负荷与责任，提高工作效率，使其相对价值相应提高的做法。

二、薪酬结构设计的目的

1. 让人才脱颖而出

优质资源永远向优秀人才倾斜，好的薪酬机制要让强者更强，鼓励弱者跟上强者的步伐。很多企业都有工龄工资的设计，每年加一二百元，以示对员工长期服务的肯定，其实必要性不大。有能力的员工通过长期在企业服务，必然已经得到相应的升迁、薪酬调整的机会，已经获得了相应的回报；剩下平庸、普通的员工都属于市场替代性较强的员工，每年增加工龄工资最直接的是导致了普通岗位人工成本的上升，这些员工在企业里贡献较小。不如对于长期服务的员工，设立相应的长期服务奖，以"荣誉＋适当奖励"的方式去体现。

2. 吸引关键人才

在薪酬体系设计时有三项基本原则：对外具备竞争力，对内具备公平性，对个体具备激励性。比如工业品企业，一个核心技术人员外部市场水平是 20 万元年薪，那么 5 万元年薪能不能挖过来呢？肯定不行。在设计员工薪酬时，必须尊重市场的规律，以确定薪酬的标准。

3. 基本的安全保障

在员工与企业的关系中，员工相对处于弱势，是风险较大的一方，员工本身具备不安全感，所以员工希望企业能与其签订合同，能给其买保险，能及时发放工资，这都是源于安全的保障需求，作为企业管理者必须重视这种需求，特别是在营销人员的薪酬设计中，首先得让员工有安全感，员工才会愿意为企业打拼。

4. 岗位价值肯定

很多企业的薪酬方案相当简单，一共分为四级，员工一级、主管一级、经理一级、总监一级，这样是有问题的。同为部门经理，技术研发经理和财务经理对企业的贡献度是否一样呢？肯定不一样，但拿的薪酬却一样，贡献大的那个人会不平衡，这就是忽略了岗位的价值。给员工的薪酬绝对不是单纯基于职级的，而是必须基于岗位价值，回归到该岗位对企业的贡献上来。

5. 员工与公司结成利益共同体

很多企业的员工对公司是否挣钱并不在意和关心，因为不管公司赚多少钱员工拿的工资都是一样的。某公司的财务总监，公司赚了2 000万元，他非常不高兴，为什么呢？因为去年公司赚200万元时，他拿12万元年薪；今年公司赚了2 000万元，他还是拿12万元年薪，他觉得分红不均，心理严重不平衡，这就是利益共享出了问题。员工在什么时候最拼命呢？只有在感觉为自己挣钱的时候。员工如果老感觉钱都给企业挣走了，自己什么好处都没有，是不会卖命工作的。所以，在设计高管人员薪酬时，要考虑分红甚至股份的设计，都是为了将中长期的利益结合起来，形成利益共同体。

三、薪酬结构设计的原则

薪酬结构设计除了要考虑企业的内在公平性外，还需要考虑企业的外在公平性，即应顾及全国、地区及行业劳动力市场的供需情况，人才竞争优势的保持，人力成本的合理比重，政府法律与法规的制约等其他因素的影响。

薪酬结构设计应遵循的基本原则如下：

1. 贯彻内部一致性原则

内部一致性也称内部公平性，是指薪酬结构与组织层次、职位设计之间形成的对等、协调关系。具体而言，在职位薪酬结构的设计中，需要观察与职位价值一致的原则；在技能薪酬结构的设计中，需要贯彻与员工能力价值相一致的原则。

2. 兼顾外部竞争性的原则

在薪酬管理中，市场工资的变化主要影响企业的薪酬水平，进而影响企业薪酬结构的变化。传统的薪酬结构主要体现内部一致性，但随着企业间人才争夺的激烈，外部竞争性原则日益成为薪酬结构设计所遵循的主要原则之一。

3. 动态调整性的原则

薪酬结构只是反映特定时期的一种薪酬关系，这种关系不是一成不变的。受企业外部环境和内部条件变化的影响，不同职位或技能对创造企业价值的贡献会发生相应的变化。因此，需要定期诊断和调整企业的薪酬结构，调整的依据是职位价值和员工能力对企业贡献的大小。

4. 按工作流程支付的原则

当工作任务和流程强调团队合作时，团队中所有成员的薪酬应该尽量缩小差距，以避免破坏合作及因薪酬不公平而产生的矛盾；当工作流程允许围绕个人任务来组织时，可适度拉大个人间的薪酬差距，并以此作为激励员工绩效的方式。

5. 与组织目标相符的原则

薪酬结构的设计要有助于员工清楚地了解其工作与组织之间的关系，促使员工的行为与组织目标相一致。例如，如果组织面临的挑战是让雇员重视客户、愿意做产生附加值的事情、提高工作效率、加快市场反应能力等，那么薪酬结构就应该保持对这些要素的倾斜。

四、薪酬结构设计的流程

1. 确定薪酬最小值、最大值

根据薪酬调查数据，结合企业实际情况，确定整个薪酬体系的最高薪酬和最低薪酬，在这个过程中，需要考虑区域及行业人力资源市场供求状况的影响及判断薪酬水平发展趋势，使若干年后公司所有人员工资水平不会超出这个范围。

2. 设计工资职等数目

根据岗位评价结果及外部薪酬调查数据，将公司所有岗位划分为若干职等，薪酬等级的数目应适中。职等的划分要结合目前岗位所在层级状况，岗位层级差别较大的岗位尽量不要归在一个职等，将岗位评价价值相近的岗位归入同一个职等。职等数量一般需要考虑以下因素：

（1）企业的规模和组织结构。企业规模越大、管理层级越多的组织，薪酬职等数目应该多些；反之，企业规模小、扁平化组织的薪酬职等数目就少些。

（2）岗位工作性质、工作复杂程度。如果岗位工作性质差异性大，工作复杂程度高，那么就应多设薪酬等级，反之应少设薪酬等级。

(3) 企业薪酬策略。如果企业员工薪酬差异比较大，则薪酬等级应多些；如果企业员工薪酬差异小，则薪酬等级应少些。

3. 设计工资职等中位值及确定职等薪酬增长率

薪酬等级确定后，根据薪酬政策线，可以确定各职等的薪酬中位值。实际上，可以根据典型岗位市场薪酬数据，并结合岗位评价数值及公司薪酬策略，制定出每个职等工资中位值。

各职等中位值后，职等薪酬增长率就可以计算出来了。各职等薪酬增长率等于两个相邻职等中位值差额除以较低等级薪酬中位值。

一般情况下，各职等薪酬增长率应大致相等，如果差别较大，应对职等薪酬中位值数据进行一定调整，使各职等薪酬增长率大致相同，体现内部公平特征。

4. 设计薪酬幅度、薪级数目及薪级差

确定薪酬幅度即薪酬中位值后，确定每个职等最低薪酬与最高薪酬。

由于同一职等内对应很多岗位，同时应给岗位工资晋升留出空间，因此薪酬幅度要适中，满足薪酬调整的需要。通常，用薪酬变动比率来衡量薪酬变化幅度。

$$薪酬变动比率＝（薪酬最大值－薪酬最小值）÷薪酬最小值×100\%$$

一般情况下，薪酬最大值和最小值是根据薪酬中位值和薪酬变动比率计算出来的：

$$薪酬最小值＝薪酬中位值÷（1＋薪酬变动比率÷2）$$

$$薪酬最大值＝薪酬中位值÷（1＋薪酬变动比率÷2）×（1＋薪酬变动比率）$$

$$薪酬中位值＝（薪酬最大值＋薪酬最小值）÷2$$

薪酬最大值和最小值确定后，同一职等一般设定若干薪级，薪级差可以等比设计，也可以等差设计。一般，等比设计级差为5%～10%，等差设计根据公司薪酬策略可以分为5～10级。

第二节 薪酬结构设计

薪酬结构主要包含员工个体的薪酬组成结构和不同岗位员工之间的薪酬分配比例、构成等。

一、个体员工薪酬组成结构设计

根据一般意义上的薪酬，通常一名员工的薪酬是由固定薪酬和浮动薪酬组成，如基本

工资和福利都属于固定薪酬,而奖金、股权和津贴等属于浮动薪酬。根据固定薪酬和浮动薪酬在整体薪酬中的占比,可将个体员工薪酬组成结构的模式分为三类。

1. 稳定薪酬模式

该薪酬模式中薪酬主要取决于工龄与企业的经营状况,与个人的绩效关联不大,员工收入相对稳定。薪酬固定部分如基本工资、津贴、补贴、保险、福利等所占比例很大,浮动部分薪酬如绩效工资、奖金等所占比例很小。稳定薪酬模式会使员工有较强的安全感,但激励性差,企业的人工成本一般较高,适合于稳定经营的企业,员工的忠诚度一般较高,但员工的主动性、积极性一般不是很高,员工一般不会感觉到工作压力。

2. 弹性薪酬模式

该薪酬模式中,薪酬主要根据员工绩效决定,薪酬固定部分如基本工资、津贴补贴、保险、福利等所占比例较小,浮动部分薪酬如绩效工资、奖金等所占比例较大,弹性薪酬通常采取计件或提成工资制,是激励效应比较强的薪酬方式,但这种方式会使员工缺乏职业安全感,员工流动性比较大。此外,尽管员工的主动性、积极性比较高,但员工忠诚度一般较低;采取弹性薪酬模式,员工往往有较大的压力,比较适合初创期的企业,如民营企业等。

3. 折中薪酬模式

弹性薪酬模式和稳定薪酬模式是比较极端的情况,一般情况下企业会采取折中薪酬模式。即薪酬主要取决于任职者岗位及绩效状况,与团队、个人的绩效有一定关联,员工大部分收入相对稳定。薪酬固定部分与浮动部分比例比较适中。折中薪酬模式兼顾了弹性薪酬与稳定薪酬的优点,员工有一定的压力,工作主动性、积极性能得到促进,员工的忠诚度也比较高。缺点是科学合理设计的难度很大。

三种薪酬模式的特点比较见表16—3。

表16—3 三种薪酬模式的特点比较

薪酬模式	弹性薪酬模式	稳定薪酬模式	折中薪酬模式
与绩效挂钩程度	强	弱	中
激励效应	强	弱	中
员工主动性	强	弱	中
员工压力	大	小	中
员工忠诚度	弱	强	中
员工流动率	大	小	中

通常企业选择什么薪酬模式,和企业的发展阶段及发展状况紧密相关。当然也会和企业的所有制形式有关系,如民营企业会更多地采用弹性薪酬模式,激励员工,促进企业的

快速发展，而国有企业因承担更多的社会责任，大都多采用稳定薪酬模式，解决就业，维护社会稳定。

二、不同岗位员工之间的薪酬结构设计

1. 同一岗位不同员工之间的薪酬结构策略

对于岗位和个人薪酬水平空间，不同的公司有不同的理解，一岗一薪、一岗多薪、宽带薪酬就是不同的薪酬策略。对于实行一岗一薪制的公司而言，认为只要岗位相同就应该获得相同的报酬，不考虑个人能力、资历的差别；一岗多薪制在坚持以岗定酬的同时，考虑个人能力、资历的差别因素，因此更注重内部公平；而宽带薪酬则给员工足够的晋升空间，因此更关注激励作用。

选择什么样的薪酬策略，取决于公司的企业文化、行业特征、岗位特征等多种因素。一般情况下，应该给员工一定的晋升空间，但也不宜太大，大幅度薪酬晋升还是需要依靠岗位晋升来解决。

（1）一岗一薪制。一岗一薪制是指组织中对每个岗位只对应一个具体的薪酬标准，也就是对应确定的工资等级，同岗完全同酬，同一岗位任职者不存在薪酬差别。表16—4中项目经理无论由谁任职，都是六级7 000元。

表 16—4　　　　　某企业职能岗位和项目岗位一岗一薪制

工资级别	工资标准	职能岗位	项目岗位
八	12000元	公司经理	
七	8600元	公司副经理	
六	7000元	总经理助理	项目经理
五	5720元	部门经理	项目副经理项
四	4000元	部门副经理	项目部门经理
三	3210元	业务主管	项目部门副经理
二	2570元	业务骨干	项目技术员
一	2320元	业务员	项目操作工

一岗一薪制简单易行、好操作，无论是谁，只要是在某个岗位就该获得该岗位的报酬。例如某公司审计主管、发型主管岗位工资都是4 300元，无论是新招聘者还是在该岗位任职七八年的老员工。一岗一薪制不能够反映员工能力、资历因素，对绩效考核优秀者也不能及时给予加薪鼓励，因此在公平和效率两个方面都不能很好地达到薪酬目标；一岗一薪制的另一个缺点是不能进行薪酬调整，尤其是薪酬的个体调整问题。

一岗一薪制要求人岗匹配，适用于标准化程度高、技术较为单一、工作结果产出统

一、岗位比较稳定的岗位或企业,比如生产线上的工人等。

(2)一岗多薪制。一岗多薪制克服了一岗一薪制的缺点,将岗位薪酬标准设定为一个范围,通常是岗位工资分别对应几个等级。表16—5中部门经理岗位职等是五等,但工资等级可由1级到5级,对应工资标准为5 720元到6 720元。

表16—5　　　　　　　　　　　某公司一岗多薪制工资表

岗位	岗位职等	工资等级及标准(元)				
		1	2	3	4	5
公司总经理	八	12000	12500	13000	13500	14000
公司副总经理	七	8600	9100	9600	10100	10600
总经理助理	六	7000	7300	7600	7900	8200
部门经理	五	5720	5970	6220	6470	6720
部门副经理	四	4000	4200	4400	4600	4800
业务主管	三	3210	3320	3430	3540	3650
业务骨干	二	2570	2650	2730	2810	2890
业务员	一	2320	2370	2420	2470	2520

需要注意的是,员工岗位晋升意味着职位等级(职等)的晋升,而员工工资等级的晋升不以岗位晋升为前提。

一岗多薪制可以考虑员工能力、员工资历、员工业绩等多种因素,在薪酬激励作用和公平目标方面都强于一岗一薪制。一岗多薪制的操作比一岗一薪制复杂,这对企业管理水平提出了较高要求。一岗多薪制的特点如下:

1)一岗多薪制能使同一岗位不同任职者的工资有所差别,可以实现同岗不同薪。对能力高、资历深的员工给予更高工资等级,给予能力稍差员工较低工资等级,在某种程度上会带来激励效应。

2)一岗多薪制岗位工资等级可以根据能力确定,这样可以鼓励大家提高能力;也可以根据资历确定,增强员工忠诚度,同时也更加公平;还可以根据业绩确定,促进组织目标的实现。

在日常的薪酬管理中,一岗多薪制可以进行薪酬整体调整和个体调整。个体薪酬调整也可以根据员工的资历进行,如任职年龄、工龄、职称等因素;也可以根据绩效考核结果进行,考核结果优秀者可以晋级,考核不合格者降级。

一岗多薪制比一岗一薪制更能体现任职者能力、资历、业绩等因素,更适合大多数能力素质要求高、工作内容比较丰富的岗位。

2. 工资分级

从理论上讲，每一项工作根据其相对价值都对应了一个工资值，但实际中人们常常把多种类型工作对应的工资值合并组合成若干等级，形成一个工资等级系列，这就是工资分级。通过工资分级，可以将根据工作评价得到的相对价值相近的一组职务编入同一等级，如图 16—2 所示。

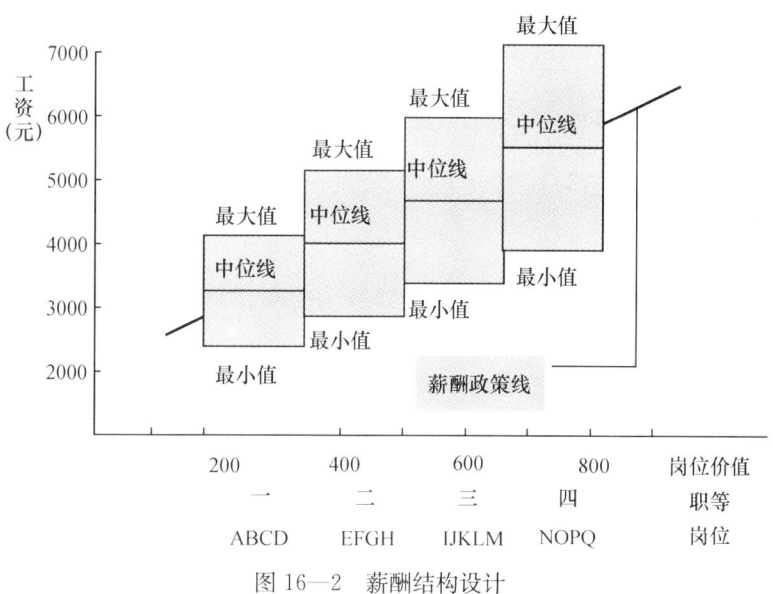

图 16—2 薪酬结构设计

其中经评分法所评出的分数，每隔 100 分的一个区间便成为一个职务等级，尽管他们的相对价值并不完全相等，同一等级中的职务将付给相同的工资，有的吃点亏，有的占点便宜，不尽合理，但因差别不大，而且又大大简化了管理，所以是切实可行的。至于职级划分的区间宽窄及职级数多少的确定，则主要根据薪酬结构线的斜率、职务总数的多少及企业的工资管理政策和晋升政策等确定。其总的原则是，职级的数目不能少到与相对价值相差甚大的职务都处于同一职级而无区别的程度，也不能多到价值稍有不同便处于不同职级而需做区分的程度。此外，级数太少，难以晋升，不利于鼓舞员工的士气；太多则晋升过频，刺激性减弱。在实践中，企业工资等级系列平均在 10～15 级之间。

如图 16—3 所示，其中每一个工资等级只有一个单一的工资值，但实际上工作级别所对应的工资水平往往是一个范围，即薪幅，其下限为等级起薪点，上限为顶薪点。薪幅可以不随等级变化而变化，也可以随等级上升而呈累积式的扩大。一般而言，级别越高，薪幅越大。

工资范围的确定不仅与工资等级的多少相关联，也与相邻等级工资范围的重叠程度有

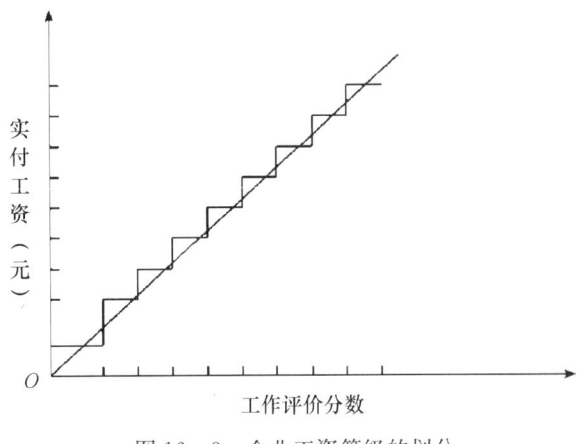

图 16—3　企业工资等级的划分

关。实际工作中，这种重叠是必要的。相邻职级重叠程度与薪酬结构线的斜率有关（越平缓则重复越多），但更取决于职级的薪幅，即变化范围的大小。当职级所包含的相对价值范围较广、职务较多，而工作绩效又主要取决于员工的个人能力与干劲而非客观条件、企业的政策又是提薪较频时，职级的工资变化幅度宜大，这才能使那些因主客观条件未能升级但有能力且经验丰富的员工有较多的提薪机会。当然，职级薪幅增大也会带来一些消极影响。因此，对职级数目与宽度、薪酬结构线斜率及各职级的变化幅度等因素，必须统筹兼顾，恰当平衡。

3. 工资分等

它是指在各个职系分别归级的基础上，对不同职系的职级进行评比、衡量，凡是各种要素相似的岗级，都归为统一的职等，从而工资也分等。职等是指将不同职系中，工作难易繁简程度、工作责任大小、上岗资格条件等相同相似的职级，纳入同一档次，使各个职级之间打破职系的界限产生纵向的平衡关系。

划分职级的目的是为了便于对从事同一职系内不同工作岗位的人员进行分类管理；而统一职等的目的是为了掌握各个职级之间横向与纵向的联系，更好地贯彻按劳分配原则，使工资奖励制度体现出劳动差别，更为公平合理。

第三节　宽带薪酬

宽带薪酬是指对多个薪酬等级基薪的变动范围进行重新组合，从而变成只有相对较少的薪酬等级及相应较宽的薪酬变动范围，其实质就是从原来注重岗位薪酬转变为注重绩效薪酬。此外，宽带薪酬还具有支持扁平型组织结构、引导员工重视个人技能增长等特点。

一、宽带薪酬概述

1. 宽带薪酬的含义

宽带薪酬也称海氏薪酬制。根据美国管理学会的定义，宽带薪酬是指对多个薪酬等级及薪酬变动范围进行重新组合，从而变成只有相对较少的薪酬等级及相应较宽的薪酬变动范围。宽带中的"带"是指薪酬级别，宽带是指薪酬变动范围比较大。简单地说，宽带薪酬就是薪酬级别少，级别内部的差异大。

一种典型的宽带薪酬结构可能只有4～8个职等，薪酬宽带等于工资最大值减去最小值的差除以最小值，传统等级制薪酬的这个数值一般低于50%，但宽带薪酬可以达到200%甚至更多；等级差是职等间工资增长幅度，根据外部竞争性和内部一致性来确定；重叠度是相邻职等薪酬范围的重合比例。

表16—6是某工程企业宽带薪酬数据。该企业岗位划分为管理序列、设计序列和项目序列，每个序列分为四等。

表16—6　　　　　　　　某工程企业宽带薪酬数据

岗位序列和等级		岗位名称	最低（元）	中位（元）	最高（元）	带宽	等级差	重叠度
管理序列	四等	总经理	14400	28800	43200	200%	1	N/A
	三等	部门经理	7200	14400	21600	200%	1	0.5
	二等	部门主管	3600	7200	10800	200%	1	0.5
	一等	部门员工	1800	3600	5400	200%	N/A	0.5
设计序列	四等	资深设计师	11500	22900	34400	200%	0.6	N/A
	三等	高级设计师	7200	14300	21500	200%	0.6	0.7
	两等	中级设计师	4500	9000	13400	200%	0.6	0.7
	一等	初级设计师	2800	5600	8400	200%	N/A	0.7
项目序列	四等	项目经理	14000	28000	42000	200%	0.4	N/A
	三等	项目部门经理	7800	156008	23300	200%	0.4	0.6
	两等	项目主管	4300	8600	13000	200%	0.4	0.6
	一等	项目员工	2400	4800	7200	200%	N/A	0.6

管理岗位序列、设计岗位序列、项目岗位序列各等级工资数据范围如图16—4所示。

2. 宽带薪酬的特征

（1）薪酬等级层次少，浮动范围大。在实践中，许多国际大企业将原来十几甚至二十

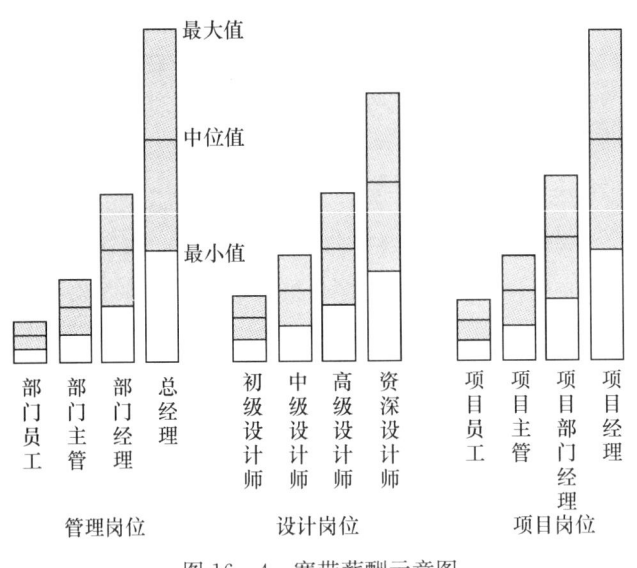

图 16—4　宽带薪酬示意图

几、三十个薪酬等级压缩成几个级别，但同时将每一个薪酬级别所对应的薪酬浮动范围拉大，从而形成一种新的薪酬管理系统及操作流程。比如，IBM 公司在 20 世纪 90 年代以前的薪酬等级一共有 24 个，后来合并为 10 个浮动范围更大的薪酬等级。

（2）薪酬等级最高值与最低值之间的区间变动比率高。一般来说，每个薪酬等级的最高值与最低值之间的区间变动比率要达到 100％或更高。一种典型的宽带薪酬体系可能只有不超过 4 个等级的薪酬级别，每个薪酬等级的最高值与最低值之间的区间变动比率则可能达到 200％～300％。而在传统薪酬结构中，同一职位等级上的薪酬浮动范围通常只有 40％～50％。

（3）宽带薪酬为员工提供更多的横向发展空间。在这种薪酬制度设计中，员工的职业发展不再只是沿着公司中唯一的薪酬等级层次垂直往上走，其在企业中的流动是横向的。但是随着员工获得新的技能、能力，承担新的责任，或者是在原有的岗位上不断改善自己的绩效，员工就能获得更高的薪酬，即使是被安排到低层次工作上，仍然有机会因为自己出色的工作而获得较高的薪酬。

3. 宽带薪酬的作用

与企业传统的薪酬相比，宽带薪酬制度具有以下几个方面的作用。

（1）宽带薪酬支持扁平型组织结构。在传统组织结构中，一个企业有很多的级别，来自基层的信息通过层层汇报、审批才能到负责该信息处理的部门或人员那里。而宽带薪酬结构可以说正是为配合扁平型组织结构而量身定做的，它的最大特点就是打破了传统薪酬结构所维护和强化的那种严格的等级制，有利于企业提高效率及创造参与型和学习型的企业文化，同时对于企业保持自身组织结构的灵活性及迎接外部竞争都有着积极的意义。

（2）宽带薪酬能引导员工重视个人知识的积累和技能的提高。在传统薪酬结构下，员工的薪酬增长往往取决于本人在企业中的职位变化而不是能力提高。而在宽带薪酬制度设计下，即使是在同一个薪酬宽带内，企业为员工所提供的薪酬变动范围比原来的更大。因此，宽带薪酬制度更有利于企业引导员工将注意力从职位晋升或薪酬等级的晋升转移到个人发展和能力的提高方面，以及公司着重强调的那些有价值的事情上去，比如满足客户需要、重视成本有效性等。

（3）宽带薪酬有利于职位的轮换。在传统薪酬结构中，员工的薪酬水平是与其所担任的职位严格挂钩的。理论上讲，职位变动必然导致员工薪酬的变动。如果是调动到更高级别的职位上去，那么这种职位的变化不会有什么障碍。但如果是从上一级职位向下一级职位调动，则会被员工看成是"降职"而难以接受。同时，企业对员工在同一职位级别上的调动也会遇到阻力。这是因为，当职位处于同一级别上的时候，调换职位不会带来任何薪酬水平的上涨，但是却会导致员工不得不学习新职位所要求的技能，从而增加工作的难度，辛苦程度更高。这样，员工会宁愿继续从事已经轻车熟路的工作，而不愿意接受职位的同级轮换。

（4）宽带薪酬有利于推动良好的工作绩效。宽带薪酬制度通过将薪酬与员工的能力和绩效表现紧密结合起来，更为灵活地对员工进行激励。在宽带薪酬制度中，上级对有突出业绩表现的员工拥有较大的加薪影响力。而在传统的薪酬体制下，直线管理人员即使知道哪些员工的能力强、业绩好，也无法向这些员工提供薪酬方面的倾斜，因为加薪主要是通过晋升来实现，而晋升的机会却不是那么灵活。此外，宽带薪酬设计会鼓励员工去进行跨职能的流动，从而增强组织的灵活性和创新性思想的出现，这对于企业迎接多变的外部市场环境的挑战及强化创新来说，无疑都是非常有利的。

（5）有助于企业形成集体凝聚力。宽带薪酬结构不仅通过弱化头衔、等级及单一的向上流动方式向员工传递一种个人绩效文化，而且还通过弱化员工之间的晋升竞争而更多地强调员工们之间的合作和知识共享、共同进步来帮助企业培育积极的团队绩效文化，从而建立一种集体凝聚力。

二、宽带薪酬的应用条件

宽带薪酬并不是一种万能的薪酬制度，可以适用于各种类型、条件的企业，它也有自己的适用条件，只有了解宽带薪酬的应用条件，才能使宽带薪酬在企业中发挥作用。

1. 良好的绩效管理是宽带薪酬制度应用的基础

由于宽带薪酬的评估主要依据员工能力的高低和贡献大小，绩效管理就成为公司管理的重要方面，如果在绩效管理做不到位的情况下采用宽带薪酬制度，会给员工的心理造成不稳定感，对管理的公正性、公平性、合理性产生怀疑，造成企业团队内人际关系的紧张。

2. 技术型、创新型的企业尤为适合

通常情况下技术型、创新型的企业更适合宽带薪酬管理模式。因为这种类型的组织希望通过一种更具有综合性的方法，将薪酬与新技能的掌握、能力的提高、更为宽泛角色的承担及最终的绩效联系在一起，同时还要有利于员工的成长和多种职业轨道的开发，宽带薪酬的设计思路恰恰与这种组织上的需求相吻合。

3. 成熟的管理队伍必不可少

宽带薪酬制度的一个重要特点就是部门经理将有更大的空间参与下属员工的有关薪酬决策。如果没有一个成熟的管理队伍，在实行宽带薪酬制度的过程中就会困难重重。

三、宽带薪酬体系的设计

1. 调查企业现状，确定企业是否适合采用宽带薪酬体系

企业薪酬管理体系的根本目标是支持企业战略目标的实现。在进行薪酬体系设计时，从薪酬策略的选择、薪酬计划的制订、薪酬方案的设计到薪酬的发放及沟通，均应体现对企业战略、核心竞争优势和价值导向及对人力资源尤其是对激励机制的要求。对于符合企业战略和价值趋向的行为及有助于提高企业核心竞争优势的行动在薪酬上予以倾斜，以强化员工的绩效行为。企业目前的组织结构、文化背景等也是确定企业薪酬体系的重要因素。宽带薪酬体系是与不强调资历、提倡职业发展和成长的"扁平化"组织结构相匹配的，是建立在承认员工个人之间的能力差异、对个人能力和组织的贡献、充分尊重企业文化基础上的。如果采用宽带薪酬，企业要考虑自己的企业文化是否能让宽带薪酬生存。

2. 进行薪资调查和确定职位的相对价值

任何薪酬体系的设计，首先要考虑的两个基本要素是市场竞争性和内部公平性。市场竞争性是指进行宽带薪酬设计时一定要考虑行业市场、总体劳动力市场和国家经济发展的状况。通常的方法是参加市场薪酬调查并了解企业在市场上薪酬支付水平状况。进行薪酬调查的主要内容应包括以下几点：了解同行业其他企业的薪酬水平；调查本地区的薪资水平；对工资结构进行调查，包括发放薪水的形式、时间、范围及其他非货币报酬的调查，这是保持外部公平性的必备工作。公平的职位相对价值是保持内部公平性的重要前提，企业要通过职位评价来确定职位的相对价值。职位评价的基本程序是对每一个职位所包含的

内容进行相互比较，进而反映出职位的价值。目前比较常用的方法包括排序法、职位归类法、要素计点法、要素比较法等。在职位评价过程中，应始终坚持以下几点原则：一是避免评价者个人对不同职位的偏见，即判断不涉及当前的工资和地位；二是职位评价应建立在对职位信息的充分了解的基础上，是对正常水平而非"特殊"业绩的判断。

3. 确定级别基础和宽带数量

经过第二步的薪酬调查和职位相对价值的确定，可以根据这些数据形成自然级别作为设计企业工资级别的基础，将各个职位归入同一工资等级，并决定工资水平。一个工资等级一般应包括操作复杂程度或重要性大致相同的职位。如在评价时使用的是要素计点法，一个工资等级包括的是点值相同的职位；如使用的是排序法，那就包括2~3个等级的职位；如使用的是职位分类法，那就包括同一类或同一级的职位。在把不同的职位归入不同的工资等级以后，接下来还需要把若干个工资等级进一步合并，使它们成为一个薪酬宽带。一个薪酬宽带应包括几个甚至十几个工资等级。合并工资等级可以采用从低到高或从高到低依次排序合并的方法，合并的原则应当是把那些工作性质大体类似的职位归入同一薪酬宽带。因此宽带内的职位性质具有更大的模糊性。

4. 确定宽带内的薪资浮动范围

宽带内薪资的浮动范围应当建立在前两步中确定的工资等级的薪资水平基础上。即根据薪酬调查的数据及职位评价结果来确定每一个宽带的浮动范围，同时在每一个工资带中每个职能部门根据市场薪酬情况和职位评价结果的不同确定不同的薪资水平。一种可行的做法是将宽带内的最低薪资水平作为薪资浮动的下限，将宽带内的最高薪资水平作为薪资浮动的上限。

5. 做好任职资格及工资评级工作

美国联邦政府的调查表明，在宽带结构下，薪酬成本上升的速度比传统的工资结构快。为了有效地控制人力成本，抑制宽带薪酬的缺点，在建立宽带薪酬体系的同时，必须构建相应的任职资格体系，明确工资评级标准及办法，营造一个以绩效和能力为导向的企业文化氛围。

6. 做好薪酬方案的控制与调整

根据企业内外各方面条件的变化，要及时控制和合理调整薪酬方案，即要对薪酬水平和结构进行调整。宽带薪酬自身的灵活性特征增强了其对内外变化的应对能力，但同时潜藏了巨大的危险，即一旦问题爆发将给企业带来致命打击。这就需要在宽带薪酬实施过程中对细微环节反馈给予重视，及时收集和反映来自市场环境、行业、员工与管理等各方面的信息，进行有效的控制和调整并及时化解可能的危机。

四、实施宽带薪酬应注意的问题

这种盛行于欧美国家的薪酬管理模式相对于传统的薪酬管理模式有诸多好处,但是,如果要在我国企业中推行,必须注意以下问题。

1. 明确的企业人力资源战略是宽带薪酬管理模式实现的基础

薪酬体系的最终目标是推动人力资源管理,从而服务于企业战略目标。要推行宽带薪酬的企业首先应该系统地梳理企业战略,分析企业的核心竞争能力,明晰企业的核心价值观,并将其量化为指标,在此基础上建立起适合于本企业的人力资源战略。这样的薪酬体系才可能有清晰的目的性及其存在的意义,即根据企业战略、借助薪酬激励、强化员工作为,推动企业战略的实现。因此,在引入新的薪酬模式时,策略的选择、计划的制订、方案的设计、薪酬的发放、员工的沟通,都应该紧扣企业人力资源战略,对于符合企业人力资源战略和有助于提高企业核心竞争优势的行动,在薪酬上要重点倾斜。

2. 深入了解行业特点与竞争对手

企业所在行业的特点主要体现为行业的技术特点和竞争格局。行业的技术特点主要通过制造和服务这两种形态来体现,这两种形态对薪酬体系的要求自然是不同的。企业精心设计薪酬,最基本的意愿就是提供比竞争对手更富竞争力的薪酬,与对手争夺优秀人才。所以摸清竞争对手的薪酬模式和设计方案,对于自身选择薪酬体系所具有的指导和帮助意义是不言而喻的。

3. 要与企业管理方式和组织层级结构的优化相结合

直线职能制下,金字塔形组织结构需要采用等级制的薪酬模式。扁平组织却要压缩层级,强调团队协作,需要用较少的范围跨度、较大的浮动范围。如果要在传统组织结构中推行宽带薪酬,结果恐怕不会理想。因此,如果要引入宽带薪酬,就应该有针对性地对企业管理方式和组织层级结构进行优化和变革,为其准备适宜的土壤。

4. 确定合理的工资带,明确级别特点,设计理想薪酬模式

要结合企业规模、核心竞争力和企业战略,合理确定一个薪酬体系需要设计多少工资带,工资带之间要设计分界点。在企业中,每个工资带均应该对人员的技能、业绩提出不同的量化考核指标,不同工作性质的职位和不同的层级量化考核指标应该有所区别,以体现个性需求。而每一工资带内的薪酬浮动幅度应该根据薪酬调查得到的客观数据及职位描述结果来确定,级差标准则应充分体现不同层级和职位对于企业战略的贡献率。同时,具有灵活性特点的宽带薪酬体系所设计的指标应该能够推动宽带内横向职位的轮换,以增强企业员工对组织的适应能力。

5. 新的薪酬模式出台前必须广泛征求意见,并在试用期和过渡期里不断修正与完善

任何先进的薪酬体系都必须切合实际,必须融入企业才能发挥功效。薪酬体系设计过程中应该广泛征求各层级员工的意见,反复征求意见,公开让员工参与薪酬体系的设计和评价。即使在广泛征求意见后,在推行时也应该设计试用期和过渡期,对试用中反映出的问题及时修正,使其日臻完善,得到最广大员工的拥护,才可能实现平稳过渡,也才能确保在本企业得到真正推行。

6. 要做好任职资格及工资评级工作

宽带薪酬体系的运用,会使人力成本在短期内有较大幅度的上升,这是宽带薪酬模式的缺点。所以,引入宽带薪酬时,需及时构建相应的任职资格体系,明确工资评级标准及办法,既鼓励员工冒尖,同时通过采取拉大薪酬差距、制定惩罚性措施、对工作业绩较差的员工薪酬进行扣减等措施来限制平庸员工薪酬的上涨,从而从整体上限制薪酬成本的无限扩张。

7. 不是所有的企业都适宜宽带薪酬模式

采用宽带薪酬模式的企业应该具备一些基本的条件:一是技术、创新、管理等智力因素对于企业的发展具有优势支撑作用,员工的创造性、主动性对于企业绩效成明显的正相关关系;二是人力资源管理体系健全,用工制度和薪酬制度市场化程度较高;三是企业管理基础工作比较扎实,具备推行宽带薪酬模式的技术条件和数据基础。一般来说,技术型、创新型的高科技企业和外贸企业更适合于宽带薪酬管理模式,而劳动密集型企业则并不一定适宜。

8. 传统薪酬体系运行不正常的企业不适宜引入宽带薪酬

在我国,不少国有企业也属于高科技企业,有的也是经营多年的外贸企业,但是其人力资源尚未真正实现市场化,人员进出不自由,一些伴随企业成长的资深职工由于学历和知识水平所限,一旦推行宽带薪酬,所付出的代价将超过其承受能力。在这类企业里,如果人力资源的市场化没有真正实现,传统的薪酬管理模式没有理顺,员工的起薪设立就会成为大问题,在从原有的薪酬制度向新制度转换时,容易因为对接不到位而引起事端。

学习案例

陕西汽车集团有限责任公司(以下简称陕汽集团)构建的可实现充分激励与有效管控的结构薪酬管理体系主要由结构薪酬管理制度、结构薪酬管理组织机构和结构薪酬信息交互平台三部分组成。结构薪酬架构由固定薪酬、变动薪酬和奖罚津贴三个相互关联、功能各异的模块构成。固定薪酬分为岗位工资、技能工资和工龄工资三个基本模块。变动薪酬又称绩效工资,其在体系设计时就依据不同单位、不同产品或不同的运营特点,选择了最具激励效果的计薪方式,设计了不同的计算办法。如生产单位为"计件工资+质量工资+

成本工资"。这种由多个具有不同激励功能和激励效果的模块构建的薪酬体系，既可在企业快速发展、产量销量大幅攀升时通过对变动薪酬计算方法的调整，控制薪酬过快增长，又可在市场波动、企业运营不可控因素增加、企业综合效益下滑时通过固定薪酬保障员工基本生活。奖罚津贴的应用则使结构薪酬的应用更丰富灵活，激励方式更加多姿多彩。

支持结构薪酬架构体系平稳运行的是陕汽集团人力资源部自行设计开发的能进行薪酬数据运算、二次分配结果校核、薪酬水平统计分析、薪酬方案运行结果分析和及时进行重要数据自动备份保存的结构薪酬运算分析管理系统。为结构薪酬架构体系提供制度支持的是，每年依据上年薪酬方案运行分析结果不断修订完善的年度工资方案及与其关联的制度文件。现行结构薪酬架构体系制度文件主要包括《2011年工资方案》《员工职业生涯发展管理办法》《工资管理规定》和《日常指标考核办法》等管理制度文件。

如图16—5所示，固定薪酬、变动薪酬与奖罚津贴、业绩管理与项目管理共同构成了一个架构稳定的运维三角，同时保证着"结构薪酬"这种能实现充分激励和有效管控的薪酬架构的平稳运行。

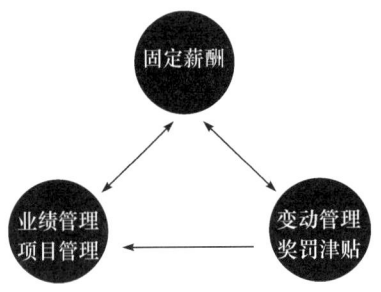

图16—5 结构薪酬构架体系

一、制度建设，搭建结构薪酬架构体系

陕汽集团每年都会制定颁发新的年度工资方案，并根据上年工资方案实际运行情况和实际运行结果数据分析资料，结合公司发展战略和年度工作方针，应用最新的薪酬分配理念对结构薪酬架构中的模块进行完善和调整。通过创新应用的各种管理方法，在修订完善中不断提高企业薪酬制度的针对性、灵活性和前瞻性。

2010年，陕汽集团提出薪酬方案要"有利于激励单位、个人效率和效益的提高，鼓励创新及改善"，印发执行了《员工职业生涯发展管理办法》，将岗位工资、技能工资两个模块有机关联，明确规定职位和技能工资依据业绩综合评估结果晋升，岗位工资根据职位级别晋升。将"绩效工资"中的计件工资、销量工资分别切块分割成质量工资、成本工资与利润工资，引导员工"由关注数量向关注效能转变，由发工资向挣工资转变"。

二、模块集成，聚合结构薪酬丰富内涵

设计结构薪酬激励模块之初，设定了全员执行相同计发标准的基本工资，根据实际执行效果，于2008年取消基本工资，将其额度核入绩效工资，增加工资总额中变动工资部分，引导员工关注企业运营效益。最初设计技能工资拟引导鼓励员工努力提高个人业务工作能力和专业技能，后来将技能工资扩展为宽带薪酬，取消原依据技术职称、技能等级、行政级别设定的技能工资晋升区间，变其晋升依据为业绩积分，通过业绩积分实现技能工资的不受限晋升，引导员工关注工作绩效和持续创新。岗位工资设定之初向脏、苦、累、险岗位倾斜，实行"一岗一薪"，后来实行岗位工资可按技能工资标准对应的职级进行晋升，岗位工资晋升关联着工作业绩和所参与完成的成果数量及在公司项目中担当的角色，引导员工关注基于个人工作职责的月度目标的完成和基于公司年度运营目标的层层分解。

三、功能强化，打造结构薪酬激励效果

每年修订支持结构薪酬架构体系运行的年度工资方案，将研究与创新的侧重点放在激励模块的激励制约功能强化上。

由结构薪酬架构原仅设立关注产值、产量和销量的绩效工资、计件工资和销量工资，到关注效能，将绩效、计件、销量工资切块分割为成本（利润）工资和质量工资，并利用新增工资充实新设工资模块，强化其激励、制约功能。

由促使负责成本（利润）工资和质量工资管控的财务会计部与质量管理部，依据实际发放后的激励制约效果，逐步细化考核细则与计发办法，提高新增工资模块激励制约有效性。落实公司质量领先战略，明确要求各实行质量工资单位，积极探索质量工资二次分配办法，将质量工资的再分配落实到所有生产班组，在班组质量工资考核计发中实行班组整体共进退，全班执行同一考核系数，班组出现质量问题的质量处罚，正副班长分别承担罚额的25%，其余50%由班长落实到具体责任人。

此外，将原实行单一负激励、依据月度考核结果和考核系数计发绩效工资，变为变更考核方法，设立日常指标库，实行系统奖罚，明确规定"所有奖罚都必须落实到具体责任人，实在无法落实的，最少要落实到班组"，使罚款真正起到惩戒作用。

四、战略思维，赋予结构薪酬制度导向

人力资源部每年都会根据公司工作方针和年度运营目标，进行激励模块具体导向的界定。为了激励员工忠诚企业、努力工作、乐于奉献，不断提高工作绩效。结构薪酬在架构完善中，应用技能工资、岗位工资两个模块，搭建了员工职业生涯发展通道，通过赋予技能工资、岗位工资新的内涵，设立全新的技能、岗位晋升渠道，引导员工关注工作绩效，参与公司项目，并通过积极工作提升自己的能力，实现快速成长。同样，为了实现"服务导向、质量导向、成本导向"的目标，促进企业尽快完成从传统制造业向"服务型制造"

的战略转型，结构薪酬架构增设了"日常指标库"和"系统奖罚"，并将原单一的绩效工资、计件工资、销量工资，切块分割为成本工资、利润工资和质量工资，使结构薪酬各个激励模块在激励制约功能持续强化的同时拥有了支撑战略的明确导向。

五、总额管控，保证结构薪酬公平公正

结构薪酬架构的公平、公正是通过对总额的有效管控实现的。有效管控的具体过程是：每个年度结束前，人力资源部对上年薪酬方案运行结构进行分析，并根据数据分析结果和各个激励制约功能模块激励制约效果，决定修订内容和功能强化举措，同时根据公司年度运营目标、增资计划与各基层单位在公司战略实现中的职能定位，对工资总额进行"充分考虑、留有余地"的全面预算和切块分配，并重新按年度经营目标确定新的产值工资薪点、计件工资（辆、份）、销量工资（万元）、销售回款工资含量标准和计算办法。集团公司年度工资方案制定完成后，要求各基层单位依据公司工资方案制定工资二级分配方案，二级分配方案需经基层单位职代会通过，报集团公司人力资源部审核备案。

六、动态完善，实现结构薪酬优化配置

结构薪酬架构在实际运行中一直以动态管理为优化各个模块激励制约功能的重要手段和途径。结构薪酬运行以来，除薪酬管理科每年定期修订完善印发新的年度工资方案外，人力资源部还会对其他与其密切相关的管理制度进行完善和修订。其中包括推行新的项目管理制度后，制定印发的《项目经理年薪及绩效管理办法》，还有鼓励班组员工创新改善，明确规定了班组创新成果认定后奖励标准的《班组创新成果管理办法》。

实行动态管理的结构薪酬架构体系，持续进行的各激励模块功能强化和不断丰富的模块内涵共同构成了一个极具活力和生命力的结构薪酬架构运行体系，在打造企业人力资源优势，保证企业快速、稳定发展中发挥了极其重要的作用。

讨论题

1. 陕汽集团结构薪酬的作用有哪些？
2. 陕汽集团的结构薪酬制度管理流程有何启示？

本章思考题

1. 个体员工的薪酬结构模式有几种？简述其特点。
2. 薪酬结构设计的基本流程是什么？
3. 个体员工薪酬有哪些类型？
4. 简述宽带薪酬的价值及其优缺点。

第六篇 劳动关系

第十七章

员工关系管理

第一节　员工关系管理概述　　/308
第二节　劳动规章制度制定和实施　/311
第三节　劳动纪律制定和实施　　/314

 **引导案例**

王某于 2008 年 8 月进入某国有企业工作，双方签订劳动合同的期限为 2008 年 8 月至 2013 年 8 月止。2009 年 7 月 3 日，王某向企业提交书面辞职的报告。同年 7 月 19 日，企业书面通知给王某，表示同意其辞职，但需按劳动合同第 9 条约定及内部规章制度有关规定承担违约金、赔偿金等共计人民币 15 000 余元。7 月 25 日，王某在未办任何手续的情况下离开企业。2010 年 2 月，该企业对王某做出自动离职处理的决定，在保留追究所约定的违约金、赔偿金的基础上，要求加罚 50% 的违约金。王某不服，提请劳动争议仲裁委员会仲裁。仲裁委员会认为，双方劳动合同第 9 条约定："大中专毕业生进厂需服务 5 年，提前解除劳动合同的，按服务期每不满一年赔偿违约金 2 000 元"，有据可查，予以支持。至于该厂《关于对专业技术及专业技术管理岗位的部分人员服务期的暂行规定》中指出的"服务期内提出解除劳动合同的，需承担对工厂生产、经济和工作造成的经济损失"，由于该厂不能提供有关经济损失的事实依据，同时，加罚违约金的 50% 虽在该暂行规定中提及，但也没有法律依据，因此，这两项申诉请求均不予支持。

案例思考

1. 用人单位的规章制度能成为解除劳动合同的依据吗？
2. 如何确定企业的劳动规章制度合法有效？

第一节 员工关系管理概述

一、员工关系与员工关系管理

1. 员工关系

员工关系指员工与公司、员工与员工之间的关系。员工关系强调以员工为主体和出发点的企业内部关系，注重个体层次上的关系和交流，关注的是和谐与合作。和谐的员工关系是上级与下级之间、平级同事之间、不同部门之间的润滑剂，它是激励员工、减轻工作压力的重要手段之一，有利于员工之间的沟通，也是培养和加强员工团队意识、平等合作精神的重要手段。

2. 员工关系管理

从广义上讲，员工关系管理是在企业人力资源体系中，各级管理人员和人力资源职能管理人员，通过拟订和实施各项人力资源政策和管理行为，以及其他的管理沟通手段调节企业和员工、员工与员工之间的相互联系和影响，从而实现组织的目标并确保为员工、社会增值。从狭义上讲，员工关系管理就是企业和员工的沟通管理，这种沟通更多采用柔性的、激励性的、非强制的手段，从而提高员工满意度，支持组织其他管理目标的实现。其主要职责是：协调员工与公司、员工与员工之间的关系，引导建立积极向上的工作环境。

从管理职责来看，员工关系管理主要有以下内容：

一是劳动关系管理。劳动争议处理，员工上岗、离岗面谈及手续办理，处理员工申诉、人事纠纷和意外事件。

二是员工纪律管理。引导员工遵守公司的各项规章制度、劳动纪律，提高员工的组织纪律性，在某种程度上对员工行为规范起约束作用。

三是员工人际关系管理。引导员工建立良好的工作关系，创建有利于员工建立正式人际关系的环境。

四是沟通管理。保证沟通渠道的畅通，引导公司上下及时的双向沟通，完善员工建议制度。

五是员工情绪管理。组织员工心态、满意度调查，谣言、怠工的预防、检测及处理，解决员工关心的问题。

六是企业文化建设。建设积极有效、健康向上的企业文化，引导员工价值观，维护公司的良好形象。

七是服务与支持。为员工提供有关国家法律、法规、公司政策、个人身心等方面的咨询服务，协助员工平衡工作与生活。

二、员工关系管理的必要性

1. 有利于协调和改善企业内部人际关系

企业的总目标能否实现，关键在于企业与个人目标是否一致、企业内部各类员工的人际关系是否融洽。员工关系管理就是要畅通企业内部信息交流渠道，消除误会和隔阂，联络感情，在企业内部形成相互交流、相互配合、相互支持、相互协作的人际关系，而这种人际关系一旦形成，就标志着创造了一种良好的企业心理气氛，从而成为提高工作效率、推动企业发展的强大动力。

2. 有利于树立员工的团体价值

企业的价值观念是企业内部绝大多数人认同并持有的共同信念和判断是非的标准，是调整企业员工行为和人际关系的持久动力，它是企业精神的表现。员工的团体价值是决定企业兴衰成败的根本问题，对于塑造企业形象和企业生存发展具有重要的作用。企业的价值观念是经过长期的培养逐步形成的，因此，通过员工关系管理可逐步地精心培育全体员工认同的价值观念，从而影响企业的经营决策、领导风格及全体员工的工作态度和作风，引导全体员工把个人的目标和理想凝聚在同一目标和信念上。

3. 有利于增强企业对员工的凝聚力

通过员工关系管理，使每一名员工都真正从内心把自己归属于企业之中，处处为企业的荣誉和利益着想，把自己的命运和企业的兴衰联系在一起，为自己是该企业的一员而自豪，使企业内部上下左右各方面"心往一处想，劲往一处使"，成为一个协调和谐、配合默契、具有强大凝聚力的集体，这是企业内部员工关系管理的又一重要目标。

三、员工手册

员工手册是员工关系管理的主要载体，体现为一种文本形态。员工手册涵盖了员工关系管理多个方面的内容，主要是企业各方面的劳动规章制度，同时又承载传播企业形象的企业文化功能。它是有效的管理工具、员工的行动指南。

从企业的角度而言，合法的"员工手册"可以成为企业有效管理的"武器"，规范员工的日常行为，强化行业或公司的管理要求，提升公司整体的运作效率；从员工的角度而言，它是员工了解企业形象、认同企业文化、明确员工管理政策的渠道，也是自己工作规范、行为规范的指南。

1. 员工手册编写的原则

在编写员工手册的过程中，应遵守依法而行、权责平等、讲求实际、不断完善和公平、公正、公开五个原则。

（1）依法而行。员工手册的制定要遵循国家的法律法规和行政条例。

（2）权责平等。员工手册应充分体现企业与员工之间的平等关系和权利义务的对等。

（3）讲求实际。员工手册要有实际的内容，体现企业的个性特点。

（4）不断完善。员工手册应该适时、不断改进、不断完善。

（5）公平、公正、公开。员工是企业的一员，企业的发展离不开全员参与，所以要广泛征求大家的意见，对好的意见和建议要积极采纳。

2. 员工手册的基本内容

不同的企业在员工手册中所提出的一些规则是不同的，内容结构却有一定的共性。员工手册的基本内容结构见表17—1。

表 17—1　　　　　　　　员工手册的基本内容结构

内容	说明
企业概况	介绍企业历史、现状、主要业务情况等
企业文化	介绍公司理念、企业形象、企业精神
组织结构	描述企业内部各层级的组织结构，让员工对企业结构框架有大致的了解
人事制度	包括人员招聘、考核标准、晋升、薪酬、奖惩等内容
行为规范	介绍企业员工的日常工作规范和行为准则
附则	正文之后可增设附录，说明一些未尽事宜的处理原则及可以作为手册附件的相关文件或规定

以上内容并不是一成不变的，这里除了应当依据前面提到的条件设定员工手册，使之内容得以确定之外，企业在自身发展过程中、在适应环境的变化过程中，还应当对员工手册的内容加以调整，一方面使其更具体可行；另一方面，使其更有利于调动员工的积极性，有利于企业的运作和形象塑造。

第二节　劳动规章制度制定和实施

一、劳动规章制度的含义

劳动规章制度，又称企业内部劳动规章、内部劳动规则，是指用人单位依法制定并在本单位内部实施的组织劳动和进行劳动管理的规则。《中华人民共和国劳动合同法》第4条第1、2款对劳动规章制度的解释为"保障劳动者享有劳动权利、履行劳动义务""直接涉及劳动者切身利益"的规章制度。这表明，"保障劳动者享有劳动权利、履行劳动义务"的规章制度，即"直接涉及劳动者切身利益"的规章制度，两种解释具有一致性。

1. 劳动规章制度的内涵

第一，劳动规章制度是用人单位规章制度的组成部分，它是职工和用人单位在劳动过程中的行为准则。它以用人单位为制定主体，以公开和正式的用人单位行政文件为表现形式，且只在本单位范围内适用。

第二，劳动规章制度是职工与用人单位在劳动过程中的行为规则。调整的对象是在劳动过程中用人单位与职工之间的关系，以及职工之间的相互关系，对职工和用人单位的约束只局限于劳动过程中，凡是关于劳动过程之外事项的规定都不属于劳动规章制度的范围。

制定和实施劳动规章制度是用人单位在其自主权限内用规范化、制度化的方法对劳动过程进行组织和管理的行为。职工作为劳动过程的行为主体，既有权参与劳动规章制度的制定，又有权对用人单位遵守劳动规章制度实行监督，这是职工民主管理权的重要内容。

2. 劳动规章制度的特点

企业劳动规章制度与法律法规不同，其特征主要表现在如下：

第一，法定授予性。企业制定劳动规章制度的权利由国家法律法规依法授予，必须在国家法律法规的框架内制定并执行。

第二，准立法性。企业制定劳动规章制度根据国家法律法规授权，企业作为一种社会组织从其依法成立之日起就被国家授予制定本单位劳动规章制度的权利，用人单位制定劳动规章制度是一种授权的"立法"，在现行法上具有了"准法规"的性质，其法律效力被国家认可。

第三，特定性。企业制定的劳动规章制度调整范围仅限于与企业有劳动契约关系的特定劳动者，不能适用于其他不特定的人。

第四，契约性。企业制定劳动规章制度，是依据劳动合同而设立，建立在劳动者与企业之间的契约关系之上的，必须经过民主协商程序，兼顾企业与劳动者的合法权益才能具有法律效力。

二、劳动规章制度的内容

劳动规章制度的内容，一般包括劳动条件、劳动纪律与人事程序管理规定三大类。关于劳动条件的规定，如工作时间、工资与劳动报酬。关于劳动纪律的规定则包含劳动者必须遵守的劳动规则和秩序，如时间纪律、组织纪律、岗位纪律、劳动安全卫生、职业道德与操守等；也有岗位规范与要求，如岗位职责、奖励与处罚规定等。关于程序管理的规定，如招聘规定、劳动合同管理，劳动争议处理等。

《中华人民共和国劳动合同法》第4条第2款将劳动规章制度的内容限定为有关劳动报酬、工作时间、休息休假、劳动安全卫生、保险福利、职工培训、劳动纪律和劳动定额管理等直接涉及劳动者切身利益的事项。除此之外，我国立法还进一步对某些重要的内容直接规定其内容或制定规则，主要包括劳动组织、劳动纪律、工作时间和休息休假及工资分配等。

三、劳动规章制度的制定程序

相关法律法规对劳动规章制度的制定程序的规定，只是针对其中应有的某些环节，即法定环节。非法定环节用人单位可以根据自身情况自行规定，或者遵守国家有关机关指定

的必备环节。法定环节主要有以下三种:

1. 职工参与

劳动规章制度是用人单位制定的,但如果没有劳动者的参与,企业单方制定的规章制度很可能会侵害劳动者的权益,因此立法部门要求在制定劳动规章制度过程中应当有职工参与的环节。

根据《中华人民共和国劳动合同法》第4条的规定,制定或修改劳动规章制度或做出重大事项决定应有职工参与程序。在规章制度和重大事项决定实施过程中,工会或者职工认为不适当的,有权向用人单位提出,通过协商予以修改完善。

2. 报送审查或备案

劳动规章制度的实施同职工的利益密切相关,为了保证劳动规章制度内容的合法性、保护全体职工的共同利益,立法要求将劳动规章制度的制定置于国家的监督之下。我国劳动合同法对劳动规章制度的报送审查或者备案未作规定,但在以往的规章制度中,曾要求新设立的企业将其制定的劳动规章制度报送劳动行政部门备案。

3. 公示或告知劳动者

劳动规章制度是以全体职工和用人单位各个部分为约束对象,全体职工和用人单位各个部门应当知晓。因此,立法要求以合法有效的方式公布劳动规章制度。根据《中华人民共和国劳动合同法》第4条第4款的规定,用人单位应当将直接涉及劳动者切身利益的规章制度和重大事项决定公示,或者告知劳动者。劳动争议司法解释对劳动规章制度有向劳动者公示的原则要求。

一般而言,公示应当采用正规的、公开的、可以永久或较长时间持续的方法。公示方法有:可以将劳动规章制度作为劳动合同的组成部分,以附件的形式体现;将企业劳动规章制度打印成册,向每位员工发放,并制作发放表;以会议的形式传达,并制作会议签到表;以电子或纸质介质张榜公示等。公示效果必须使劳动者能够知悉该劳动规章制度和重大事项决定。为便于日后在劳动争议处理中发挥举证作用,用人单位对公示和告知劳动者应当做书面记载。

四、劳动规章制度的法律效力

企业有效的劳动规章制度所应该具备的要件如下:

(1)必须是由用人单位依法制定,包括内容合法和程序合法。内容合法是指规章内容不得违反劳动法及有关法律法规的强制性规定;程序合法是指规章制度的制定必须符合法律规定的程序,如劳动规章制度必须是有权部门制作批准,对于法律规定必须经过职工代表大会或职工大会及法律规定的其他民主形式通过的,还必须按法定的民主程序制定。

(2) 必须公示明确告知劳动者规章的内容。劳动者对规章拥有知晓权，未经公示的企业内部劳动规章制度，对职工不具有约束力。

用人单位在与员工签订劳动合同时，应当告知公司相应的劳动规章制度，并将劳动规章制度作为合同的附件使其知晓。有些单位在与劳动者签订劳动合同之前将汇编成册的劳动规章制度事先交给劳动者的做法应当提倡。制定新的劳动规章制度后，应当组织全体员工进行培训并做书面记录，使相应的证据固定下来，避免以后举证不能的责任。

(3) 劳动规章制度不得违反劳动合同和集体合同的约定。劳动合同是劳动者与用人单位就劳动权利和义务达成的协议，如果不违反法律法规，一经订立就具有法律约束力。劳动规章制度是用人单位制定的，单位不能通过劳动规章制度单方面变更劳动合同的设定，即使劳动规章制度由职工代表大会通过，如果与劳动合同冲突或者不一致，或者增加劳动者的义务，除非劳动者认可，否则无效。另外，企业规章制度也不得违反集体合同的约定。

(4) 企业劳动规章制度的法律效力不能溯及以往。依据一般的法理原则，企业劳动规章制度只对其发布实施之后的人或事产生效力，而不可以溯及以往。即使企业劳动规章制度生效以前职工有违纪行为也不能以企业劳动规章制度作为依据进行处罚，除非企业和劳动者另行特殊约定，承认后来实施的企业劳动规章制度对以往的事或人发生法律效力。

第三节 劳动纪律制定和实施

一、劳动纪律

劳动纪律是指用人单位依法制定的、全体职工在劳动过程中必须遵守的行为规则。它要求每位职工都必须按照规定的时间、地点、方法、程序和标准等统一规则完成自己的工作任务，实现全体职工在劳动过程中的行为规范化，以维护正常的生产经营秩序。

1. **劳动纪律的内容**

(1) 时间纪律。在工作时间、休息休假时间方面的规则。

(2) 组织纪律。在服从人事调动、服从指挥、保守秘密等方面的规则。

(3) 岗位纪律。在完成工作任务、履行岗位职责、遵守操作规程、遵守职业道德方面的规则。

(4) 职场纪律。在工作场所需要遵循的公共秩序的规则。

（5）安全卫生纪律。在劳动安全卫生、环境保护等方面的规则。

（6）品行纪律。在爱护财物、廉洁奉公、热爱集体等方面的规则。

（7）其他纪律。

2. 劳动纪律制定原则

（1）合法原则。劳动纪律规定的内容要在法律允许的范围和程度内对职工行为进行约束，不得违法限制和剥夺职工依法享有的权利和自由，对违纪职工不得采取法定限额外的惩罚措施。

（2）全面系统原则。对各种岗位的职工都制定相应的劳动纪律，使其成为全面系统约束劳动过程中劳动者各种行为的规范体系。

（3）公平平等原则。劳动纪律对各种岗位上的职工在奖惩约束的程度上应当采取统一标准，使全体职工受到同等力度的制约。

3. 劳动纪律制定的注意事项

（1）劳动纪律不得与法律相抵触。用人单位有用工自主权，制定劳动纪律是用工自主权的集中体现，因此法律承认合法制定的劳动纪律具有法律效力，可以作为法院审判的依据。但劳动法本身是对劳动关系过程严格控制的法律规范，这反映在对劳动纪律的制定上，法律有相当明确的要件要求。同时，对涉及劳动关系过程中方方面面的情况，劳动法也都作了相当明确的规定，特别是有关劳动合同的解除，由于事关劳动者就业权利的保障，劳动法的有关规定尤其严格。因此，劳动纪律制定中的首要条件就是，不得与劳动法的有关规定相抵触。当然，这就要求人力资源工作者对劳动法律法规相当熟悉。

（2）劳动纪律的制定应当合理。有些用人单位抱着钻法律空子的想法，在劳动纪律中制定了一些虽不违法但有违人情的规定。本质上，合理性是合法性的基础，因此对一些明显不合理的内容，法官也可依据自由裁量权，裁定无效。如某企业规定，员工见到上级不主动打招呼的，可处以警告直至扣奖金的处罚。这一劳动纪律已明显违反了合理性原则，应属无效。

（3）劳动纪律必须表述清楚，不能留有漏洞。"劳动纪律"具有准劳动法规的效力，因此用人单位在制定时应尤其注意其制定设计的严密性，防止条款间的冲突。有很多劳动纪律都存在诸如"其他严重违反劳动纪律的行为等"语焉不详的条款。用人单位的动机是为了涵盖一些不能预见的情况，扩大管理范围，但其实是无效的。一旦用人单位按照这样的条款处理员工，其结果往往是将自己陷入失败的诉讼。

（4）劳动纪律应当适用于实际工作。劳动纪律应主要针对生产管理中的具体行为，不应过于原则、宽泛，更应注意避免涉及员工隐私。

(5) 劳动纪律应当经过民主程序制定。劳动纪律应当根据企业实际情况制定，不能套用。劳动纪律制定过程中应当将制度草案交实际操作部门审核。劳动纪律起草过程中应当征求工会、员工代表意见。劳动纪律起草完成应当采取合适的方式公布。

(6) 劳动纪律应当公示。常见的公示方法包括公布、培训、员工签字、企业发文、办公会议讨论、职代会通过、内部局域网发布、公证、刊登于内刊厂报等。

二、劳动纪律的实施

根据我国劳动关系的性质和劳动纪律的实践经验，劳动纪律的实施一方面可以通过思想教育的方式，帮助职工树立正确的劳动纪律态度，培养和提高职工遵守劳动纪律的自觉性；另一方面将职工的表现与经济利益挂钩，鼓励和促进职工遵守劳动纪律。

在实施劳动纪律的措施中，奖惩措施尤为重要。用人单位有权自主决定对模范职工进行奖励和对违纪者进行惩罚，但是用人单位必须严格遵循法定的奖惩规则，不得滥用奖惩权。符合获奖条件的职工依法享有获奖权，用人单位有义务对其依法授奖；对违纪职工，用人单位所给予的纪律处罚，在条件、形式、程度和程序上都必须符合法定要求，违法处罚职工的需承担相应的法律责任。

三、惩戒权的限制

惩戒是指在劳动关系存续期间，用人单位基于劳动者的违纪行为所做出的惩罚或者训诫。惩戒的目的是保证企业的秩序和劳动者义务的履行，旨在督促劳动者正当履行劳动义务和恢复劳动秩序。惩戒是有处罚性质的措施，是针对劳动者的违反纪律行为。

惩戒处分是指用人单位为保障自身生产经营活动的顺利进行对劳动者违反企业劳动规章制度的行为进行的制裁。惩戒权又称惩处权或惩罚权，是指用人单位对违反劳动纪律的劳动者实施纪律处分的权利，是维护生产和劳动秩序、实施经营目的所必不可少的，对劳动者利益有重大影响。

我国现行有效法律规范对惩戒处分有以下两个方面主要规定：

1. 关于用人单位规章制度的规定

《中华人民共和国劳动法》和《中华人民共和国劳动合同法》的相关规定是用人单位制定企业内部劳动纪律和惩戒制度的法律依据，从中也可以看出制定劳动纪律和惩戒制度是企业依法享有的自主权，但其权利行使受企业规章制度的约束。

2. 劳动者过错导致用人单位单方解除劳动合同的规定

在《中华人民共和国劳动法》和《中华人民共和国劳动合同法》中，列举有以下因劳动者过错导致用人单位单方解除劳动合同的情形：严重违反用人单位的规章制度；严重失职，营私舞弊，给用人单位造成重大损失的；劳动者同其他用人单位建立劳动关系，对完成本单位的工作任务造成严重影响或经用人单位提出拒不改正的。上述条款规定了惩戒处分中最为严厉的措施——解雇的适用条件，除此情形以外，用人单位不得以解除合同方式惩戒职工。

学习案例

某企业为记录员工的上下班时间，要求员工在上下班时均需打卡，并制定了"授意或代人打卡立即开除"的规章制度。该制度张贴在打卡机和企业办公区宣传栏等公共场所。2008年5月，李某进入该企业工作，但未签订劳动合同。2013年2月，李某授意同事詹某代为打卡被发现。企业方认为李某的行为符合"授意或代人打卡立即开除"制度，遂将李某开除。李某认为自己的行为达不到被开除的条件，遂向当地劳动争议仲裁委员会提出申诉。劳动争议仲裁委员会经开庭审理后，裁决解除双方当事人的事实劳动关系，并由该企业支付李某生活补助费人民币17 440元。该企业不服，遂诉至法院。

一审法院认为，双方虽未签订书面合同，但已形成事实劳动关系，双方的权利依法受法律保护。被告是原告的员工，在享有获得报酬权等劳动权利的同时应履行遵守劳动纪律和规章制度的义务。原告制定的制度已在公众地方做宣传，向全体员工公示。因此，应视为原告向被告进行反复宣传教育。被告明知该规定而故意授意同事詹某代其打卡，主观上存在恶意，应属于严重违反了原告的规章制度。故原告解除其与被告的劳动关系符合法律规定，且依法不需支付被告生活补助费。李某不服提起上诉。

终审法院认为，双方存在事实劳动关系，用人单位有权依法制定规章制度。但前提条件是制定的规章制度和劳动纪律措施必须符合法律规定，并负有规章制度的合法性举证责任。该企业不能证明上述制度系经民主程序制定，并且其内容与《中华人民共和国劳动法》第25条第（二）项强调的"违反劳动纪律或者用人单位规章制度"限于"严重违反"之情形相悖，有违立法本意。但又鉴于李某在仲裁和诉讼中均未要求继续确立劳动关系，可视为双方当事人协商一致，由该企业解除劳动关系，该企业应当发给经济补偿金，判决由该企业支付李某解除劳动关系的经济补偿金17 440元。

讨论题

1. 一审法院与终审法院如何认定劳动纪律的有效性？
2. 劳动纪律如何在企业中合法有效地实施？

本章思考题

1. 企业劳动规章制度与法律法规有何不同？

2. 劳动规章制度制定的法定环节有哪些?
3. 在制定劳动纪律时应该注意哪些事项?
4. 简述劳动纪律的内容。

第十八章

集体协商与集体合同管理

第一节　集体协商　　/320
第二节　集体合同管理　/325

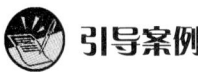 **引导案例**

刘师傅与某企业签订了为期三年的劳动合同。合同中规定,刘师傅的工资每月计发一次。合同履行期间,该企业工会与企业经集体协商签订了一份集体合同,该集体合同中规定,企业职工每年年终可获得一次第13个月的工资。

该企业的集体合同获得企业职代会的通过并经当地劳动保障行政部门审核后开始生效,但年终过后,刘师傅没有得到企业支付的第13个月的工资。于是,刘师傅向企业提出补发第13个月工资的要求。但企业表示,刘师傅和企业签订的劳动合同中约定了劳动报酬的支付次数,双方应当严格按照劳动合同的约定履行,对刘师傅提出的要求不予同意,双方由此产生争议。

刘师傅认为,双方虽然在劳动合同中约定了劳动报酬的支付次数,但后来工会与企业协商签订的集体合同中又规定了职工每年增发第13个月的工资。因此,企业应当依照集体合同的规定补发年终第13个月工资。

企业认为,劳动合同是企业与劳动者经协商签订的有效协议,双方应当严格遵照履行,集体合同是企业与工会签订的有关企业综合情况的协议,不应影响劳动合同的履行。刘师傅提出的要求超出了劳动合同的约定范围,企业可以不予同意。

案例思考

1. 集体合同效力是否高于劳动合同效力?
2. 集体合同可以包含哪些内容?

第一节 集 体 协 商

集体协商又称集体谈判,是用人单位工会或者职工代表与相应的用人单位代表为签订集体合同进行商谈的行为。

一、集体协商的主体

集体协商主要采取协商会议的形式,是一种高度规范化、程序化的商谈。集体协商的主体一是代表职工利益的工会或者职工代表,二是用人单位。具体实施可参照以下方式:

1. 集体协商双方的代表人数应当对等,每方至少3人,并各确定一名首席代表。

2. 职工一方的协商代表由本单位工会选派；未建立工会的，由本单位职工民主推选，并经由本单位半数以上职工同意。

3. 职工一方的首席代表由单位工会主席担任。工会主席可以书面委托其他协商代表代理首席出席。工会主席空缺的，首席代表由工会主要负责人担任。未建立工会的，职工一方的首席代表从协商代表中民主推举产生。

4. 用人单位一方的协商代表，由用人单位法定代表人指派，首席代表由单位法定代表人担任或由其书面委托的其他管理人员担任。

5. 集体协商双方首席代表可以书面委托本单位以外的专业人员作为本方协商代表，委托人数不得超过本方代表的1/3。

6. 首席代表不得由非本单位人员代理。

7. 用人单位协商代表与职工协商代表不得相互兼任。

二、集体合同协商的过程

1. 集体合同协商准备

（1）集体协商的提出

集体协商任何一方均可就签订集体合同或专项集体合同及相关事宜，以书面形式向对方提出进行集体协商的要求。一方提出进行集体协商要求的，另一方应在收到要求之日起20日内以书面形式给予回应，无正当理由不得拒绝进行集体协商。

（2）集体协商的准备

1）熟悉与集体协商内容有关的法律法规、规章和制度。

2）了解与集体协商内容有关的情况和资料，收集用人单位和职工对协商意向所持的意见。

3）拟定集体协商议题。集体协商议题可由提出协商一方起草，也可由双方指派代表共同起草。

4）确定集体协商的时间、地点等。

5）共同确定一名非协商代表担任集体协商记录员。记录员应保持中立、公正的态度，并为集体协商双方保密。

2. 集体合同协商与订立

（1）宣布议程和会议纪律。

（2）双方首席代表提出协商的具体内容和要求，另一方首席代表就对方的要求做出回应。

（3）协商双方就商谈事项发表各自意见，并展开充分讨论。

（4）双方代表归纳意见，达成一致的，应当形成集体合同草案或专项集体合同草案，由双方首席代表签字。

3. 集体协商的终止

集体协商的最终成果是集体合同草案，集体合同草案或专项集体合同草案需经双方协商代表协商一致，并提交职工代表大会或者全体职工讨论通过后方能生效。

4. 集体协商争议的协调处理

签订集体合同产生争议、双方当事人不能协商解决的，当事人一方或双方可向劳动行政部门的劳动争议协调处理机构提出协调处理的书面申请；未提出申请的，劳动行政部门认为必要时可视情况进行协调处理。

三、集体协商注意的环节

要做好企业集体协商的工作，使集体协商的作用得到充分发挥，在具体操作中应注意如下几个环节：

1. 加强认识，转变观念

集体协商涉及面广，政策性、专业性强，实际操作难度大。因此企业和职工双方要提高对集体协商工作重要性的认识，认识到建立集体协商制度对企业的发展和稳定职工队伍的重要性。

用人单位要转变观念。转变过去工会和职工代表提意见就认为是给企业找麻烦的旧观念，要认识到集体协商是企业建立正常的规章制度和制约机制的重要手段，是促进职工了解企业、自觉参与企业管理、为企业出谋划策的有效途径。

用人单位要认真听取职工的意见。对职工所提的意见和建议给予充分理解和考虑；改变过去命令式的工作方式，树立民主意识，树立真心依靠职工办企业的新观念。

工会部门要认真组织职工学习国家的政策法规，积极主动地与企业协商，将工会事后监督变为源头参与，充分发挥作用，从而使职工对企业的各项制度给予更多的理解和接受。企业和职工双方通过转变观念，达成共识，确立双方平等协商的地位，创造一个公开、公平、公正的协商环境。

2. 选好代表，明确责任

集体协商代表的知识、经验与能力是协商成功的关键因素之一。协商代表的产生合法性和资格认定至关重要。职工协商代表的产生必须依照法律程序进行，职工代表由工会提名、职工民主选举产生，得到职工的认可，用人单位不得干扰职工代表的产生。职工代表应能代表绝大多数职工的利益，掌握国家的宏观政策，熟悉企业的经济效益状况，了解同行业的劳动力市场价位情况和相关法律法规。

双方代表选定后，可聘请上级主管部门和上级工会进行培训，就协商的政策、方式、方法、程序等基本知识，协议的主要内容和格式等进行培训，并明确双方的责任和使命，以掌握协商本领。

3. 突出协商重点，依法协商

集体协商双方当事人有各种需要。用人单位在协商谈判中可能有提高生产力，降低生产成本，保护市场竞争力的需要，而劳动者一方不同岗位、不同工种、不同年龄职工也有不同需要，如有的希望增加福利，也有的希望增加工资，或减少加班时间等。协商代表应当关注重点问题和突出问题，分析双方利益诉求背后的原因，充分沟通思想，了解情况，做到有的放矢。必要时，双方可相互提供必要的信息资料进行交流，为正式协商奠定基础。

在协商中要本着先易后难、循序渐进、注重引导、求同存异的原则展开。对协商不成的重点问题，可以记入备忘录，待条件成熟时，再进行补充完善。对签订的集体合同，要按规定报送地方劳动行政部门审查，以保证集体合同的有效性。对生效的集体合同要报上级工会部门备案。

4. 灵活掌握协商要求，增进双方的合作

集体协商应该是以双赢结局作为成功标准，因此协商代表要结合企业的实际情况，提出现实标准要求。对于用人单位违反法律规定的用工条件，协商代表应该坚决制止。对于经济效益较好的用人单位，职工代表争取确定资本收益和职工劳动报酬的合理比例；对困难企业要坚持实事求是、量力而行、循序渐进的原则，实现稳中求进、逐步突破，维护职工的基本利益。

5. 监督检查，保证质量

为确保集体合同的切实履行和落到实处，集体合同签订后，要选出一批能够代表企业各个层面、确实能够维护职工权益的人员，组成集体合同监督小组，强化履约日常监督机制。对履约过程中出现的问题，及时协调解决。

四、集体协商的技巧

1. 做好谈判准备工作

不打无准备之仗。信息是谈判成功的关键要素。由于信息的不对称性，职工代表难以取得用人单位的信息，因为用人单位往往以"商业秘密"等理由推托拒绝提供资料。因此职工代表应争取用人单位提供信息，还可通过各种渠道，以合法方式收集信息，掌握与谈判主题有关的资料。

2. 制定谈判策略，建立信任关系

谈判策略主要有让步策略、不让步策略与问题解决策略。让步策略是先提出一些较高的要求，然后通过逐步让步的方式，与对方达成交换条件，最后达成谈判目的。实现让步策略需要注意让步的条件、让步的幅度与让步的时间。

不让步策略是较强硬的策略，在提出要约后就不再让步。在谈判中这种策略使用较少，但是如果用人单位的用工条件低于法定标准，协商代表则可以用不让步策略。

问题解决策略是通过建立解决问题程序，理清双方当事人的各自利益与共同利益，然后分配各自的利益。问题解决策略通常用于复杂问题的谈判。

然而不管谈判当事人采取何种策略，谈判必须建立在双方信任的基础上。没有信任关系，任何策略都会被对方视为"阴谋"，而破坏合作关系。用人单位与职工之间的集体谈判是建立在维持长期合作关系的基础上，因此不宜使用"非赢即输"的竞争性方式，而应当建立合作信任的关系。

3. 语言的运用

协商的过程即是运用语言来表达与沟通的过程，这里应注意几点：一是掌握发言时机。对方发言时，应冷静倾听，这样不仅可促使对方也耐心倾听本方意见，且可了解对方看法，感受对方情绪，掌握其真实意图。不清楚之处，应在对方结束发言后提问，不应中间插话打断。对方发言过程中，尽量不去构思己方答辩，而应从对方立场去了解其看法、需求与顾虑，然后再从正面概述其观点，表达己方的理解。

在注意表达时，应尽量用委婉语言，让对方感受到尊重，这样较容易达成一致。协商中，力求精准灵活，语言应尽可能简短、清晰和精准，避免含混不清和模棱两可，但要避免使用冒犯性语言。

4. 增强耐心与自信

协商中，要学会沉着与耐心。只有沉稳而有耐心的人，才能承担起集体协商的重任。有些协商不是一两次就能结束，若无持久的恒心和沉着冷静、泰然自若的精神，很难完成任务。一些拉锯式的谈判，其转机往往出现在最后几分钟。

集体协商的胜利，还有赖于谈判者的自信。自信是一种行为表现形式，能减少对方消极抵抗的心理。自信来源于充分的准备，充分掌握对手的有关资料，以便随时灵活应对复杂情况的出现。此外，温文尔雅的谈吐举止，得体大方的着装仪表，都可使自己显得更有自信。

总之，集体合同协商是一个劳动关系双方相互博弈的过程，其动态性的变化，决定了策略与技巧的运用并无定式，需要因情而异，只有灵活运用，才能收到事半功倍的效果。

第二节 集体合同管理

一、集体合同的含义

集体合同与个人劳动合同相对应，是指工会与用人单位或者团体根据法律法规、规章的规定，就劳动报酬、工作时间、休息休假、劳动安全卫生、职业培训、保险福利等事项，通过集体协商签订的书面协议。

集体合同的形式可以分为主件和附件。主件是综合性集体合同，其内容涵盖劳动关系的各个方面；附件是专项集体合同，是就劳动关系的某一特定方面的事项签订的专项协议。

二、集体合同的特征

1. 集体合同当事人是特定的团体

与个人劳动合同不同，集体合同的当事人一方必须是劳动者团体（即工会）。全体劳动者委托工会参与谈判与签约，另一方当事人一般是劳动者所在的用人单位或企业家团体（如行业协会、企业家协会），由其派出代表参与谈判与签约。

2. 集体合同是集体性质的劳动协议

个人劳动合同的目的是确立劳动关系。集体合同的目的则是以全体劳动者的共同利益为中心，明确劳动条件和就业条件，如在劳动报酬、工作时间、福利津贴等方面设定具体标准。

3. 集体合同当事人双方的义务具有不对等性

合同通常是确定当事人之间的权利与义务，集体合同也不例外。集体合同双方当事人在劳动关系中有履行合同规定义务的职责，但所承担的责任性质不同。这些责任对企业而言是法定的义务，而职工的义务是道义性的，履行义务的保证是受职工的觉悟等制约，工会和职工代表只承担道义上的责任，这是集体合同区别于一般民事、经济合同的一个重要特征。

4. 集体合同是要式合同

所谓要式合同，是指合同必须按照法律规定的形式、内容和程序签订。根据《中华人民共和国劳动合同法》的规定，集体合同必须采取书面形式订立，集体合同的内容、合同草案应当提交职工代表大会或者全体职工讨论通过；集体合同签订后还要报送劳动行政部门审查和认可。

5. 集体合同的效力较高

集体合同的效力一般高于劳动合同的效力，无论个别劳动者是否参与谈判，依法定程序产生的由劳动者代表签订的集体合同，劳动者均有义务遵守。《中华人民共和国劳动合同法》第54条第2款规定：依法订立的集体合同对用人单位和劳动者具有约束力。行业性、区域性集体合同对当地本行业、本区域的用人单位和劳动者具有约束力。《中华人民共和国劳动法》第35条规定：职工个人与企业订立的劳动合同中劳动条件和劳动报酬等标准不得低于集体合同的规定。

三、集体合同的内容

《中华人民共和国劳动法》和《中华人民共和国劳动合同法》就集体合同的可备条款做出了不完全列举规定，2004年修订的《集体合同规定》明确规定的为15项内容。集体协商双方可以就下列多项或某项内容进行集体协商，签订集体合同或专项集体合同。

1. 劳动报酬

其主要包括：用人单位工资水平、工资分配制度、工资标准和工资分配形式；工资支付办法；加班、加点工资，津贴、补贴标准和奖金分配办法；工资调整办法；试用期及病、事假等期间的工资待遇；特殊情况下职工工资（生活费）支付办法；其他劳动报酬分配办法。

2. 工作时间

主要包括：工时制度；加班加点办法；特殊工种的工作时间；劳动定额标准。

3. 休息休假

主要包括：日休息时间、周休息日安排、年休假办法；不能实行标准工时职工的休息休假；其他假期。

4. 劳动安全与卫生

主要包括：劳动安全卫生责任制；劳动条件和安全技术措施；安全操作规程；劳动防护用品发放标准；定期健康检查和职业健康体检。

5. 补充保险和福利

主要包括：补充保险的种类、范围；基本福利制度和福利设施；医疗期延长及其待遇；职工亲属福利制度。

6. 女职工和未成年工特殊保护

主要包括：女职工和未成年工禁忌从事的劳动；女职工的经期、孕期、产期和哺乳期的劳动保护；女职工、未成年工定期健康检查；未成年工的使用和登记制度。

7. 职业技能培训

主要包括：职业技能培训项目规划及年度计划；职业技能培训费用的提取和使用；保障和改善职业技能培训的措施。

8. 劳动合同管理

主要包括：劳动合同签订时间；确定劳动合同期限的条件；劳动合同变更、解除、续订的一般原则及无固定期限劳动合同的终止条件；试用期的条件和期限。

9. 奖惩

主要包括：劳动纪律；考核奖惩制度；奖惩程序。

10. 裁员

主要包括：裁员的方案；裁员的程序；裁员的实施办法和补偿标准。

11. 集体合同期限

集体合同的期限为1～3年，合同期限内，双方代表可对集体合同内容进行变更或解除。

12. 变更、解除集体合同的程序

13. 履行集体合同发生争议时的协商处理办法

14. 违反集体合同的责任

15. 双方认为应当协商的其他内容

四、集体合同订立的原则

集体协商应当遵循以下原则：遵守法律法规、规章及有关国家规定；互相尊重，平等协商；诚实守信，公平合作；兼顾双方合法权益；不得采取过激行为。

1. 合法性

合法性是指订立集体合同的主体、内容和程序必须符合国家法律法规、规章及有关政策规定。根据有关规定，工会、职工代表、用人单位组织是订立集体合同的主体，其他组织或者个人无权订立集体合同。在内容上，集体合同的内容不得与现有法律规范相抵触，只有在此原则下订立的集体合同，才能为国家承认，受法律保护。在程序上，集体合同当事人要依照法律规定进行协商、谈判、审议、签字、报送、审查与公布，只有履行了上述程序，所订立的集体合同才具有法律效力。

2. 自愿性

自愿性是指在签订集体合同过程中，劳动关系双方法律地位平等，协商中双方应互相尊重，不能强迫，更不能采取威胁、引诱等不正当手段，强迫对方接受自己的条件和要求。集体合同双方当事人在签订协议过程中，处于平等的法律地位，不考虑工会或企业与企业之间在行政上的隶属关系。双方当事人以平等的身份进行协商，自愿提出自己的主张和要求，双方根据各自的意志进行协商，达成一致意见后，才能签订合同。

3. 合作性

合作性原则要求职工与企业双方当事人在集体合同签订过程中诚实守信，秉承社会正义、公平的观念指导自己的行为。在平衡双方的利益时要求以社会正义、公平的观念来处理双方之间的矛盾与纠纷。双方应当遵循合作性原则确定各方的权利和义务。

4. 双赢性

集体合同的签订是通过集体协商的方式，即通过双方的协商来调节利益分配，达到双赢的目的。用人单位的权利需要职工一方的义务来实现，相应地，职工一方的权益需要用人单位一方的义务来保障。每一方在获得权益的同时，必须承担相应的义务。既不能一方只有权利而不承担义务，也不能一方只承担义务却没有权利。一方只有权利没有义务或者是多获权利少承担义务，就是对另一方的剥夺，这样的合同不符合公平的原则。因此，进行集体协商、签订集体合同必须兼顾双方的合法权益，这也是公平原则的要求。

5. 和谐性

在签订集体劳动合同中双方当事人不可避免地会产生意见不一致，甚至是冲突。在处理意见冲突时，双方应该以合法、合规及理性的方式提出诉求，不得采取过激的行为给对方施加压力。如不得以侮辱、威胁或攻击的方式对待对方，用人单位不得以关厂、工会也不得以罢工等相威胁。签订集体合同时要注意保持劳动关系的和谐稳定，双方在协商过程中，要求大同、存小异。集体合同只有在双方平等协商的基础上才具有法律效力，得到法律的保护，才能得到双方当事人的切实履行。

五、集体合同的管理

1. 集体合同订立

经双方协商代表协商一致的集体合同草案或专项集体合同草案应当提交职工代表大会或者全体职工讨论。职工代表大会或者全体职工讨论集体合同草案或专项集体合同草案，应当有 2/3 以上职工代表或者职工出席，且需经全体职工代表半数以上或者全体职工半数以上同意，草案方获通过。集体合同草案或专项集体合同草案经职工代表大会或者全体职工讨论通过后，由集体协商双方首席代表签字。

2. 集体合同变更或解除

双方协商代表协商一致，可以变更或解除集体合同或专项集体合同，但必须符合以下法定条件：（1）用人单位因被兼并、解散、破产等原因，致使集体合同或专项集体合同无法履行的；(2) 因不可抗力等原因致使集体合同或专项集体合同无法履行或部分无法履行的；(3) 集体合同或专项集体合同约定的变更或解除条件出现的；(4) 法律法规、规章规定的其他情形。

3. 集体合同终止

集体合同或专项集体合同期限一般为 1~3 年，期满或双方约定的终止条件出现，即行终止。集体合同或专项集体合同期满前 3 个月内，任何一方均可向对方提出重新签订或续订的要求。

4. 集体合同审查

集体合同或专项集体合同签订或变更后，应当自双方首席代表签字之日起 10 日内，由用人单位一方将文本一式三份报送劳动行政部门审查。劳动行政部门对集体合同或专项集体合同有异议的，应当自收到文本之日起 15 日内将"审查意见书"送达双方协商代表。用人单位与本单位职工就劳动行政部门提出异议的事项，经集体协商重新签订集体合同或专项集体合同的，用人单位一方应当根据规定将文本报送劳动行政部门审查。劳动行政部门自收到文本之日起 15 日内未提出异议的，集体合同或专项集体合同即行生效。

5. 集体合同公布

经审核认为有效或者依法自行生效的集体合同或专项集体合同，签约双方应及时以适当的方式向各自代表的全体成员公布。

六、集体合同争议处理

集体合同争议又称集体合同纠纷，是集体合同当事人因签订或履行集体合同而发生的争议。集体合同争议是劳动争议的一种表现形式。因履行集体合同发生争议的处理方法有以下几种：

1. 双方协商

不论是因签订还是履行集体合同发生争议，双方当事人应当先协商解决。协商是处理集体合同争议的必经程序。

2. 仲裁

因履行集体合同发生争议、当事人协商不成的，可以向劳动争议仲裁委员会申请仲裁，仲裁委员会应当依法处理。仲裁委员会处理因履行集体合同而发生的争议时，应组成特别仲裁庭，特别仲裁庭由 3 个以上单数仲裁员组成。仲裁委员会自收到集体合同申诉书之日起 3 日内做出受理或不受理决定。特别仲裁庭处理因履行集体合同而发生的争议时，应当自组成仲裁庭之日起 15 日内结束，案情复杂需要延期的，经报仲裁委员会批准，可以适当延期，但是延长的期限不得超过 15 日。工会组织应当充分发挥工会代表在仲裁委员会中的作用。

3. 诉讼

因履行集体合同发生争议、当事人申请仲裁后,对仲裁裁决不服的,可以自收到仲裁裁决书之日起15日内向人民法院提起诉讼,由受理该集体合同争议的人民法院依法进行审理。

学习案例

原告张某于2008年8月18日到被告公司工作,直到2011年6月10日离职。原告离职后被告的工资发放到2011年5月底。原告在职期间,被告未给原告办理并交纳社会保险费。2011年7月5日被告做出"关于解除张某劳动关系的通知",以张某自2011年6月11日起未办理任何请假手续旷工至今为由。该通知未送达给原告后,原告提出仲裁。其中一项请求是要求公司向其支付未签订劳动合同的双倍工资。

公司认为,原告与被告公司双方建立劳动关系,但原告以自己在原单位已办理社保为由拒绝签订劳动合同,并且煽动其他部门职工拒绝签订劳动合同。公司为完善合同,以工会名义为未签订劳动合同的人员统一签订集体劳动合同,该合同已经在劳动行政部门备案,并告之原告。2011年6月10日,原告不辞而别,连续旷工达半年之久,公司按规定对原告除名。

集体合同第一条约定,公司分别与职工签订个人劳动合同,在签订个人劳动合同之前,工会和公司应指导职工明确履行合同的权利和义务及违约责任的处理,工会有权监督个人劳动合同的执行情况。因个人原因不与公司签订个人劳动合同者,由工会为代表与公司签订此集体劳动合同。合同附件当中列出27名未与公司签订劳动合同的名单,张某在其中。公司提供2008年2月25日第一届第二次职工代表大会会议纪要,表示未签订集体合同的人员适用集体劳动合同。公司提交2012年3月6日劳动主管部门出具的证明"兹证明公司集体劳动合同已有劳动关系与法规科备案"。

张某认为,集体合同对本案不适用,必须与劳动者个人签订劳动合同,仲裁认定被告公司工会与被告签订了集体劳动合同,驳回原告要求支付双倍工资的请求不当。且被告提供的集体合同未通知原告,合同签订于职工代表大会会议纪要之前,合同没有报送劳动行政部门,该合同没有生效。

法院认为,集体合同明确表示该合同仅是针对极少数人(公司共有300名职工)而签订的,显然违反了劳动合同法关于集体合同是工会或职工代表代表企业全体职工与用人单位签订的立法精神。因程序问题,被告提供的集体合同对原告不发生法律效力。被告未与原告签订书面劳动合同,依法应支付原告未签订书面劳动合同的双倍工资差额。

讨论题

1. 试分析集体合同在本案中所起的作用。
2. 请谈谈集体合同签订中需要注意的事项。

本章思考题

1. 集体协商的主体有哪些?
2. 集体协商过程中应注意运用哪些技巧?
3. 集体合同的管理包括哪些环节?
4. 集体合同发生争议的处理办法是怎样的?

第十九章

职工民主管理

第一节　职工民主管理概述　　/334
第二节　职工代表大会　　　　/336
第三节　工会　　　　　　　　/339

 **引导案例**

A企业是一家中小型国有企业。前几年经营状况不错,但这两年由于市场竞争激烈,职工年龄老化,企业开始出现了亏损。县有关部门开始考虑将A企业出让,改制成民营企业,要求企业管理层提出方案。企业管理层在一家资产管理公司的帮助下,完成了相关方案。由管理层、关键技术人员出资收购企业。随后在企业高层会议上通过了此方案,且在中层干部会议上公布了方案,并开始推进企业改制。A企业职工从各种渠道快速得知了这一方案,立刻引发了大家的不满。职工认为这个方案只对少数人有利,对大多数职工都不利。方案没有考虑到广大老职工的利益,改制为私营企业后,企业虽然保留与职工的合同,但是私营企业很容易与员工解除劳动合同,以后的劳动保障将不可靠。而且这一方案没有获得职工代表大会通过,是无效的,现在不能执行。

案例思考

1. 企业职工是否有权利了解企业改制情况?
2. 职工民主管理中职工有哪些权利?

第一节 职工民主管理概述

一、职工民主管理的概念

职工民主管理又称企业民主管理,是指劳动者直接或间接参与管理所在企业内部事务,是企业职工通过职工大会、职工代表大会或其他形式,审议企业重大决策,监督企业行政领导,维护企业和职工合法权益,体现劳动者当家做主的企业管理制度。

企业民主管理有两层含义:一是劳动者扮演管理者与决策者的角色参与企业的决策及管理,二是通过民主管理获得自身权益的保障。企业民主管理的理论假设是,企业的经营管理活动不仅是投资人与管理者的活动,企业内所有成员包括劳动者与企业的利益息息相关,用人单位与劳动者相互依存。没有企业的发展劳动者的职业得不到保障,没有劳动者用人单位也不可能获得良好的经济效益。

当然劳动者参与用人单位决策和管理行为与企业投资者和管理者的角色不同,它主要表现为劳动者对用人单位决策的影响和制约,用人单位则吸收和接纳劳动者的意见。职工民主管理制度与劳动合同制度、集体合同制度和劳动争议处理制度并存，共同执行着协调劳动关系的职能。

二、职工民主管理的立法

职工民主管理源于19世纪工业化初期，欧洲一些国家出现了职工参与的工业民主化运动，以后则开始了相应的立法。德国1891年在职业法中规定了"企业主可视情况设置工人委员会"的条款，成为最早有职工参与立法的国家。第二次世界大战以后，职工参与制度开始盛行。1952年，国际劳工组织通过第94号《企业一级雇主与工人间协商和合作建议书》，要求批准国家采取必要步骤促进企业一级雇主和工人就共同关心的问题进行协商和合作；应制定法律和条例，建立各种协商和合作机构并决定其范围、职责、机构和适合各企业的工作方法，鼓励雇主和工人双方自愿协议或借助于这种法律和条例进行协商与合作。20世纪50年代后，一些国家还制定了职工方代表参加董事会或监事会的法律。职工参与制度已成为现代企业制度的重要组成部分。

我国早在革命根据地和解放区的劳动立法中就出现了民主管理原则。新中国成立以后，历次宪法中都将职工民主管理作为民主制度的一个重要组成部分，并在劳动立法和企业立法中具体规定了职工代表大会制度和其他民主管理形式。《中华人民共和国劳动法》第8条规定："劳动者依照法律规定，通过职工大会、职工代表大会或者其他形式，参与民主管理，或者就保护劳动者合法权益与用人单位进行平等协商。"《中华人民共和国工会法》更为集中地规定了职工民主管理制度。2012年12月中共中央纪委等六部门共同颁布《企业民主管理规定》，它是我国第一次以规章的形式全面规范以职工代表大会为基本形式的企业民主管理制度，并且打破了企业所有制界限，明确非公有制企业也应实行民主管理。

三、职工民主管理的形式

现行职工民主管理的形式主要有以下几种：

1. 组织参与

职工通过设立一个代表性机构参与企业管理，如企业委员会、初级董事会、公司大会、职工代表大会等。

2. 代表参与

职工经合法程序产生职工代表参与企业管理，如职工代表参加企业有关机构或监督企业日常管理活动等。

3. 岗位参与

职工在劳动岗位上实行自治的形式参与企业管理，如质量管理小组等。

4. 个人参与

职工本人以个人行为参与管理，如个人向企业提出合理化建议等。

其中组织参与和代表参与是职工民主管理的间接形式，岗位参与和个人参与是职工民主管理的直接形式。

第二节 职工代表大会

一、职工代表大会的性质

职工代表大会制度是我国国有企业实行企业民主的最基本形式，是全体职工行使民主管理权力的机构。职工代表大会是职工参与民主选举、民主决策、民主管理、民主监督，维护员工权力和利益，协调企业内部劳动关系的维权机制。职工代表大会具有如下特点：

1. 职工代表大会制度具有广泛的代表性和充分的民主性

主要表现在：职工代表大会代表来自企业的各个部门和层面，通过职工代表大会参与企业民主管理，表达本部门职工意见和建议。职工代表大会的工作程序也具有充分的民主性；职工代表大会各项活动的开展都必须经过讨论、征求意见和表决等一系列的民主程序。

2. 职工代表大会制度是企业内部组织机构的重要组成部分

职工代表大会制度历史悠久，已被立法确定为企业实行民主管理的基本形式和职工行使民主管理权利的机构，是企事业单位采用最普遍的职工参与管理制度。

3. 职工代表大会是企业实行民主管理的基本形式

职工代表大会拥有完整的组织体系，形成了一套较完整的组织制度和工作制度，为广大职工参与企业管理提供了最基本和最广泛的平台，经过 50 多年的历史，职工代表大会制度积累了丰富的实践经验，在诸多职工参与管理的形式中起着核心作用。

二、职工代表大会的职权

职工代表大会依法行使审议建议、审议通过、审查监督、民主选举、民主评议等职权。

审议建议是用人单位应当向职工代表大会报告，用人单位应当接受职工代表大会审议，听取职工代表大会代表（以下简称"职代表"）的建议。用人单位需要职工代表大会审议建议的事项有：企事业单位的发展规划，年度经营管理情况和重要决策；企事业单位制定、修改、决定直接涉及职工切身利益的规章制度或者重大事项；工会与企业就职工工资调整、经济性裁员、群体性劳动纠纷和生产过程中发现的重大事故隐患或者职业危害等事项进行集体协商的情况；职工代表大会工作机构的工作情况、联席会议协商处理的事项；国有、集体及其控股企业财务预决算，重组改制方案和重大改革措施，申请破产或者解散等重要事项；事业单位的财务预决算、重大改革改制方案等重要事项、法律法规规定或者企事业单位与工会协商确定应当向职工代表大会报告的其他事项。

审议通过事项是指其在职工代表大会通过决策权。由职工代表大会审议通过的事项多是与劳动者待遇密切相关的事宜。主要有：涉及劳动报酬、工作时间、休息休假、保险福利等事项的集体合同草案；工资调整机制、女职工权益保护、劳动安全卫生等专项集体合同草案；国有、集体及其控股企业的薪酬制度，福利制度，劳动用工管理制度，职工教育培训制度，改革改制中涉及的职工安置方案，以及其他涉及职工切身利益的重要事项；事业单位的职工聘任、考核奖惩办法，收益分配的原则和办法，职工生活福利制度，改革改制中涉及的职工安置方案，以及其他涉及职工切身利益的重要事项等。

职工代表大会审查监督的内容有：职工代表大会提案办理情况；职工代表大会审议通过的重要事项落实情况；集体合同和专项集体合同履行情况；劳动安全卫生标准执行、社会保险费交缴、职工教育培训经费提取使用等情况。

职工代表大会民主选举和民主评论的职能分别是：民主管理专门小组（委员会）成员和董事会及监事会中的职工代表等应由民主选举产生；董事会和监事会中的职工代表，国有、集体及其控股企业的高级管理人员，事业单位负责人等应由职工代表大会民主评议。

三、职工代表的权利和义务

企事业单位的职工可以当选为职工代表。职工代表的构成应当以一线职工为主体，中、高层管理人员不超过20%，但跨地区、跨行业的大型集团型企业的比例可以适当提高。女职工代表比例一般与本单位女职工人数所占比例相适应。教育、科技、文化、卫生等领域的企事业单位，职工代表应当以直接从事专业技术工作的人员为主体。职工代表依法行使权利，任何组织和个人不得压制、阻挠和打击报复。

职工代表由职工民主选举产生，实行常任制，可以连选连任，任期与职工代表大会届期相同。选举应当有选区全体职工2/3以上参加，候选人获得选区全体职工半数以上赞成票方可当选，选举结果应当公布。职工代表出现缺额时，应当由原选区依照规定的民主程序及时补选,选举结果应当公布。职工代表因无故不履行或者无法履行代表职责而被撤免的,应当经原选区全体职工半数以上同意。

职工代表的权利有:在职工代表大会上,有选举权、被选举权、审议权和表决权;对涉及本单位发展和职工权益的重要事项有知情权、建议权、参与权和监督权;参加与职工代表履职相关的培训、检查等活动;因履职活动而占用生产、工作时间,按照正常出勤享受应得的待遇。

职工代表的义务是:学习、宣传有关法律法规和政策,提高自身素质,增强参与民主管理的能力,做好本职工作;联系选区职工,听取职工的意见和建议,表达职工的意愿和要求;执行职工代表大会决议,做好职工代表大会交办的各项工作;及时向选区职工通报参加职工代表大会活动和履行职责的情况,接受评议监督;模范遵守单位规章制度,保守商业秘密。

四、职工代表大会的主要程序

职工代表大会执行主席需核实出席大会的职工代表人数。到会职工代表超过代表总数的2/3,即可宣布开会。开幕词简要阐述本次大会召开的目的、意义、中心议题和主要任务。然后宣布大会议程。应当注意,企业行政方面应安排好生产、工作,保证代表的出席率。职工代表有特殊情况不能出席会议的,应向代表团(组)长请假。

由企业领导人做工作报告。报告主要内容应包括生产经营管理情况、存在的问题及改进措施,企业发展计划、基本建设和重大技术改造方案,有关改善职工生活福利的情况等。如工作报告已事先发给代表进行过充分讨论,可针对职工代表提出的意见做出说明。

由企业行政有关负责人做专题议案的报告。凡应提交职工代表大会审查或审议的方案,均应由行政有关负责人向大会报告,说明制定的依据、目的和具体实施办法,也可针对职工代表对议案的意见做出说明。

由工会主席及职工代表大会专门小组负责人就上次职工代表大会决议落实情况、职工代表提案处理情况、集体合同执行情况等向大会做出报告。

企业工会主席就职工代表大会闭会期间,职工代表团(组)长和专门小组负责人联席会议处理的重大事项,向大会做出说明,提请大会确认。

以职工代表团(组)为单位,就以上报告、议案分组进行讨论。同时对大会的各项决议草案和需经大会选举的候选人进行酝酿。大会主席团成员分别参加本代表团(组)的讨论。

各代表团(组)应指定专人认真记录职工代表的讨论发言,整理归纳后,将讨论意见向主席团汇报。

大会发言。应安排时间让代表在大会上发言，可由各代表团（组）推选代表，在大会上陈述本团（组）讨论审议的意见和建议，也可让职工代表自由发言。

选举。根据有关决定和实际需要，选举参加董事会、监事会、劳动争议调解委员会的职工代表，参加工资协商的职工代表和企业领导人等；根据大会主席团的提名，表决通过职工代表大会专门小组的人选；表决通过其他需经职工代表大会选举的人员。

对有关的各项方案和大会决议、决定草案进行表决。

致闭幕词，宣布大会结束。

第三节 工 会

一、工会概述

1. 工会的性质

工会是职工自愿结合的工人阶级的群众组织，其基本职责是维护职工合法权益。在劳动关系的协调中，工会是职工利益的代表，代表劳动者的一方。工会有许多职责，但其代表和维护职工权益是基本职责，这是工会自身性质决定的。

工会通过平等协商和集体合同制度，协调劳动关系，维护企业职工劳动权益。工会依照法律规定通过职工代表大会或者其他形式，组织职工参与本单位的民主决策、民主管理和民主监督。

2. 工会的职责

（1）工会的参与职能。工会作为工人阶级的群众组织，作为社会主义政治体制中重要的社会政治团体，在代表和组织职工参与社会各层次的管理、实行社会监督方面，有着不可替代和不可推卸的责任。工会作为职工利益的代表者，应当以自己的方式组织广大职工参与到国家、经济与社会事务的管理中来。

（2）工会的协助职能。政府是国家权力机关的执行机关，承担着管理社会事务的职能。各级政府是为人民服务的政府，工会是为职工说话办事的群众组织，工会与政府在维护人民群众利益和工人阶级利益上是完全一致的。通过工会协助职能的发挥，政府可以及时理解群众的想法和意见，同时密切保持与群众之间的联系，以改进工作质量。

工会通过组织和教育职工依照宪法和法律的规定行使民主权利，发挥国家主人翁的作用，维护社会主义国家政权。通过工会把广大职工群众组织起来，参与国家和社会事务的管理，建立国家政权与职工群众间的联系。

二、工会组织

1. 工会组织的建立原则

工会各级组织按照民主集中制原则建立，就是各级工会在民主的基础上是实行集中，工会的所有组织和成员都必须按照这个原则进行活动。主要表现是，上级工会组织领导下级工会组织，各级工会委员会由会员大会或者会员代表大会民主选举产生；各级工会委员会向同级会员大会或者会员代表大会负责并报告工作，接受其监督；工会会员大会或者会员代表大会有权撤换或者罢免其所选举的代表或者工会委员会组成人员。

2. 工会组织系统

（1）基层工会委员会。企业、事业、机关建立基层工会委员会的条件是，工会会员25人以上（含25人），应当设立基层工会委员会；不足25人的，既可以单独建立基层工会委员会，也可以由几个单位联合组建基层工会委员会，还可以选举组织员1人，组织会员开展活动；女职工人数较多的，可以建立工会女职工委员会，在同级工会领导下开展工作；女职工人数较少的，可以在工会委员会中设女职工委员；企业职工较多的乡镇、城市街道，可以建立基层工会的联合会、地方各级总工会、产业工会。

（2）县级以上地方建立地方各级总工会，即按行政区划，在省、自治区、直辖市、自治州、市、县（旗）建立各级地方总工会；同一行业或者性质相近的几个行业，可以根据需要建立全国的或者地方的产业工会。我国现在的产业工会包括：教育、农林、水电、机械冶金、煤矿地质、石油化学、海员、国防、财贸、建设建材、纺织、轻工业、邮电、民航、金融工会、铁路总工会等和中直机关、国家机关两个工会联合。全国产业工会的建立要报全国总工会批准。

（3）中华全国总工会。全国建立统一的中华全国总工会，即中华全国总工会统一领导依法成立的工会组织。建立统一的工会组织，有利于组织维护工人阶级队伍的团结，实现自己的历史使命，也有利于维护职工群众的合法权益。

3. 工会组织的主要程序

（1）工会组织的建立程序。根据《中华人民共和国工会法》第11条第1款规定，基层工会、地方各级总工会、全国或者地方产业工会组织的建立，必须报上一级工会批准。这样规定体现了工会的领导体制，对于防止出现非法的工会团体，有着重要作用，保障了工会组织的统一性和唯一性。同时，上级工会在工会组建过程中也可以发挥作用，即上级工会可以派员帮助和指导企业职工组建工会，任何单位和个人不得阻挠。

建立工会组织的法律程序是：以书面形式向上一级工会提出建立工会组织及工会筹备

组成员的请示报告；发展工会会员，建立工会小组；选举工会代表和组织筹备工会委员会以及工会经费审查委员会委员候选人；召开第一次工会委员大会，成立工会组织；建立女职工委员会或女工小组（本级工会委员会审批即可），并同时建立劳动保护监督检查委员会、劳动争议调解委员会或小组等；办理确认基层工会社团法人资格。

（2）工会组织的撤销及合并。工会是依法建立的社会组织，国家保护其合法的权益，任何组织和个人不得随意撤销、合并工会组织。但是，当基层工会所在的企业关闭、合并或者破产及其他形式的企业终止，以及所在的机关、事业单位被撤销时，基层工会组织可以撤销。撤销时应当报告上一级工会。《中华人民共和国工会法》第12条第3款规定：被撤销的工会，其会员的会籍可以继续保留。也就是说，原有的工会会员会籍即会员资格可以继续保留，会员组织关系移交其居住地工会组织管理，重新就业或者重新确定新的工作单位后，再将其会员组织关系及时转入所在单位工会组织。工会会员保留会籍期间免除交会费，不再享有选举权和被选举权。

三、工会的权利与义务

1. 工会有权利获经费来源

工会经费主要用于为职工服务和工会活动。工会经费的来源主要有：工会会员缴纳的会费；建立工会组织的企业、事业单位、机关按每月全部职工工资总额的百分之二向工会拨缴的经费；工会所属的企业、事业单位上缴的收入；人民政府的补助及其他收入。企业、事业单位无正当理由拖延或者拒不拨缴工会经费的，基层工会或者上级工会可以向当地人民法院申请支付令；拒不执行支付令的，工会可以依法申请人民法院强制执行。

2. 工会的监督权

工会对企业单位的民主管理以及职工劳动权益有监督权，《中华人民共和国工会法》第19条第1款规定：企业、事业单位违反职工代表大会制度和其他民主管理制度，工会有权要求纠正，保障职工依法行使民主管理的权利。工会提出意见的范围是指企事业单位的做法违反了法律法规或违反了职工代表大会决议，要求及时纠正；对违反民主管理制度的责任人员可以向企业、事业单位的上级主管部门提出意见，要求予以处理。法律法规规定应当提交职工大会或者职工代表大会审议、通过、决定的事项，企业、事业单位应当依法办理。

《中华人民共和国工会法》第22条规定，企业、事业单位违反劳动法律、法规规定，如克扣职工工资的、不提供劳动安全卫生条件的、随意延长劳动时间的、侵犯女职工和未成年工特殊权益的、其他严重侵犯职工劳动权益的情形，工会应当代表职工与企业、事业单位交涉，要求企业、事业单位采取措施予以改正；企业、事业单位应当予以研究处理，并向工会作出答复；企业、事业单位拒不改正的，工会可以请求当地人民政府依法做出处理。

3. 劳动合同指导、集体合同代签与争议处理

工会应在指导职工签订劳动合同时，向员工解释说明、教育如何签订劳动合同，维护劳动合同中的权利与正确履行劳动义务，告之员工违反劳动合同要承担的法律责任。对企业违反集体合同、侵犯职工劳动权益的，工会可以依法要求企业承担责任；因履行集体合同发生争议、经协商解决不成的，工会可以向劳动争议仲裁机构提请仲裁，仲裁机构不予受理或者对仲裁裁决不服的，可以向人民法院提起诉讼。

4. 工会的建议权

这主要是指工会对用人单位有关的人事管理权、劳动安全卫生权利、安全生产、停工怠工事件以及对政策与立法的建议权。

（1）人事管理建议权。企业单方面解除职工劳动合同时，应当事先将理由通知工会，工会认为企业违反法律法规和有关合同，要求重新研究处理时，企业应当研究工会的意见，并将处理结果书面通知工会；职工认为企业侵犯其劳动权益而申请劳动争议仲裁或者向人民法院提起诉讼的，工会应当给予支持和帮助。

（2）劳动安全卫生建议权。工会依照国家规定对新建、扩建企业和技术改造工程中的劳动条件和安全卫生设施与主体工程同时设计、同时施工、同时投产使用进行监督；对工会提出的意见，企业或者主管部门应当认真处理，并将处理结果书面通知工会。

（3）安全生产建议权。工会发现企业违章指挥、强令工人冒险作业，或者生产过程中发现明显重大事故隐患和职业危害，有权提出解决的建议，企业应当及时研究答复；发现危及职工生命安全的情况时，工会有权向企业建议组织职工撤离危险现场，企业必须及时做出处理决定。

（4）停工怠工事件。企业、事业单位发生停工、怠工事件，工会应当代表职工同企业、事业单位或者有关方面协商，反映职工的意见和要求并提出解决意见。对于职工的合理要求，企业、事业单位应当予以解决。工会协助企业、事业单位做好工作，尽快恢复生产、工作秩序。

（5）对政策法律的建议权。国家机关在组织起草或者修改直接涉及职工切身利益的法律法规、规章时，应当听取工会意见；县级以上各级人民政府制订国民经济和社会发展计划，对涉及职工利益的重大问题，应当听取同级工会的意见；县级以上各级人民政府及其有关部门研究制定劳动就业、工资、劳动安全卫生、社会保险等涉及职工切身利益的政策、措施时，应当吸收同级工会参加研究，听取工会意见。

5. 工会的调查权

各级工会组织只要发现或接到举报有对职工合法权益进行侵害的行为发生，就有权进入企业、事业单位进行调查。调查方式可以是询问有关人员取得第一手材料，也可以实地调查取证，掌握企业、事业单位侵犯职工合法权益行为的起因、过程及造成的后果的事实材料，为依法提出工会的处理意见准备事实根据。另外，职工因工伤亡事故和其他严重危害职工健康问题的调查处理，必须有工会参加。工会向有关部门提出处理意见，并有权要求追究直接负责的主管人员和有关责任人员的责任。

6. 其他权利与义务

除上述主要权利与义务之外，工会法还规定的权利义务包括：对劳动争议的调解、法律服务职能、职工集体福利协助、丰富职工文化生活、政府协商。

学习案例

被告胡某于1994年8月到原告单位工作，至2010年11月原告通知解除合同时止，被告职务是后台安保。1999年12月，原告与被告签订过一次劳动合同，2007年6月双方再次通过补充协议签订了无固定期限劳动合同。2009年9月和12月，某某有限公司法人代表李某为该公司员工集中申请办理原告贷记卡47张，根据原告全员营销模式，该申请通过被告胡某受理后获得批准，其中36张贷记卡于2009年12月集中交由该公司法定代表人李某领取，每张授信额度为1万元。后因该批贷记卡发生恶意透支。2012年10月26日省农行下发《有关于胡某违规为某公司办理信用卡并套现问题责任人处理的通知》，2010年11月25日支行通知胡某根据该文件书面通知解除劳动合同。2010年11月29日胡某提出劳动仲裁，仲裁裁决继续履行劳动合同。原告支行不服该裁决，提起诉讼。

原告诉求：被告违反《中国农业银行贷记卡贷款风险管理操作规程》中第十六条第一款的规定，未对申请人在申请表上填写的全部信息进行真实性核对，未亲自见到申请人本人在申请表上签名，负有调查不严责任。集中代领信用卡交给他人使用，直接造成47张信用卡透支超期形成不良账目。因其行为严重违反管理操作规程等银行内部规章制度。根据《银行员工违反规章制度处理办法》"对申请人资料真实性、手续完整性及不良信用记录审核不严或调查失实，致使他人用虚假资料骗取银行卡的，给予记过至开除处分"的规定，解除被告的劳动合同。

被告辩称：仲裁裁决认定的事实清楚，但是，胡某在办理过程中只是负责受理，而调查、审查、审批则由其他人负责。在涉案贷记卡办理过程中，被告只对贷记卡申领人提交的身份证等资料的真实性进行形式性审查，对资料的完整性、有效性等实质性审查由审查岗位负责。交给李某的信用卡，也不是本人单独交的，当时审查岗位的人员都在，一起清点后交的。

当部分贷记卡发生透支后，被告通过多种渠道积极催收，在多方努力下于2010年9月23日将透支款连本带息全部收回，没有给原告造成经济损失。被告违规也只是初次违规，情节轻微，没有造成严重的后果，具备银行规定的从轻或减轻处理的情节。

原告在未与被告沟通情况下向其出具解除劳动通知书，以严重违反用人单位规章制度为由单方面解除合同，原告未能举证证明其规章制度规定的严重情节有哪些，以及被告的行为达到该严重情形。

原告提出的证明是"胡某见面材料"，这一材料缺乏证据的合法性、真实性。被告没有在材料上写"以上事实属实"等字样，不能作为认为自己接受处理的表示。省行做出解除劳动合同的处理决定越权，被告只与支行存在劳动关系。

法院认为，根据《中华人民共和国劳动法》和《中华人民共和国劳动合同法》的规定，劳动者严重违反用人单位规章制度的，用人单位可以解除劳动合同。用人单位应当依法建立和完善劳动规章制度，将直接涉及劳动者切身利益的规章制度和重大事项决定公示，或者告知劳动者。原告应当在内部规章制度中对严重违反规章制度的情形预先设定并公示，让处于被管理方的劳动者承担因制度设计上的缺陷所带来的损害后果有失公允。被告没有能够举证原告是否达到了制度规定中的严重情节，应承担不利后果。

讨论题

1. 在本案中，出现了哪些违反劳动法的行为？
2. 针对这些违反劳动法的行为，企业应该如何预防？

本章思考题

1. 职工代表大会的性质是什么？
2. 职工代表的产生过程是什么？
3. 简述我国的平等协商制度。
4. 工会在企业中的合法权利有哪些？

参 考 文 献

边文霞. 岗位分析与岗位评价：实务、案例、游戏 [M]. 北京：首都经济贸易大学出版社，2011.

曹荣，孙宗虎. 至尊企业至尊人力资源第二分册：员工培训与开发管理 [M]. 北京：世界知识出版社，2003.

常凯. 劳动法 [M]. 北京：高等教育出版社，2011.

陈芳. 绩效管理 [M]. 深圳：海天出版社，2002.

陈关聚. 人力资源管理信息化全攻略 [M]. 北京：中国经济出版社，2008.

陈庆. 岗位分析与岗位评价 [M]. 第2版. 北京：机械工业出版社，2011.

陈胜军. 培训与开发：提高·融合·绩效·发展 [M]. 北京：中国市场出版社，2010.

陈玉洁. 企业成本核算与费用控制全书 [M]. 北京：经济科学出版社，2013.

池永明、赵曙明等. 绩效考核与管理 [M]. 北京：人民邮电出版社，2014.

杜勇，杜军. 人力资源管理：理论、方法与案例 [M]. 重庆：西南师范大学出版社，2011.

葛秋萍. 现代人力资源管理与发展 [M]. 北京：北京大学出版社，2012.

顾英伟，杨春晖. 人力资源培训与开发 [M]. 北京：电子工业出版社，2007.

顾铮铮，严庆怡. 人事规划与实务 [M]. 上海：华东理工大学出版社，2010.

郭捷. 劳动法与社会保障法 [M]. 北京：法律出版社，2011.

何承金. 劳动经济学 [M]. 辽宁：东北财经大学出版社，2002.

何娟. 人力资源管理 [M]. 天津：天津大学出版社，2002.

贺小刚. 绩效管理 [M]. 上海：上海财经大学出版社，2008.

侯光明. 人力资源管理 [M]. 北京：高等教育出版社，2009.

胡八一. 人力成本分析与控制方法 [M]. 北京：电子工业出版社，2013.

胡君辰，杨林锋. 企业人力资源管理 [M]. 上海：格致出版社，2011.

加里·德斯勒. 人力资源管理. [M]. 第六版. 北京：中国人民大学出版社，1999.

康至军. HR转型突破：跳出专业深井成为业务伙伴 [M]. 北京：机械工业出版社，2013.

匡晓蕾，赵曙明等. 人员培训与开发 [M]. 北京：人民邮电出版社，2014.

雷孟德·A·诺伊等. 人力资源管理：赢得竞争优势. [M]. 第三版. 刘昕译. 北京：中国人民大学出版，2001.

黎建飞. 劳动与社会保障法教程 [M]. 北京：中国人民大学出版社，2013.

李宝元. 人力资源管理通要 [M]. 北京：人民邮电出版社，2010.

李长江. 人力资源管理：理论、实务与艺术 [M]. 北京：北京大学出版社，中国农业大学出版社，2011.

李成彦. 人力资源管理 [M]. 北京：北京大学出版社，2011.

李秋香. 劳动政策与分析 [M]. 上海：华东理工大学出版社，2010.

李旭旦，吴文艳. 员工招聘与甄选 [M]. 上海：华东理工大学出版社，2009.

李艳，赵淑芳. 员工关系管理实务手册 [M]. 北京：人民邮电出版社，2009.

李作学. 培训管理工作细化执行与模板 [M]. 北京：人民邮电出版社，2011.

理查德·L·达夫特. 组织理论与设计精要 [M]. 李维安，等译. 北京：机械工业出版社，2003.

廖泉文. 人力资源管理 [M]. 北京：高等教育出版社，2003.

林泽炎. 绩效考核操作实务 [M]. 广东：广东经济出版社，2003.

林泽炎. 员工职业生涯设计与管理 [M]. 广州：广东经济出版社，2003.

刘安鑫. 人力资源管理实务 [M]. 北京：北京理工大学出版社，2006.

刘仲文. 人力资源会计学 [M]. 北京：中国劳动社会保障出版社，2007.

罗宾逊，罗宾逊. 人力资源成为战略性业务伙伴 [M]. 孙贺影，姚兰，周宇译. 北京：机械工业出版社，2011.

罗振军. 七步打造完备的绩效管理体系 [M]. 哈尔滨：哈尔滨出版社，2006.

马军. 人力资源管理实用文案 [M]. 北京：电子工业出版社，2006.

苗海荣. 七步打造完备的培训管理体系 [M]. 哈尔滨：哈尔滨出版社，2006.

莫寰，延平，王满四. 人力资源管理：原理、技巧与应用 [M]. 北京：清华大学出版社，2007.

彭剑锋. 人力资源管理概论. [M]. 第2版. 上海：复旦大学出版社，2011.

裴宏森. 绩效考核实务 [M]. 第2版. 北京：机械工业出版社，2011.

任正臣. 员工关系管理 [M]. 江苏：南京科学技术出版社，2013.

施振荣. 再造宏碁：开创、成长与挑战 [M]. 北京：中信出版社，2005.

石金涛，唐宁玉，顾琴轩. 培训与开发. [M]. 第2版. 北京：中国人民大学出版社，2009.

石金涛. 绩效管理 [M]. 北京：北京师范大学出版社，2007.

宋培林. 企业员工战略性培训与开发：基于胜任力提升的视角 [M]. 厦门：厦门大学出版社，2011.

孙宗虎. 职业生涯规划管理实务手册 [M]. 北京：人民邮电出版社，2012.

汪雯. 工资差别的形成机制——中国不同所有制企业的实证分析 [M]. 北京：中国经济出版社，2008.

汪玉弟. 企业战略与HR规划 [M]. 上海：华东理工大学出版社，2008.

王静. 劳动与社会保障统计学. [M]. 第2版. 北京：中国劳动社会保障出版社，2012.

王小刚. 企业薪酬管理最佳实践 [M]. 北京：中国经济出版社，2010.

王逸. 薪酬预算与薪酬总额管理 [M]. 北京：中国时代经济出版社，2014.

王海燕，姚小远. 绩效管理 [M]. 北京：清华大学出版社，2012.

吴国存. 企业人力资本投资 [M]. 北京：经济管理出版社，1999.

武欣. 绩效管理实务手册 [M]. 北京：机械工业出版社，2001.

萧鸣政. 工作分析的方法与技术. [M]. 第4版. 北京：中国人民大学出版社，2014.

忻榕. 人才发展五星模型 [M]. 北京：机械工业出版社，2014.

相正求，花军刚. 薪酬设计与实施 [M]. 上海：华东理工大学出版社，2008.

许丽娟. 员工培训与发展 [M]. 上海：华东理工大学出版社，2008.

颜士梅. 战略人力资源管理 [M]. 北京：经济管理出版社，2003.

杨国安. 组织能力的"杨三角"：企业持续成功的秘诀 [M]. 北京：机械工业出版社，2010.

杨瑚. 绩效考核与薪酬管理理论与应用 [M]. 兰州：甘肃人民出版社，2010.

杨蓉. 人力资源管理 [M]. 辽宁：东北财经大学出版社，2002.

杨生斌，等. 培训与开发 [M]. 西安：西安交通大学出版社，2006.

杨燕绥. 社会保障法 [M]. 北京：人民出版社，2012.

曾湘泉. 中国劳动问题研究 [M]. 北京：中国劳动社会保障出版社，2006.

张培德. 人力资源管理 [M]. 北京：科学出版社，2010.

张文贤. 人力资源会计 [M]. 北京：科学出版社，2010.

张文贤. 人力资源总监：人力资源创新 [M]. 第2版. 上海：复旦大学出版社，2012.

张雪飞，肖利哲，王亚男. 人力资源开发与管理 [M]. 北京：科学出版社，2011.

张艳. 企业人力资源会计研究 [M]. 北京：社会科学文献出版社，2008.

赵国军. 薪酬管理方案设计与实施 [M]. 北京：化学工业出版社，2009.

赵曙明. 人力资源战略与规划. [M]. 第3版. 北京：中国人民大学出版社，2012.

赵永乐，等. 人力资源规划 [M]. 北京：电子工业出版社，2010.

郑尚元. 劳动法与社会保障法前沿问题 [M]. 北京：清华大学出版社，2011.

中国法制出版社. 中华人民共和国劳动法 [M]. 北京：中国法制出版社，2012.

朱国勇. 信息化人力资源管理 [M]. 北京：中国劳动社会保障出版社，2006.

陈万思，姚圣娟，丁珏. 战略人力资源管理效能、组织学习与创新 [J]. 华东经济管理，2013（02）.

韩琳. 上海市最低工资标准调整机制研究 [J]. 上海工程技术大学学报，2008（04）.

何薇. 人力资源的新投资回报率——无形收益 [J]. 科教导刊（中旬刊），2010（03）.

胡劼系. HRBP（人力资源业务伙伴）：概念化时代的新名词还是管理新模式？[J]. 人力资本管理，2012（11）.

贾洪波. 中国补充医疗保险发展：成效、问题与出路［J］. 中国软科学，2013（01）.

李圆. 大客户的人力资源服务发展趋势——基于人力资源共享服务中心的角度［J］. 现代企业文化，2010（33）.

林清快，钱进. 共享服务模式：集团性管理的有效手段［J］. 人力资源管理，2010（02）.

凌泽华. 专业技术人员的薪酬激励设计初探［J］. 现代商业，2009（05）.

刘崇瑞. 基于组织形态变迁的战略人力资源管理发展研究［J］. 商业时代，2013（03）.

刘宁，施春燕. 宽带薪酬的应用条件与体系设计［J］. 企业改革与管理，2012（03）.

刘炟，蒋乐平. 西方人力资源审计流程设计及其对我国的启示［J］. 商业会计，2010（02）.

楼华勇. 绩效薪酬制度的缺点和难点探讨［J］. 现代商业，2009（26）.

吕晓彬. 薪酬管理信息系统在唐钢的应用与思考［J］. 企业管理，2011（07）.

马晓静. 论人力资源管理和企业战略的匹配［J］. 经济论坛，2005（11）.

明叔亮，等. 华为股票虚实［J］. 财经，2012（16）.

穆胜. 云式薪酬：员工激励的新引擎［J］. 销售与管理，2012（09）.

彭剑锋. 战略性人力资源管理［J］. 企业管理，2003（06）.

陕西汽车集团有限责任公司. 实现充分激励的结构薪酬［J］. 企业管理，2012（04）.

王小刚. 八步赶蝉 轻松搞定绩效加薪［J］. 培训，2009（01）.

王愚庸. 中海油薪酬虚实［J］. 财经国家周刊，2011（11）.

王玉红. 企业提升人力资源管理的窍门——推行共享服务［J］. 科技咨讯，2009（01）.

张正堂，刘宁. 战略性人力资源管理及其理论基础［J］. 财经问题研究，2005（01）.

赵静. 密薪只是一个传说［J］. 人力资源管理，2010（04）.

朱立君. 企业薪酬设计模式分析［J］. 企业家天地下半月刊（理论版），2009（01）.

Christopher A Barlett，Mckinsey & Company：Managing Knowledge and Learning，Harvard Business school Case No. 9－396－357，Rev，Jan 4，2000.

Jack J. Phillips. 人力资本最佳投资策略 [J]. 世界经理人杂志，2007（03）.

Rajiv Lal, Nitin Nohria and Carin－Isabel Knoop, "USB: Towards the Integrated Firm", Harvard Business School case NO. 9－506－026, Feb. 14, 2007.